四川大學哲學社會科學青年學術人才基金項目
四川大學中央高校基本科研業務費研究專項（哲學社會科學）
精品培育項目（編號SKJ2010001）

顧滿林｜著

四川大學
中國俗文化研究所叢書

佛經語料與佛經用語散論

中國社會科學出版社

圖書在版編目(CIP)數據

佛經語料與佛經用語散論/顧滿林著. —北京：中國社會科學出版社, 2015.12
ISBN 978-7-5161-6544-7

Ⅰ.①佛… Ⅱ.①顧… Ⅲ.①佛經—研究 Ⅳ.①B942.1

中國版本圖書館 CIP 數據核字(2015)第 160001 號

出 版 人	趙劍英	
責任編輯	郭曉鴻	
特約編輯	王冬梅	
責任校對	韓海超	
責任印製	戴 寬	

出 版	中國社會科學出版社	
社 址	北京鼓樓西大街甲 158 號	
郵 編	100720	
網 址	http://www.csspw.cn	
發 行 部	010-84083685	
門 市 部	010-84029450	
經 銷	新華書店及其他書店	
印 刷	北京明恒達印務有限公司	
裝 訂	廊坊市廣陽區廣增裝訂廠	
版 次	2015 年 12 月第 1 版	
印 次	2015 年 12 月第 1 次印刷	
開 本	710×1000 1/16	
印 張	17.5	
插 頁	2	
字 數	279 千字	
定 價	66.00 元	

凡購買中國社會科學出版社圖書，如有質量問題請與本社營銷中心聯繫調換
電話：010-84083683
版權所有　侵權必究

總　序

　　這套叢書是四川大學中國俗文化研究所部分同仁的學術論文自選集。

　　四川大學中國俗文化研究所成立於1999年6月，2000年9月被批準成為教育部人文社會科學重點研究基地，是"985工程"文化遺產與文化互動創新基地的主要依託機構，也是"211工程"重點學科建設項目的重要組成部分。研究所下設俗語言、俗文學、俗信仰、文化遺產與文化認同四個研究方向，涵蓋文學、語言學、历史學、宗教學、民俗學、人類學等多個學科，現有專、兼職研究人員20餘人。

　　多年來，所内研究人員已出版專著百餘種；研究所成立以來，也已先後出版"俗文化研究"、"宋代佛教文學研究"等叢書，但學者們在專著之外發表的論文則散見各處，不利於翻檢與參考。為此，我們決定出版此套叢書，以個人為單位，主要收集學者們著作之外已公開發表的單篇論文。入選者既有學界的領軍人物，亦不乏青年才俊；研究内容以中國俗文化為主，也旁及其他一些領域；方法上既注重文獻梳理，亦注重田野考察；行文或謹重嚴密，或議論生新；在一定程度上展示出了我所的治學特色與學術實力。

　　希望這套叢書能得到廣大讀者和學界同仁的關注與批評！

四川大學中國俗文化研究所

目　錄

卷首語 …………………………………………………………（1）

壹　佛經語料：從中土撰述看譯經用語

今存漢文佛典用語同僧祐《出三藏記集》的矛盾 ………………（3）

從僧睿《大品經序》看今存漢文佛典用語 ………………………（25）

貳　音譯與意譯，全譯與節譯

試論東漢佛經翻譯不同譯者對音譯或意譯的偏好 ………………（43）

東漢譯經中半音譯半意譯的外來詞簡析 …………………………（55）

東漢佛經音譯詞的同詞異形現象 …………………………………（64）

漢文佛典音譯詞的節譯形式與全譯形式 …………………………（76）

漢文佛典音譯詞多用節譯形式的原因 ……………………………（89）

《現代漢語詞典》中的佛源外來詞 ………………………………（100）

叁　個案考察：譯名形音與術語

從早期漢文佛經看"塔"的產生時代 ……………………………（115）

梁武帝改"磨"作"魔"之說考辨 ………………………………（119）

漢文佛典中 Kapila‐vastu 一詞的音譯形式考察 …………………（134）

漢文佛典中"訛略"一語的五種用法 ……………………………（158）

肆　翻譯色彩：本語詞的詞義和用法

東漢佛經中的數詞及與數有關的表達方式 ………………………（187）

佛經文獻中"國界"詞義考 …………………………………………（196）
竺法護譯經中表"曉悟"義的複音詞 ……………………………（210）

伍　詞彙新質：東漢佛經與道經

東漢佛道文獻詞彙新質的概貌 ……………………………………（233）
東漢佛經詞彙新質中的意譯詞 ……………………………………（240）

附　譯文

關於初期漢譯佛經的新思考 ………………………………………（251）

卷首語

　　編入本書的論文，主要關注漢文佛經語料特點，描寫分析佛經用語。

　　"壹"組 2 篇論文，討論《出三藏記集》及《大品經序》對譯經用語的"新""舊"記述和判別同今存漢文佛典用語不一致的現象；文中揭示的材料及相關分析、推論，有助於更好地認識和利用佛經語料。

　　"貳"組 6 篇論文，佛教外來詞是作者關注較多的話題，音譯和意譯各有其用武之地，音譯既有全譯又有節譯，同一詞語常有多個不同譯法。本組論文涉及這類詞語在佛經語料中的使用情況和演變規律。

　　"叄"組 4 篇論文，前兩篇描述音譯詞"塔""魔"在漢文佛典中的出現時代及分佈狀況，重在說明字形產生時代，糾正流行說法之誤；第三篇詳述地名 Kapila-vastu 在漢文佛典中的六十四種不同音譯形式，闡明一些規律；末篇介紹"訛略"一語不僅用來評價音譯詞，還可有別的用法，同時指出大型辭書中該條目在釋義和引文兩方面存在的失誤。

　　"肆"組 3 篇論文，漢譯佛經用語不可避免帶有翻譯色彩，不僅音譯詞和術語專名如此，本語詞和普通用語同樣如此。本組以實例論證佛經用語翻譯色彩的具體表現：考述佛經中數的特殊表達方式，描寫和解釋由翻譯帶來的"國界"一詞特殊含義和用法，列舉分析竺法護譯經中表"曉悟"義的 73 個複音詞（組合）。

　　"伍"組 2 篇論文，描述東漢佛教文獻和道教文獻詞彙新質，通過與道經比較，凸顯佛經語料所載詞彙新質的總體特點。其中佛教文獻的選定主要參考了美國學者 Jan. NATTIER（那體慧）新著的考辨結論，她考定的東漢譯經篇目有重要參考價值。

"附"譯文1篇，已故荷蘭漢學家 Erik Zürcher（許理和）對東漢佛經語料及口語成分的研究在學界頗有影響，此文推動對佛語料的辨別，加深對東漢佛經文獻的認識，值得參考。

前四組"壹""貳""叁""肆"共15篇論文，均為顧滿林獨著。"伍"組2篇論文，顧滿林、俞理明合著；此系俞理明先生主持項目的階段性成果，顧滿林參研，承俞理明先生惠允，編入本書。"附"1篇譯文，綴於末。

以上論文原載於不同的刊物，發表時間有早有晚，體例不完全一致，今僅對格式作必要調整，各篇內容一仍其舊。

壹

佛經語料：
從中土撰述看譯經用語

今存漢文佛典用語同僧祐《出三藏記集》的矛盾[*]

一 提出問題："新語"和"舊語"的時間錯亂

南朝梁釋僧祐所撰《出三藏記集》（本文簡稱《祐錄》）是我國目前完整保存的最早一部佛經目錄，在佛教經錄史上佔有重要的地位，是今天判定早期漢譯佛經翻譯時代和譯者的主要依據。《祐錄》在有的章節記述了僧祐所見早期譯經語言上的某些特點，讓人感到意外的是，這類記述往往和今存佛典不盡一致。

《祐錄》在卷一"撰緣記"末尾談到了不同時期佛經譯文的差異。該卷"胡漢譯經音義同異記第四"云（為保持引文一致，本文引用佛典全部據《大正藏》，括號中數碼依次為《大正藏》冊數/頁碼/欄數，個別著作有校點本，標出引文所在頁碼以供參考）：

> 若夫度字傳義，則置言由筆，所以新舊衆經大同小異。天竺語稱"維摩詰"，舊譯解云"無垢稱"，關中譯云"淨名"，"淨"即"無垢"，"名"即是"稱"，此言殊而義均也；舊經稱"衆祐"，新經云"世尊"，此立義之異旨也；舊經云"乾沓和"，新經云"乾闥婆"，

---

[*] [基金項目] 本文為"漢代佛道典籍語言研究"（教育部人文社會科學研究十五規劃第一批項目 OIJB740010）和"東漢佛道文獻詞彙研究"（四川省哲學社會科學十五研究課題）的階段性成果。課題由俞理明先生主持。本文另獲"四川大學哲學社科研究青年啟動項目"資助。

此國音之不同也。略舉三條，餘可類推矣。(55/4/3)①

這裏初步提到了新舊譯經在術語翻譯上存在差異的幾種類型。又同卷"前後出經異記第五"云（字母編號為引者所加，以便下文稱引，《大正藏》原文的雙行小字放入括號中）：

A 舊經衆祐，新經世尊；B 舊經扶薩（亦云開士），新經菩薩；C 舊經各佛（亦獨覺），新經辟支佛（亦緣覺）；D 舊經薩芸若，新經薩婆若；E 舊經溝港道（亦道跡），新經須陀洹；F 舊經頻來果（亦一往來），新經斯陀含；G 舊經不還果，新經阿那含；H 舊經無著果（亦應真亦應儀），新經阿羅漢（亦言阿羅訶）；I 舊經摩納，新經長者；J 舊經濡首，新經文殊；K 舊經光世音，新經觀世音；L 舊經須扶提，新經須菩提；M 舊經舍梨子（亦秋露子），新經舍利弗；N 舊經為五眾，新經為五陰；O 舊經十二處，新經十二入；P 舊經為持，新經為性；Q 舊經背捨，新經解脫；R 舊經勝處，新經除入；S 舊經正斷，新經正勤；T 舊經覺意，新經菩提；U 舊經直行，新經正道；V 舊經乾沓和，新經乾闥婆；W 舊經除饉、除饉女，新經比丘、比丘尼；X 舊經怛薩阿竭阿羅訶三耶三佛，新經阿耨多羅三藐三菩提。(55/5/1，點校本 15—16 頁)

這是僧祐對當時所見不同時期譯經用語差異的實錄，"舊經"指較早譯出的佛經，"新經"指較晚譯出的佛經，這從原文"前後出經異記"的名目可以得到印證。從這段文字記載的 25 組來看（"舊經除饉、除饉女，新經比丘、比丘尼"析為"舊經除饉，新經比丘"和"舊經除饉女，新經比丘尼"兩組以便於下文統計），上述"舊經"譯語（下文簡稱"舊語"）與"新經"譯語（下文簡稱"新語"）的差異體現在以下幾個方面。

第一，有的詞語舊經、新經均用意譯，但翻譯結果不一樣。有 9 組：

---

① 引文據《大正藏》，括號中數碼依次為：《大正藏》冊數/頁碼/欄數。下同。

AKNOPQRSU。

　　第二，有的詞語舊經祇用意譯，新經祇用音譯。有 8 組：EFGHJTW，其中 W 實為兩組。

　　第三，有的詞語新舊經均用音譯（或兼有意譯），但翻譯結果不同。有 7 組：BCDLMVX。

　　第四，有的詞語舊經用音譯，新經用意譯。祇有 1 組：I。

　　照理說，以僧祐的學識和他的著作態度，這段文字應該是準確無誤的。不過，由於歷經傳抄，其中部分文字可能產生脫誤，人們已經注意到"舊經摩納，新經長者"的"摩納"和"長者"原非同一術語的不同譯法，沒有理由將二者相提並論，此處可能有脫文。① "舊經怛薩阿竭阿羅訶三耶三佛，新經阿耨多羅三藐三菩提"也被認為存在同樣的問題。②

　　那麼，除此以外，這段文字還有沒有其他的問題呢？參照呂澂《新編漢文大藏經目錄》，筆者普查了《大正新脩大藏經》中《祐錄》有著錄的全部佛經譯文，發現《祐錄》卷一"前後出經異記"的記錄與今存早期譯經有以下幾點不一致的地方（由於 IX 兩組有脫誤，而 P 組難以確切辨明所指，故下文的考察把這三組排除在外，而著眼於另外 22 組）。

　　1.《祐錄》所載"舊語"在今存早期漢譯佛典中沒有用例。此類有 2 個：扶薩，須扶提。它們祇見於中土佛教著述，而不見於任何一部現存的佛經譯文。《大正藏》全文除《祐錄》卷一所引之外，這兩個譯語祇有以

---

① 中華書局點校本《出三藏記集》卷一校勘記五九云："'摩納'與'長者'意不合，此處當有脫文。按'摩納'譯為'儒童'，下欄疑脫'新經儒童'一行。"又同卷校勘記六〇云："'長者'既與'摩納'意不合，其上當有脫文。"

② 唐·智昇《開元釋教錄》卷十云："祐錄所撰，條例可觀，若細尋求，不無乖失。只如第一卷'前後出經異記'中'舊經怛薩阿竭阿羅訶三耶三佛，新經阿耨多羅三藐三菩提'者一誤，若新舊相對，應云：'舊經怛薩阿竭阿羅訶三耶三佛，新經多陀阿伽度阿羅訶三藐三佛陀；舊經阿耨多羅三耶三菩，新經阿耨多羅三藐三菩提。'二義各殊，不可交互。"（55/575/1）中華書局點校本《出三藏記集》據此改定正文，並加校勘記云"當是後人傳寫，中間脫去二行致誤"。譚世保《漢唐佛史探真》（252 頁）則認為："在菩薩與佛陀皆作為釋迦牟尼之特稱時，就很容易抹掉這種差別而產生混同之誤。例如，僧祐《出三藏記集》卷一《前後出經異記》把'怛薩阿竭阿羅訶三耶三佛'與'阿耨多羅三藐三菩提'當作同一梵文名詞之異譯"，智昇《開元釋教錄》卷十已指出其誤，但對其誤之因卻未見提及。拙見以為，其因主要是南北朝時'三耶三佛'與'三藐三菩提'皆曾意譯為'正遍知'及'正等覺'。實質上就是沒有把'佛'與'菩提'區分清楚。"

下幾處用例。

> 菩薩，應云菩提薩埵，亦云扶薩。（舊題南朝梁·寶唱《翻梵語》卷二，54/991/2）
>
> 開士，謂以法開道之士也；梵云扶薩，又作扶薩，或音薩，是之事也。（唐·慧琳《一切經音義》卷十，54/364/2）①
>
> 蘇部底，唐言善現，舊曰須扶提，或曰須菩提，譯曰善吉，皆訛也。（唐·玄奘《大唐西域記》卷四，51/893/2，中華書局校注本420頁）宋·法雲《翻譯名義》卷一引此條（54/1063/3）

相反，《祐錄》視為"新經"譯語的"菩薩"和"須菩提"實際上見於今存最早的漢譯佛經，在今存東漢譯經中，"菩薩"有2798處用例，"須菩提"有635處用例；在《祐錄》有著錄的今存早期譯中"菩薩"多達67926例，"須菩提"多達11407例。茲舉東漢用例如下。

> 佛告須菩提："今日菩薩大會，因諸菩薩故，說般若波羅蜜，菩薩當是學成。"（東漢·支讖《道行般若經》卷一，8/425/3）
>
> 菩薩行般若波羅蜜時，魔愁毒如是。須菩提白佛言："一魔愁毒耶？餘魔復愁毒乎？"佛語須菩提："一佛境界所有魔，各各於其所止處不安。"（東漢·支讖《道行般若經》卷九，8/469/3）

2.《祐錄》所載"舊語"和"新語"在今存早期譯經中都有用例，但"新語"往往比"舊語"出現時代更早。此類有13組：C/D/F/G/H/J/K/M/N/O/Q/V/W，其中W實為兩組。

僅以"舊經舍梨子（亦秋露子），新經舍利弗"為例，此為人名，佛的十大弟子之一，經中常見，梵文 Śāriputra，純音譯為舍利弗（或舍利曰、

---

① 按：本句文字疑有訛誤。此條乃玄應為三國吳支謙《明度無極經》卷一所作的音義，上海古籍出版社1986年據日本獅谷白蓮社刻本影印的《正續一切經音義》單行本中，其文字和《大正藏》完全相同。

舍利弗羅、舍利弗多羅），純意譯為秋露子（或秋鷺子、鶖鷺子），半音譯半意譯為舍梨子（或舍利子）。① 從今存佛經來看，純音譯形式首先出現，東漢最早的安世高譯經已有；純意譯形式次之，三國吳支謙開始使用；半音譯半意譯形式出現最晚，為東晉僧伽提婆始創。這些情況與《祐錄》的記載恰好相反。

  聞如是：一時佛在舍衛國祇樹給孤獨園，是時賢者舍利弗，請比丘聽說法……比丘應如賢者言，從賢者舍利弗聽，賢者舍利弗便說十二時聚會，能致賢者道。（東漢·安世高《佛說普法義經》，1/922/2）

  佛說經已，跋陀和菩薩等，舍利弗羅、摩目犍連、比丘阿難等，諸天、阿須輪、龍、鬼神、人民，皆大歡喜，前為佛作禮而去。（東漢·支讖《般舟三昧經》卷下，13/919/3）

  秋露子問："何等為覺？"佛言："無上正真道即是也。"（三國吳·支謙《大明度經》卷四，8/494/2）

  佛告諸沙門："時王者吾身是，理家者秋鷺子是，勸王觀國者阿難是。"（三國吳·康僧會《六度集經》卷一，3/3/3）

  佛告諸沙門："理家者是吾身也，國王者彌勒是，鱉者阿難是，狐者鶖鷺子是，蛇者目連是，漂人者調達是。"（三國吳·康僧會《六度集經》卷三，3/16/1）

  世尊聞已，告一比丘："汝往舍梨子所，語舍梨子：'世尊呼汝。'"一比丘受教已，即從坐起，禮佛而去，往詣尊者舍梨子所。白曰："世尊呼尊者舍梨子。"尊者舍梨子聞已，即往詣佛，稽首作禮，卻坐一面。（東晉·僧伽提婆《中阿含經》卷五，1/451/1）

  彼時世尊告曰："舍利子，汝為諸比丘說法如法，我患背痛，今欲小息。"尊者舍利子即受佛教："唯然，世尊。"（東晉·僧伽提婆《中阿含經》卷二十二，1/570/2）

---

  ① 唐·釋良賁《仁王護國般若波羅蜜多經疏》卷上二云："舍利弗者，具足應云舍利弗多羅。舍利，鳥名；弗者，子也。尊者母眼如鶖鷺目，其相圓淨，其音便辯，因母彰名，稱舍利弗。"（33/450/1）

3.《祐錄》所載"舊語"和"新語"在今存漢譯佛典中最早用例均出自安世高譯經。此類有 2 組：舊經溝港道（亦道跡），新經須陀洹；舊經直行，新經正道。

> 未得<u>道跡</u>，不得中命盡。謂已得十五意不得中死，要當得十五意便<u>墮道</u>，亦轉上至阿羅漢也，中得道亦不得中命盡，為息意身凡三事。謂善惡意，要當得<u>道跡</u>，亦復中壞。息死復生，善意起復滅，身亦不得中死也。（東漢·安世高《佛說大安般守意經》卷上，15/167/2）

> 第四同利，極同利無有過阿羅漢，阿那含、斯陀含、<u>須陀洹</u>亦爾，持戒者同利。（東漢·安世高《佛說七處三觀經》，2/877/1）

> 四為<u>直行</u>消邪行，亦從邪行因緣非一；若干弊惡行生能得消，亦從<u>直行</u>因緣非一；若干好法致從行具行。（東漢·安世高《長阿含十報法經》卷下，1/240/3）

> 佛告諸弟子："聽我說邪道，亦說<u>正道</u>。何等為邪道？不諦見、不諦念、不諦語、不諦治、不諦求、不諦行、不諦意、不諦定，是為道八邪行。何等為道八正行……"（東漢·安世高《佛說八正道經》，2/505/1）

可見，《祐錄》對新舊經譯語差異的 22 組記載有 17 組與今存漢譯佛典的實際用語相矛盾（兩者相符的僅 A、D、R、S、T 等 5 組，這 5 組"舊語"初見例比"新語"初見例早）。

本應晚出的"新語"出現在先，本應早出的"舊語"卻出現在後。這是什麼原因造成的呢？

二 材料調查：《大正藏》中的"新語"和"舊語"

為了準確把握這 22 組新舊譯語在今存漢文佛典中的使用情況，本文把《大正藏》相關內容分四組來調查：第 1—32 冊的譯經以《祐錄》的著錄為界分前期譯經（東漢—南朝梁初）和後期譯經（梁及以後）兩部分，第

33—55 冊為中土佛教著述（第 55 冊後半部分日本著述排除在外），第 85 冊為部分敦煌寫卷。其中第 1—32 冊有少量中土著述，第 33—55 冊中有少量翻譯佛經，二者用例統計歸入各自相應的部分。調查目的是確認每個新舊譯語的初見例，統計它們在上述四組材料中的出現次數。因為有些新舊譯語不止一種寫法，所以接受調查的個體為 25 個"新語"和 33 個"舊語"。下面列簡表介紹調查結果。

表 1　　"新語"和"舊語"在《大正藏》中的用例分布

	梵文（不確者留空）	新舊譯語（新譯語下加線）	《大正藏》第 1—32 冊漢譯佛經用例		《大正藏》第 33—55 冊中土著述用例	《大正藏》第 85 冊用例	《大正藏》第 1—55 及第 85 冊用例合計
			首例時代/譯者	《祐錄》前譯經《祐錄》後譯經			
新舊譯創自同一譯者	srotaāpanna	<u>須陀洹</u>	漢/安世高	3222—959	1030	63	5274
		道跡	漢/安世高	690—59	165	6	920
		溝港	漢/安玄	45—4	28	0	77
		溝港道	三國/支謙	12—0	4	0	16
		<u>正道</u>	漢/安世高	716—1126	1160	87	3089
		直行	漢/安世高	62—37	31	1	131
"新語"早出現"舊語"晚出現	bodhisattva	<u>菩薩</u>	漢/安世高	67926—143187	61365	5792	278270
		開士	漢/安玄	369—10	201	2	582
		扶薩	0	0—0	4	0	4
	anāgāmin	<u>阿那含</u>	漢/安世高	1868—609	552	45	3074
		不還果	西晉/竺法護	10—1571	221	10	1812
	bhikṣu	<u>比丘</u>	漢/安世高	74475—17622	15113	2629	109839
		除饉	漢/安玄	46—0	34	0	80
	sakṛdāgāmin	<u>斯陀含</u>	漢/安世高	1556—411	349	45	2361
		頻來①	漢/安玄	50—28	28	0	106
		一往來	姚秦/鳩摩羅什	6—3	25	8	42
		<u>解脫</u>	漢/安世高	12929—33962	17592	1397	65880
		背捨	三國/支謙	309—40	615	0	964
		<u>五陰</u>	漢/安世高	3531—993	2953	303	7780

① 《祐錄》有著錄的早期譯經中不見"頻來果"的用例，本文以和"斯陀含"同義的"頻來"為統計對象。

续表

梵文（不確者留空）	新舊譯語（新譯語下加線）	《大正藏》第1—32册漢譯佛經用例		《大正藏》第33—55册中土著述用例	《大正藏》第85册用例	《大正藏》第1—55及第85册用例合計
		首例時代/譯者	《祐錄》前譯經《祐錄》後譯經			
pañcaskandha	五眾①	姚秦/鳩摩羅什	633—16	121	6	776
	<u>十二入</u>	漢/安世高	562—123	233	21	939
	十二處	東晉/僧伽提婆	9—768	255	15	1047
"新語"早出現"舊語"晚出現						
Śāriputra	舍利弗	漢/安世高	9012—3698	3069	243	16022
	舍梨子	東晉/僧伽提婆	634—8	7	0	649
	舍利子②	東晉/僧伽提婆	10—11671	395	27	12103
	秋露子	三國/支謙	70—0	12	0	82
	秋鷺子	三國/康僧會	2—0	0	0	2
	鶖鷺子	三國/康僧會	22—0	9	1	32
arhān	阿羅漢	漢/安世高	5661—9827	3099	276	18863
	羅漢	漢/安世高	1400—720	3471	193	5784
	阿羅訶	漢/支讖	270—284	79	<u>2</u>	635
	無著果	西晉/竺法護	15—0	9	0	24
	應真	漢/康孟詳	147—42	283	3	475
	應儀	漢/安玄	126—9	13	0	148
pratyekabudha	辟支佛	漢/安世高	4173—2456	1060	<u>82</u>	7771
	緣覺	三國/康僧會	1740—2150	2139	143	6172
	各佛	漢/安玄	34—12	8	0	54
	獨覺	姚秦/鳩摩羅什	16（4）③—7992	924	62	8994

---

① "五眾"作為術語在佛典中主要有兩個意思：一是梵文 pañcaskandha 的意譯，義同"五陰""五蘊"，在《祐錄》以前的譯經中僅見于鳩摩羅什譯經，《祐錄》以後譯經的十幾例主要出現于隋代譯經；二是"出家五眾"（比丘、比丘尼、沙彌、沙彌尼、式叉摩那）的統稱，散見於《大正藏》各部分。本文的統計不含後者。

② 中土世俗文獻常以"舍利子"指佛陀的遺骨，在漢文佛典中這一意思用"舍利""身舍利"表示。《大正藏》中"舍利子"義同"舍利弗"，僅3處"舍利子塔"例外，義淨《根本説一切有部毗奈耶雜事》卷十八有2例，新羅慧超等《遊方記抄》有1例。

③《祐錄》以前的譯經中使用"獨覺"字樣16次，只有鳩摩羅什《大智度論》卷十八的4例是"辟支佛"的同義語；其餘三組材料中的"獨覺"絶大多數是"辟支佛"的同義語，除單用外，常以"聲聞獨覺""獨覺乘""獨覺地""獨覺果""獨覺般若""獨覺菩提"等組合出現，在玄奘《大般若波羅蜜多經》即有近6000例。全《大正藏》中"獨覺"共近9000例，僅有約百處不是"辟支佛"的同義語，文中未一一析出。

续表

梵文（不確者留空）	新舊譯語（新譯語下加線）	《大正藏》第 1—32 册漢譯佛經用例		《大正藏》第 33—55 册中土著述用例	《大正藏》第 85 册用例	《大正藏》第 1—55 及第 85 册用例合計
		首例時代/譯者	《祐錄》前譯經《祐錄》後譯經			
"新語"早出現"舊語"晚出現						
mañjuśrī	文殊	漢/支讖	3220—6761	6754	349	17084
	濡首	三國/支謙	291—1	73	3	368
subhūti	須菩提	漢/支讖	11407—3754	1526	738	17425
	須扶提	0	0—0	3	0	3
bhikṣuṇī	比丘尼	漢/支讖	13278—3881	2154	293	19606
	除饉女	三國/支謙	6—0	15	0	21
gandharva	乾闥婆	三國/支謙	406—1696	225	24	2351
	乾沓和	西晉/竺法護	41—25	12	0	78
avalokiteśvara	觀世音	三國/康僧鎧	272—1839	1500	113	3724
	光世音	西晉/竺法護	52—1	54	0	107
舊譯語早出現新譯語晚出現						
bhagavat	世尊	漢/支讖	37457—55139	9538	1279	103413
	眾祐	漢/安世高	514—11	36	0	561
bodhi	菩提	漢/支讖	10887—42906	19443	1807	75043
	覺意	漢/安世高	1550—98	146	4	1798
samyakprahāṇa	正勤	西晉/敦煌三藏	176—883	274	9	1342
	正斷	漢/安世高	118—3702	365	44	4229
sarvajaña	薩婆若	西晉/竺法護	1232—288	420	26	1966
	薩芸若	漢/支讖	586—2	1	0	589
	除入	東晉/佛陀跋陀羅	199—56	41	2	298
	勝處	東晉/僧伽提婆①	267—4107	810	61	5245

表 1 可以從四個方面來觀察。

第一，新舊譯語的出現時間。"新語"反而往往比"舊語"早出，《祐錄》的記載與今存佛典實際用語之間顯然互相矛盾。22 組考察對象中，前 12 組的"新語"（13 詞次）首見例全部出自安世高譯經，即超過半數的"新語"出現在現存最早的一批漢譯佛典中。

---

① 僧伽提婆在華譯經時間為東晉隆安元年（397）以前，佛陀跋陀羅在東晉義熙十四年（418）以後。

第二，新舊譯語的用例數量。除了ORS等三組，有19組術語的"新語"每一欄用例數都遠遠超過相應的"舊語"。就今存文獻而言，"新語"一直比"舊語"更常用，《祐錄》前的譯經、《祐錄》以後的譯經、中土佛教著述、敦煌寫卷等無一例外。四個欄目的統計中，所有"新語"都有相當數量的用例，"舊語"卻有18個在《大正藏》第85冊所收的敦煌寫卷中不見蹤影，"無著果""秋露子（秋鷺子/鶖鷺子）"和"除饉""除饉女"等在《祐錄》以後的譯經中沒有用例，前文提到的"扶薩""須扶提"更是僅見於中土佛教著述。

讓我們看一看上文表1所列"新語"和"舊語"在《大正藏》幾組材料中的用例總數對比，《祐錄》以前譯經267575：6720，《祐錄》以後譯經335330：30230，中土著述155139：4907，敦煌寫卷15961：253，合計774005：42110。

看起來，"舊語"用例總數似乎也不少，但如果結合下文表2的數據，排除6個特殊"舊語"的33430次用例，則餘下的27個"舊語"用例總數尚不足10000。

第三，新舊譯語的增長趨勢。"新語"用例的絕對數量遠勝"舊語"，"新語"用例的增長速度同樣遙遙領先。上文表1前三個欄目的統計數據顯示，"新語"在《祐錄》以後的新增用例往往是成百上千甚至數以萬計，而大部分"舊語"的新增用例則寥寥可數，這一差別尤其顯著。比如avalokitesvara的新譯"觀世音"在前期譯經中有272例，後期譯經中新增1839例，新增近7倍；而舊譯"光世音"在前期譯經中有52例，後期譯經中新增僅1例。又如mañjusrī的新譯"文殊"和舊譯"濡首"在前期譯經中用例數之比為3220：291，在後期譯經中二者新增用例數之比則為6761：1。

第四，"新語"和"舊語"在《大正藏》第85冊所收敦煌寫卷中的表現也大不相同。25個"新語"在這裏都有用例，總數達15961次，平均每個"新語"638.44次。反觀33個"舊語"，用例總數253次，平均每個僅7.67次，其中18個根本沒有用例。如果排除下文表2所列6個特殊"舊語"的219次用例，剩下的27個"舊語"用例總數僅為34次。這表明敦煌寫卷中的用語以"新語"為主，"舊語"僅有個別殘留，它反映了《祐錄》以後漢文佛教著譯用語的面貌，與真正的早期譯經用語存在明顯差異。

三 問題的關鍵："競爭中"舊語"衰亡

本文表1所調查的《大正藏》四類材料中，《祐錄》以後的譯經最能體現"舊語"的發展趨勢。按照在《祐錄》以後譯經中的新增用例情況，可將有關"舊語"分為4組。

第一組9個，在《祐錄》以後的譯經中無新增用例：溝港道，扶薩，除饉，須扶提，秋露子，秋鷺子，鶖鷺子，無著果，除饉女。這一組最典型，它們在後期譯經中無新增用例，祇在中土佛教著述中有少量引用，在《大正藏》第85冊的敦煌寫卷中僅"鶖鷺子"有1處用例，其餘不見使用。

這9個"舊語"在《祐錄》以前的譯經中共出現173次（其中"扶薩""須扶提"無用例），在中土著述中共出現90次（其中"秋鷺子"無用例），這90例是不是新增用例呢？

試以用例較多的"秋露子"為例，它在中土佛教著述中有12處用例，除本文開頭所引《祐錄》"舊經舍梨子亦秋露子新經舍利弗"外，其餘11例出現情況如下。

> 佛告秋露子："婦人彌勒是也，天帝釋吾身是也。"——出《彌勒為女身經》。（南朝梁·寶唱等《經律異相》卷十，53/50/1）
>
> 時道士者我身是也，烏者秋露子是也，蛇者阿難是，獵者調達是，妻者懷枒女子是也——出《摩國王經》。（南朝梁·寶唱等《經律異相》卷二十六，53/143/1）
>
> 菩薩者吾身是也，國王者彌勒是，鱉者阿難是，狐者秋露子是，蛇者目連是，漂人者調達是——出《布施度無極經》。（南朝梁·寶唱等《經律異相》卷十一，53/58/1）
>
> 又《六度集經》云……理家者是吾身，國王者彌勒是，鱉者阿難

是，狐者秋露子是，蛇者目連是。（唐·道世《諸經要集》卷八，54/68/3）《法苑珠林》卷五十所引同（53/664/3）

又《未生怨經》云……吾不懼死，唯恨不面稟佛清化，與秋露子、目連、大迦葉講尊道奧。（唐·道世《法苑珠林》卷四十九，53/660/3）

這六句中前五例實際上都是直接引用三國吳·康僧會所譯《六度集經》。第一例《經律異相》注明"出《彌勒為女身經》"，實即《六度集經》全文第七十一章《彌勒為女人身經》（3/38/1），第二例《經律異相》注明"出《摩國王經》"，實即《六度集經》全文第四十九章，因該章所述譬喻故事的主角為"摩天羅"國之王，故有"出《摩國王經》"之說（3/28/3），接下來的三例同引《六度集經》卷三（3/16/1），《經律異相》注明此段文字"出《布施度無極經》"，布施為"六度"（即六波羅蜜）第一項，《六度集經》卷一至卷三正有"布施度無極經"之稱。末例引用的是《祐錄》有著錄的失譯《未生怨經》（14/775/1）。①

謂此說時，言舍利弗舉疑念人——經中亦名秋露子，又亦名為憂波提舍。舍利母名，母眼似舍利，此翻名身；弗多羅者此翻名子，舍利之子名舍利弗，秋露子者母名。其母眼似秋露鳥眼，故名秋露，約母以別名秋露子。（隋·慧遠《維摩義記》卷一，38/438/1）

此例"秋露子"出現3次，慧遠說"經中亦名秋露子"，而《祐錄》以後的譯經中並無"秋露子（秋鷺子/鶖鷺子）"，可知是引用《祐錄》以前譯經的用語。

秋露子，梵言舍利弗，舊言舍梨子。（唐·慧琳《一切經音義》

---

① 以上各經《大正藏》原文均作"鶖鷺子"，其中《六度集經》卷五宋本作"秋露子"、《未生怨經》宮本作"秋露子"。《大正藏》所收漢譯佛經共22例"鶖鷺子"，其中有10例宋本、宮本作"秋露子"。

卷十，54/364/2）

此乃慧琳照錄玄應為三國吳·支謙《大明度經》第一卷用語"秋露子"所作的解釋。

於戲！前徒不忘玄數者，<u>秋露子</u>也。（南朝梁·僧祐《出三藏記集》卷十，55/70/1）

此例為《祐錄》全文收錄東晉道安《十法句義經序》，非《祐錄》以後的新增用例。

總之，中土著述使用"秋露子"12次，嚴格說來，這些都不算《祐錄》以後的新增用例。中土著述的9例"鶖鷺子"情況與"秋露子"相同，而"秋鷺子"無用例。由此可知，"秋露子（秋鷺子/鶖鷺子）"僅僅活在《祐錄》以前的譯經中，《祐錄》以後的著譯中，人們稱呼 Sāriputra 時實際上已不再使用純意譯形式，它的意義祇是作為標本或化石而存在。

第二組8個，在《祐錄》以後的譯經中新增用例極少：光世音，濡首，薩芸若，溝港，舍梨子，應儀，眾祐，開士。它們在後期譯經中新增用例的絕對數量、新增用例百分比都很小：有的僅一處新增用例，祇有兩個用例上十，最多的也祇有11例（眾祐），且僅為前期用例的2%而已。這一組在《祐錄》以前的譯經中共出現2617次，但在《祐錄》以後的譯經中出現僅46次，在中土佛教著述中共有431處用例，在《大正藏》第85冊的敦煌寫卷中僅"開士""濡首"有二三處用例，其餘不見使用。

第三組10個，在《祐錄》以後的譯經中新增用例少：各佛，乾沓和，頻來，背捨，直行，一往來，應真，道跡，五眾，覺意。它們在後期譯經中新增用例也不多，絕對數量最多的為"覺意"98例，但與前期譯經中的用例相比，也不過增加6.3%，遠不能和"新語"的增長相比。這一組在《祐錄》以前的譯經中共出現3522次，但在《祐錄》以後的譯經中共出現僅360次，在中土佛教著述中共有1434次用例，在《大正藏》第85冊的敦煌寫卷中用例均不過十，且前四個不見使用。

第四組 6 個，在《祐錄》以後的譯經中新增用例多：十二處，不還果，勝處，正斷，獨覺，舍利子。它們在《祐錄》後譯經中新增用例的絕對數量少則幾百，多則上萬，增長倍數少則十幾倍，多則上千倍，這些表現與上述 27 個"舊語"迥異，卻和"新語"的整體表現相類。此中原因何在？初步考察表明，這 6 個"舊語"的特殊表現和唐代玄奘的翻譯活動有關，試以他譯的六百卷《大般若波羅蜜多經》為例，經文中這 6 個"舊語"用例都不少。

表 2　　6 個特殊的"舊語"和《大般若波羅蜜多經》的關係

舊語	《祐錄》前譯經用例	《祐錄》後譯經用例數		《大正藏》第 33—55 冊中土著述用例	《大正藏》第 85 冊用例	《大正藏》第 1—55 冊及第 85 冊用例合計
		《大般若經》用例	用例總數（含前項）			
十二處	9	[46]	768	255	15	1047
不還果	10	[742]	1571	221	10	1812
正斷	118	[3269]	3702	365	44	4229
勝處	267	[3030]	4107	810	61	5245
獨覺	16	[5996]	7992	924	62	8994
舍利子	10	[7465]	11671	395	27	12103
（合計）	(430)	[20548]	(29811)	(2970)	(219)	(33430)

表中 6 個詞語的排列順序顯示了一個規律：從上往下看，《大般若波羅蜜多經》中用例數遞增，《祐錄》後譯經中新增用例總數及《大正藏》全文用例總數同樣呈遞增趨勢。這就表明，三者之間有著密不可分的關係，而《大般若波羅蜜多經》的用例數往往起著決定作用。與之相對，另外 27 個"舊經"譯語有 24 個在《大般若波羅蜜多經》中無用例，僅"頻來"17 例，"覺意"2 例，"背捨"1 例。在這裏，《大般若波羅蜜多經》是標尺，一個詞語在這部經文中能否得到使用，使用次數多還是少，在相當程度上決定著詞語的命運。

那麼，到底是玄奘譯經影響了其他人的譯經用語，還是玄奘譯經受他人譯經影響？試再以"舍利子"為例，它在《大正藏》第 1—32 冊的譯經中共計 11681 例，具體情況如下：

表3　　　《祐錄》以後譯經中"舍利子"新增用例統計

時代/譯者	經名	用例	合計
東晉/瞿曇僧伽提婆	《中阿含經》	8	10
劉宋/求那跋陀羅	《雜阿含經》	2	
陳/真諦	《阿毘達磨俱舍釋論》	2	4
東魏/月婆首那	《僧伽吒經》	1	
失譯附秦錄	《薩婆多毘尼毘婆沙》	1	
唐/玄奘（602？—664）	《阿毘達磨大毘婆沙論》等22部	2355	9820
	《大般若波羅蜜多經》	7465	
唐/地婆訶羅（613—687）	《最勝佛頂陀羅尼淨除業障咒經》	1	476
唐/義淨（635—713）	《根本說一切有部毘奈耶》等12部	319	
唐/菩提流志（？—727）	《護命法門神咒經》等6部	8	
唐/法月重	《普遍智藏般若波羅蜜多心經》（738年出）	1	
唐/不空（705—774）	《大方廣如來藏經》等7部	129	
唐/般若等（734—？）	《般若波羅蜜多心經》（《大正藏》第253號）	3	
唐/法成（8—9世紀）	《般若波羅蜜多心經》（《大正藏》第255號）	8	
唐/智能輪（9世紀中葉）	《般若波羅蜜多心經》（《大正藏》第254號）	7	
宋/法護	《佛說大乘菩薩藏正法經》等4部	752	1352
宋/法天	《佛說未曾有正法經》等2部	62	
宋/法賢	《佛說眾許摩訶帝經》等4部	4	
宋/日稱等	《父子合集經》等2部	9	
宋/施護	《佛母出生三法藏般若波羅蜜多經》等14部	325	
宋/天息災	《佛說較量壽命經》等2部	3	
宋/惟淨等	《佛說身毛喜豎經》等3部	197	
失譯敦煌本（日藏）	《佛說大乘稻芊經》（《大正藏》第712號）	7	9
失譯敦煌本（日藏）	《大佛頂如來放光悉怛多般怛羅》（《大正藏》947號）	1	
失譯敦煌本（日藏）	《俱舍論實義疏》（《大正藏》第1561號）	1	

"舍利子"在《祐錄》以前的譯經中共10例，已是罕見，而求那跋陀羅（394—468）之後到玄奘（602—664）長達兩個世紀，《祐錄》面世（6世紀初）到玄奘開始譯經（645）也將近一個半世紀，此期所譯的佛典中竟然僅有4次用例，更顯得它消亡在即，這正是"舊語"共同的命運。可是自

玄奘譯經一出，"舍利子"即能起死回生，其新增用例數量遠遠勝過與之相對的"新語"（舍利弗）。玄奘同時或稍後的唐代譯師以及宋代的譯師，在譯經中使用"舍利子"的次數都比較多，不能不說是受了玄奘的影響。

由此可見，玄奘譯經用語在"新語"和"舊語"的競爭中扮演著獨特的重要作用，這種作用可以從兩個方面來認識。

（1）統計數字的"貢獻"。以表2為例，"舊語"在《大般若波羅蜜多經》中的用例數本身對《祐錄》後譯經用例總數來說就是一種"貢獻"。玄奘譯經數量龐大，這一點自不待言，但其意義卻似乎不完全在此。

（2）取捨態度的影響。仍以表2為例，"十二處"在《大般若波羅蜜多經》中出現46次，相對於該詞語在《祐錄》後譯經新增用例總數（768）而言，不論是絕對數量，還是所佔百分比（6%），並不算多。但是，與另外27個"舊語"的遭遇相比，"十二處"的這些用例體現了玄奘的取捨態度，在它的影響下，"十二處"有了比一般"舊語"更多的用例。

前一個因素作用的結果是：受玄奘青睞的"舊語"在後期譯經中新增用例的絕對數量都比較大。後一個因素作用的結果是：即使不計玄奘譯經的用例，這些"舊語"的新增用例同樣遠勝別的"舊語"而與"新語"並駕齊驅。

玄奘譯經用語的影響在《大正藏》第85卷的敦煌寫本中也有突出表現，玄奘使用較多的6個"舊語"在該卷用例最少的也有10次（不還果），最多的達62次（獨覺），總數達219次，平均每個"舊語"36次。而另外27個"舊語"祇有9個在《大正藏》第85卷有用例，且單個"舊語"用例均不過十，總共才出現34次。

本節中對33個"舊語"的分組考察表明，整體上它們在《祐錄》以後明顯呈衰亡之勢，即如最後一組6個，也是銷聲匿跡若干年後因玄奘的使用而顯得與眾不同。認識"舊語"這種衰亡的總趨勢，有利於更好地理解今存漢文佛典用語同《祐錄》之間的矛盾。

四　問題答案的假設：早期譯經部分"舊語"被改成"新語"

讓我們回到本文第一部分提出的問題：為什麼《祐錄》所謂"新語"

在今存漢文佛典中反而比"舊語"更早出現？筆者認為，原因可能有兩個：一是《祐錄》所依據的早期譯經大量失傳導致"舊語"的早期用例大量消失，二是因為今存早期漢譯佛典的用語已失去原貌。從現有材料來看，後一個是最主要的原因。

先看第一個原因。以《祐錄》同今存漢文佛典相對照，《祐錄》所依據的早期譯經有些後來的確失傳了。那麼是不是有一批最早的漢譯佛典，它們大量使用"舊語"，這些"舊語"後來隨著經文亡佚而消失得無影無蹤？呂澂《新編漢文大藏經目錄》共收漢譯佛經1504部，其中573部見於《祐錄》。在此有必要考察《祐錄》卷二至卷五，這是"銓名錄"部分，其中卷二的主要部分"新集撰出經律論錄"和卷四"新集續撰失譯雜經錄"最值得關注。

《祐錄》卷二的"新集撰出經律論錄"專錄譯人可以確考的譯經，著錄了東漢至蕭齊建武二年（494—498）所出"四百五十部凡一千八百六十七卷"（筆者統計實為442部），其中有5部注明"梵文未譯"，1部注明"胡本未譯出"，有55部注明"闕""今闕"（含4部尚未譯為漢文），另有竺法護譯經"六十四部凡一百一十六卷經今闕"。算下來，該部分有321部譯經僧祐當時還可以看到。據筆者統計，其中有263部見於《大正藏》，有58部不見於《大正藏》。可見僧祐見過的譯經確實有些後來失傳了。

《祐錄》卷四"新集續撰失譯雜經錄"專錄譯人不確的譯經，第一部分著錄"八百四十六部"（實841部），注明"今並有其本，悉在經藏"，第二部分著錄460部，注明"並未見其本，今闕此經"。第一部分當時"悉在經藏"的譯經祇有139部見於《大正藏》，約700部當時存世的譯經後來失傳，不過這部分經文部頭都很小，半數以上僧祐已注明是"抄""抄某經"。該卷卷首有這樣的介紹：

> 其兩卷以上，凡二十六部，雖闕譯人，悉是全典。其一卷以還，五百餘部，率抄眾經，全典蓋寡。觀其所抄，多出《四鋡》《六度》《道地》《大集》《出曜》《賢愚》及《譬喻》《生經》。並割品截揭，撮略取義，強制名號，仍成卷軸。至有題目淺拙，名與實乖，雖欲啟

學,實蕪正典。其為愆謬,良足深誡,今悉標出,本經注之目下。抄略既分,全部自顯。使沿波討源,還得本譯矣。(55/21/2)

另有卷三的"新集安公失譯經錄"也專錄譯人不確的譯經,第一部分"九十二部今並有其經",其中有 63 部見於《大正藏》;第二部分"凡五十部今並闕此經",也有 7 部見於《大正藏》。

《祐錄》卷二至卷五的其他名目本文不再詳述,單就譯經部數而言,僧祐時存世的早期譯經後來的確大量失傳,它們有可能曾使用"舊語",失傳後其用語不再為人所知。但是,這並非"舊語"在今存漢文佛典中蹤跡難尋的全部原因。

理由之一,《祐錄》卷二"新集撰出經律論錄"置於"銓名錄"之首,應該是僧祐最有把握的部分,其中所錄 442 部譯經當是他認為最重要的。此中僧祐見過的 321 部有 80% 留存至今,可以說"大體尚存",不至於造成 22 組新舊譯語中 17 組出現時間錯亂。

理由之二,僧祐所見而後來失傳的大多是抄經,既是抄經(猶如"子本"),自然有抄寫所據的譯經(猶如"母本")。如《祐錄》卷四"新集續撰失譯雜經錄"第一部分所錄經文中,注明抄自《方等大集經》的 16 部,抄自《六度集經》的 13 部,抄自《生經》的 42 部,抄自《出曜經》的 21 部,抄自《阿含經》的 136 部(四阿含合計),共計 228 部。作為"母本"的五部譯經共計 206 卷,《祐錄》卷二"新集撰出經律論錄"有著錄,且譯人均可確考,它們一直保留至今。嚴謹的抄經,其用語和被抄經當無大的區別,如果"子本"多用"舊語",那麼其"母本"當然多用"舊語"。即使有不嚴謹的抄經,"子本"用語和"母本"有別,變化也祇能發生在"子本"中。後來"子本"失傳,經中用語當然再不可得見,但它不可能帶走"母本"中的用語,更不可能導致"母本"用語大規模地從"舊語"改為"新語"。

理由之三,《祐錄》注明譯人的所有譯經中,僅《四十二章經》一部比安世高譯經早(此經已由多位學者證明並非最早漢譯佛經),僧祐已指出"安法師所撰錄闕此經",且其譯者"竺摩騰"未入《祐錄》卷十三的傳記（慧皎《高僧傳》有竺摩騰的傳）。可見僧祐對此經也有懷疑，在他眼中，安世高的幾十部譯經在譯者可以確考的譯經中實際上就是最早的。那麼，不論後來是存是亡，這批譯經自然是"舊經"，其用語當不至於被僧祐稱作"新語"。可是上文已指出，22組考察對象中前12組的"新語"（13詞次）首見例全部出自安世高譯經。

可見，我們可以認為《祐錄》所據而後來失傳的譯經"帶走"了某些"舊語"的部分早期用例，卻不能把"舊語"消亡的原因完全歸於早期譯經的失傳。

再看第二個原因。今存早期漢譯佛經部分失去原貌的可能性很大，這一點不難理解；歷史上，古籍在傳抄過程中遭到改動的例子不勝枚舉。就漢譯佛典而言，湯用彤先生曾談道：

> 但舊日典籍，唯籍鈔傳。浮屠等名，或嫌失真，或含貶辭。後世輾轉相錄，漸易舊名為新語。即出《祐錄》稱天竺字為胡文，元明刻經乃改為梵，可以為證。（《漢魏兩晉南北朝佛教史》第三章，第25頁）

作為翻譯文獻，漢譯佛典中許多術語的譯名原無統一的譯法，尤其是早期譯經階段，譯名尚未定於一端，更是因時、地、人而異。① 同一個術語的眾多譯法中，產生時間自然有早有晚，有"舊語"也有"新語"，兩類用語（個體數量不限）互相競爭，優勝劣汰，"新語"的使用機會日漸超過"舊語"。僧祐注意到了這種現象，並且把他認為最能代表新舊更替趨勢的20幾組新舊譯語記錄下來。隨著《祐錄》的流布，它對"新""舊"譯語的描述客觀上具有了評判作用。於是在接下來的翻譯活動中，人們更傾向於多用"新語"而少用"舊語"，甚至專用"新語"而棄用"舊語"，這一點上文的材料已足以證明。在此背景下，

---

① 俞理明先生認為："康僧會以後，譯人們不再在譯經用語方面作大的嘗試，從竺法護以後，譯經用語進入穩定狀態，鳩摩羅什以後，譯經用語更進入規範時期。"（《佛經文獻語言》，第24頁）

人們在心理上接受了"新語",自然會認為有關術語都該用"新語"才合適。① 所以《祐錄》之後,不光譯經專用"新語",抄寫已有的譯經時也完全有可能把原文中的"舊語"改成"新語",這在當時的人看來是理所應當的,因為翻譯佛典就是為了讓人們讀懂它接受它。翻譯新的佛經比較自由,譯者盡可以選擇自己認為恰當的用語,而且往往是"清一色"的"新語"。抄寫已有的譯經則多少會受到某些制約,術語的改動不可能做到百分之百地徹底換"舊"為"新","舊語"有時會留下或多或少的"遺跡",造成新舊混雜的局面,但其中"新語"註定要比"舊語"多。所以,在本文表1中我們看到,"舊語"在《祐錄》前的譯經中儘管不如"新語"多,但總有一些用例(除"扶薩""須扶提"),在《祐錄》後的譯經中則要麼完全絕跡,要麼近乎絕跡。祇有玄奘大師能免俗,大膽使用他認為恰當的譯語,哪怕有的曾經被視作"舊語",哪怕它們事實上已近絕跡。其影響所及,才有了上文所述6個"舊語"免遭滅亡。

那麼,早期譯經在後來的抄寫過程中原文"舊語"被改成"新語"發生在什麼時候?現有文獻缺乏這方面的詳細資料,何時何地何人開始這一舉措無法確考,漢文大藏經尚未形成之前,任何時候抄寫經文出現改動都是很自然的。但我們可以確認《祐錄》成書時這一過程肯定尚未完成,否則僧祐將無從看到也不可能提及"扶薩""須扶提";此後可能加快進程,但這一風氣的結束當與玄奘的譯經活動大致同時,此時漢文大藏經也逐漸形成且已達到比較成熟的階段,李富華、何梅《漢文佛教大藏經研究》認為"唐朝是中國漢文佛教大藏經真正形成的時代"(第64頁)。大藏經成型以後,入藏佛典的抄寫必然變得嚴謹起來;儘管民間抄經或許仍比較自由(正如敦煌寫經所表現的),但入藏佛典卻從此

---

① 郭朋先生認為:在上述二十四對譯名中……有的,則很不準確了。例如,"辟支佛",含有"獨覺""緣覺"二義,而譯為"各佛",就莫名其妙了。"須陀洹",意為"預流",即"預入聖流"之意;而譯為"溝港道",就很不通了。"斯陀含",意為"一來",即再來人間一次,就可得到解脫了;而譯為"頻來",意思就全然不同了。"世尊"譯為"眾祐",顯然是受了漢代方術鬼神觀念的影響,把"世尊"給"神祇"化了。(《漢魏兩晉南北朝佛教》第三章"漢代譯經",第82頁)

不容再改。① 否則"舍利子"在今存的《祐錄》以前譯經中不會僅剩 10 個，因為玄奘以後它又流行開來，如果此時入藏佛典的抄錄還可以自由改變原文用語，"舍利子"必定會實現"反攻"。這種"反攻"現象並未出現，說明此時"轉型期"已過，混亂局面不再，入藏佛經抄寫的程式更嚴謹；到這時，已改的、未改的、新出的，都是既成事實，所以不同時期譯經更容易就地保持既成狀態。

有一點應該強調：僧祐對相關譯語的"新""舊"評判不一定是這一問題的根本原因。新陳代謝是事物發展的普遍規律，在特定的歷史時期，"新語"總是會代替"舊語"，有沒有《祐錄》都一樣。《祐錄》的作用是為業已存在的新舊更替趨勢推波助瀾，因為機緣巧合，它成了歷史的分水嶺，本文也祇不過以之為時間參照點而已。

在上文分析的基礎之上，讓我們再回想一下事件的過程：初期漢譯佛典多用"舊語"，長期的譯經活動中人們不斷創新，一個又一個"新語"陸續出現，於是新舊並存，各得其便。但競爭中"新語"占了上風，譯經者逐漸少用"舊語"多用"新語"，甚至後來不用"舊語"而專用"新語"。受其影響，抄經者也把早期譯經中過時的"舊語"改為時髦的"新語"，個別"舊語"從譯經中徹底消失，但是一般改得並不徹底。整個過程自漢迄宋，從公元 2 世紀中葉延續到 12 世紀初，翻譯中推出和採用"新語"的趨勢貫穿始終，抄寫中換"舊"為"新"的改動則隨著漢文大藏經的成熟而終止。其間僧祐在 6 世紀初給部分有代表性的譯語貼上"新""舊"標籤，玄奘在 7 世紀中葉大膽起用其中 6 個"舊語"。因為競爭結果是"新語"占盡優勢，所以，晚出的譯經基本不再用"舊語"；因為佛經抄寫過程中換"舊"為"新"，所以今存佛典中哪怕是最早的譯經都充滿著"新語"；因為改得不徹底，所以今存早期譯經中還能見到少量的"舊語"殘留。

既然早期譯經中的"舊語"在傳抄過程中有時可能被改成"新語"，

---

① 隋·費長房《歷代三寶記》（597）首創"入藏錄"，唐·智昇《開元釋教錄》（730）完全確立了漢文大藏經的結構分類體系，此間一百多年是漢文大藏經走向成熟的階段，玄奘的譯經活動正處其中。

那麼，此類改動是否僅限於《祐錄》所記的 20 多組呢？這有待進一步考察，目前我們未能確知有多少"舊語"在多大規模上被改作"新語"。不過，承認並正視這一問題的存在，努力減小和避免其不利影響，是我們更好地利用相關佛教文獻的必要前提。

參考文獻

［日］《大正新脩大藏經》，（臺灣）新文豐出版公司 1979 年版。

中華電子佛典協會（CBETA）：《大正藏》電子版 1999 年版。

（梁）釋僧祐：《出三藏記集》，蘇晉仁、蕭鍊子點校，中華書局 1995 年版。

（梁）釋慧皎：《高僧傳》，湯用彤校注，中華書局 1992 年版。

呂澂：《新編漢文大藏經目錄》，齊魯書社 1981 年版。

李富華、何梅：《漢文佛教大藏經研究》，宗教文化出版社 2003 年版。

湯用彤：《漢魏兩晉南北朝佛教史》，北京大學出版社 1997 年版。

郭朋：《漢魏兩晉南北朝佛教》，齊魯書社 1986 年版。

譚世寶：《漢唐佛史探真》，中山大學出版社 1991 年版。

俞理明：《佛經文獻語言》，巴蜀書社 1993 年版。

［日］荻原雲來：《漢譯對照梵和大辭典》，新文豐出版公司 1979 年版。

（原載《宗教學研究》2005 年第 4 期）

從僧睿《大品經序》看今存漢文佛典用語

一 《大品經序》和《祐錄》"前後出經異記"的異同

筆者曾撰文《今存漢文佛典用語同僧祐〈出三藏記集〉的矛盾》（參見《宗教學研究》2005年第4期，下面簡稱"前文"），以《出三藏記集》（簡稱《祐錄》）對早期譯經用語的記載同今存早期漢文佛典相對照，指出二者互相矛盾的現象；並提出假設：歷代翻譯佛典的用語在傳承過程中有可能被改動過，尤其是漢文大藏經成型以前，這種現象可能比較普遍。

其實，就在《出三藏記集》一書內部，也可找到一些有意思的材料，促使我們繼續關注今存早期漢文佛典的語料問題。

僧祐《出三藏記集序》自述全書結構時云："一撰緣記，二銓名錄，三總經序，四述列傳。"該書卷六至卷十一是漢譯大小乘經律論的序言及題記，其中大多為翻譯時現場所寫，是譯經史上寶貴的原始記錄。這些經序三分之二以上僅見於《祐錄》，其中卷八載東晉僧睿所撰《大品經序》正是這樣一篇經序。《大品經》指姚秦鳩摩羅什主譯的《摩訶般若波羅蜜經》二十七卷（《大正藏》編號223/《中華藏》編號3），該經在羅什以前已有2個譯本，一為西晉太康七年竺法護所譯《光讚般若波羅蜜經》十卷（《大正藏》編號222/《中華藏》編號4），一為西晉元康元年無羅叉共竺叔蘭譯《放光般若波羅蜜經》二十卷（《大正藏》編號221/《中華藏》編號2）。此三者在《祐錄》卷二"新集撰出經律論錄"均有著錄，且譯人均有明確記載；此後，歷代經錄均視之為同本異譯，相當於玄奘譯《大般若波羅蜜多經》第二會。①

僧睿序文中提到鳩摩羅什譯此經時用語上所作的創新（本文引文據《大正藏》，標明冊數、頁碼、欄數）

> 其事數之名與舊不同者，皆是法師以義正之者也。如"陰""入""持"等，名與義乖故，隨義改之："陰"為"眾"，"入"為"處"，"持"為"性"，"解脫"為"背捨"，"除入"為"勝處"，"意止"為"念處"，"意斷"為"正勤"，"覺意"為"菩提"，"直行"為"聖道"。諸如此比，改之甚眾；胡音失者，正之以天竺；秦名謬者，定之以字義；不可變者，即而書之。（僧祐《出三藏記集》卷八，55/53b，點校本第293頁，《中華大藏經》53—938—2字句全同）

序中提到9組譯語的新舊差別，這9組詞語均列出新舊譯法進行對照。其中17詞均為意譯詞，祇有"菩提"一詞為音譯。② 改舊為新的原則是"以義正之"，"胡音失者，正之以天竺；秦名謬者，定之以字義"，可見其態度之嚴謹。讓人困惑的是，僧睿對"新""舊"譯語的記載同《祐錄》卷一"前後出經異記"的記載有同有異。二者相同的有四組。

---

① 《光讚般若波羅蜜經》簡稱《光讚般若經》《光讚經》《光讚》，《放光般若波羅蜜經》簡稱《放光般若經》《放光分》《放光》，《摩訶般若波羅蜜經》簡稱《大品般若》《大品經》，三者為同本異譯，參見《祐錄》卷七照錄東晉道安《合〈放光〉〈光讚〉略解序》："《放光》《光讚》，同本異譯耳。其本俱出于闐國持來，其年相去無幾。《光讚》，于闐沙門祇多羅以泰康七年齎來，護公以其年十一月二十五日出之。《放光分》，如檀以泰康三年于闐為師送至洛陽，到元康元年五月乃得出耳。先《光讚》來四年，後《光讚》出九年也。《放光》，于闐沙門無羅叉執胡，竺叔蘭為譯，言少事約，刪削複重，事事顯炳，煥然易觀也。而從約必有所遺，於天竺辭及騰每本蘭焉。《光讚》，護公執胡本，聶承遠筆受，言准天竺，事不加飾。悉則悉矣，而辭質勝文也。"（僧祐《出三藏記集》卷七，55/48a，點校本第265頁）隋·法經《眾經目錄》卷一、唐·智昇《開元釋教錄》卷十一、唐·圓照《貞元新定釋教目錄》卷二十對這三部經的著錄同《祐錄》一致。

② 從下文"胡音失者，正之以天竺"一句來看，羅什對音譯詞也做了較多的改譯，只不過僧睿序的主要興趣在意譯詞，故未專門記錄音譯詞新舊譯法的差異。

（睿）持→性　　　　　（祐）持→性
（睿）意斷→正勤　　　（祐）正斷→正勤①
（睿）覺意→菩提　　　（祐）覺意→菩提
（睿）直行→聖道　　　（祐）直行→正道②

二者不同的也有四組。

（睿）陰→眾　　　　　（祐）五眾→五陰③
（睿）入→處　　　　　（祐）十二處→十二入④
（睿）解脫→背捨　　　（祐）背捨→解脫
（睿）除入→勝處⑤　　（祐）勝處→除入

僧睿序另有一組"意止"為"念處"，《祐錄》未提及，故無從比較。

以上比較的8組詞語，僧睿序對其新舊的評判同《祐錄》對其新舊的評判剛好異同參半。應該說，僧睿、僧祐二人所面對的材料是相同的：一方面，他們自然都見過《大品般若經》的三種異譯本（僧睿還具體參與羅什的翻譯）；另一方面，《祐錄》既然全文收錄僧睿《大品經序》，僧祐必定知道在僧睿眼中以上幾組詞語何為新、何為舊。因此，二人對有關譯語的新舊判定理應完全一致。可是，我們今天卻看到二者有四處記錄彼此矛盾。這是為何呢？

---

① 僧睿以"意斷"和"正勤"對舉，《祐錄》則云"舊經正斷新經正勤"，"意斷""正斷"文字小有出入。

② 僧睿以"直行"和"聖道"對舉，《祐錄》則云"舊經直行新經正道"，"聖道""正道"文字小有出入。

③ 此處"陰""眾"應分別指"五陰""五眾"，本文用《祐錄》"舊經為五眾新經為五陰"一句與之對照。

④ 僧睿序既言"入為處"，又有"除入為勝處"；與此相應，《祐錄》卷一有"舊經十二處新經十二入"和"舊經勝處新經除入"兩句；《祐錄》卷一沒有提到單用的"入""處"相對，本文以"舊經十二處新經十二入"來和"入為處"做比較。

⑤ 郭朋《漢魏兩晉南北朝佛教》引述僧祐"舊經勝處新經除入"時加注認為："這裡，可能傳抄有誤。因為，'勝處'容易理解，應為新譯；而'除入'，則很費解，應為舊譯。今謂舊經稱'勝處'，新經稱'除入'，就頗有問題。"（第81頁）今按，其說可補僧睿序此條為證。

二 《光贊般若》《放光般若》《大品般若》用語調查

為了弄清這個問題，我們可以先考察一下這幾組詞語的今存漢文佛典中的具體表現。考察涉及以下幾類材料。

1. 竺法護《光贊般若波羅蜜經》、無羅叉共竺叔蘭《放光般若波羅蜜經》、鳩摩羅什《摩訶般若波羅蜜經》三種異譯本比較，瞭解兩個舊譯本同羅什新譯本的差異。因僧叡序所錄譯語創新乃主要針對這三個異譯本而言，表中統計數據將兩個舊譯本作為整體對待，這一方面是因為兩個舊譯本加起來共三十卷，同新譯本二十七卷相近，便於對新舊譯本中有關詞語的使用次數進行比較；另一方面，僧叡序重點突出的是鳩摩羅什用語的創新，對兩個舊譯本的用語則未加區別對待。

2. 鳩摩羅什翻譯的所有經文，全面瞭解羅什本人對有關詞語使用狀況的全貌。這項數據可以反映羅什新創詞語的穩定性，有助於我們瞭解不同的新創詞語各自的表現。

3. 有關詞語在今存漢譯佛典中的初見例。僧叡說"其事數之名與舊不同者，皆是法師以義正之者也"，那麼，9 組詞語中的新詞語是否全部為鳩摩羅什新創？這項數據可以對此進行檢驗。

4. 有關詞語在《祐錄》前後譯經、中土撰述、《大正藏》第 85 冊敦煌寫卷中的用例數，可以觀察到每個詞語各自的生命力，或者說有關詞語在各類佛教文獻中受歡迎的程度。

考察結果列表如下（僧叡所稱新語全部加線以便區分，據《祐錄》而加的"正斷""正道"二語有關數據也給出僅供參考，"持→性"一組不明所指不便統計故缺數據）。

下表共列 8 組詞語的幾項數據，其中既體現出一定的規律又存在一些例外。就本文討論的話題而言，以下五點值得關注。

第一，僧叡所謂"新語"8 個，其中 7 個在羅什新譯本中有用例，但是"五眾"在新譯本中卻沒有用例，通行全經的仍是舊語"五陰"。

第二，僧叡序視為羅什新創的 8 個詞語，在今存漢文佛典中有 6 個出現在羅什以前的譯經，其中"念處""聖道""菩提"等更是始見於今存

表1　　　　　　　僧睿《大品經序》所列新舊譯語的用例統計

		叉護	羅什大品	羅什全部	首見時代及譯者	祐前譯經	祐後譯經	中土撰述	第85冊寫卷	合計
睿祐新舊評判異	五陰①	791	57	587	漢/安世高	3548	996	2964	323	7831
	五眾②	0	0	633	姚秦/羅什	633	16	121	6	776
	除入	0	0	7	西竺/竺法護	199	56	41	2	298
	勝處	0	2	69	姚秦/羅什	267	4107	810	61	5245
	十二入	3	31	169	漢/安世高	562	123	233	21	939
	十二處	0	1	6	東晉/僧伽提婆	9	768	255	15	1047
	解脫	102	233	1862	漢/安世高	12929	33962	17592	1397	65880
	背捨	0	58	202	三國/支謙	309	40	615	0	964
僧睿僧祐新舊評判同	持性									
	覺意	108	5	53	漢/安世高	1550	98	146	4	1798
	菩提	0	1097	4336	漢/支讖	10880	42906	19443	1807	75036
	意斷	82	0	4	漢/安世高	297	20	50	1	368
	（正斷）	0	0	5	漢/安世高	118	3702	365	44	4229
	正勤	0	26	87	西晉敦煌三藏	176	883	274	9	1342
	直行	0	0	11	漢/安世高	62	37	31	1	131
	聖道	0	158	500	漢/安玄	1584	6897	1944	186	10611
	（正道）	3	5	115	漢/安世高	716	1126	1160	87	3089
其他	意止	95	0	4	漢/安世高	741	36	159	1	937
	念處	1	371	1117	漢/安世高	2371	1204	2178	84	5837

漢代譯經，僅"五眾""勝處"2個確實始見於羅什譯本。

第三，上表統計的 8 組新舊用語，僅"覺意→菩提""意斷→正勤""意止→念處"等 3 對用語明顯表現出《大品般若》新舊譯本用語的規律性差異，其餘 5 對根本談不上什麼規律。

第四，僧睿所謂"舊語"8 個，其中 6 個在舊譯本中有用例，但是"除入""直行"等 2 個卻並不見於竺法護、無羅叉的兩個舊譯本。這實在

---

① "五陰"有時或作"五薩"，文中"五陰"各項統計數字均包括"五薩"用例數。
② 同前文一樣，此表統計數據只包含作為 pañcaskandha 的意譯、義同"五陰""五蘊"的"五眾"，而將表示"出家五眾"的用例排除在外。

令人費解：既然舊譯本中無"除入""直行"二語，為何僧睿序還要專門拿它們來同羅什新譯所用的"勝處""聖道"相對舉？

第五，有 4 個"舊語"在新譯本中沒有用例，這表明羅什譯本對這幾個術語改造得十分徹底。與此同時，有 4 個"舊語"在新譯本中有用例："五陰" 57 次，"十二入" 31 次，"解脫" 233 次，"覺意" 5 次。其中"覺意"的 5 次用例全部出現在"覺意三昧"中，沒有單用的，嚴格來說不算例外。真正需要解釋的是：被僧睿視為"舊語"的"五陰""十二入""解脫"等 3 個詞語在羅什新譯的《摩訶般若波羅蜜經》中都有為數不少的用例。

這個問題是不是羅什譯本改舊為新改得不徹底造成的呢？種種跡象表明，答案不會這麼簡單。請看這 3 個"舊語"的相關數據：

羅什新譯本《摩訶般若波羅蜜經》大量使用舊語"五陰"的同時（57 次），新語"五眾"卻沒有 1 次用例。

新譯本中使用舊語"十二入" 31 次，遠遠超過兩個舊譯本的用例總數（3 次）。與此同時，新語"十二處"在新譯本中卻僅有一次用例。

新譯本中使用舊語"解脫" 233 次，是兩個舊譯本用例總數（102）的兩倍多。與此形成鮮明對照的是，新譯本中使用新語"背捨"才 58 次。

如果僅僅是羅什譯經改舊為新不徹底，再怎麼不徹底，也不會出現上述"舊語"泛濫而"新語"難覓的現象，何況新語"五眾"根本不見使用。

可見，僧睿《大品經序》的記載與今本《摩訶般若波羅蜜經》的實際用語並不完全吻合。

三 《摩訶般若波羅蜜經》與《大智度論》用語比較

關於這個問題，還有一則材料值得重視，僧睿《大品經序》有這樣的話：

> 法師手執胡本，口宣秦言，兩釋異音，交辯文旨。秦王躬覽舊經，驗其得失，諮其通途，坦其宗致……詳其義旨，審其文中，然後書之；以其年十二月十五日出盡，校正檢括，明年四月二十三日乃訖。文雖粗定，以《釋論》撿之，猶多不盡。是以隨出其《論》，隨

而正之;《釋論》既訖,爾乃文定。定之未已,已有寫而傳者;又有以意增損,私以"般若波羅蜜"為題者,致使文言舛錯,前後不同;良由後生虛已懷薄,信我情篤故也。(僧祐《出三藏記集》卷八,55/53b,點校本,第293頁,《中華大藏經》53—938—1字句全同)

據此段文字可知,羅什《摩訶般若波羅蜜經》初稿譯成之後,又根據《大智度論》陸續作了一些修定。① 由於《大智度論》篇幅龐大,羅什一邊譯《大智度論》,一邊校改《摩訶般若波羅蜜經》;《論》譯完,《經》才最後定稿,是為羅什心目中的定本。瞭解這一背景,我們可以再來看看兩部經論的用語情況。

試以被僧睿視為"新語"的"五眾"一詞為例,它在鳩摩羅什所譯《大智度論》卷一即有10次用例。

譬如車轅軸輻輞等和合故,有無別車。人亦如是,五眾和合故有無別人。(25/59b)

人五眾因緣有故有是人等,譬如乳,色、香、味、觸因緣有故有是乳。(25/59c)

是佛法中亦有犢子比丘說,如四大和合有眼法,如是五眾和合有人法。《犢子阿毘曇》中說:五眾不離人,人不離五眾。不可說五眾是人,離五眾是人,人是第五不可說法藏中所攝。……復次,十八界十二入五眾實有,而此中無人。(25/61a)

復次,餘經中佛說五眾無常、苦空無我相,今於是五眾欲說異法門故,說《般若波羅蜜經》。(25/62c)

---

① 《釋論》乃《摩訶般若波羅蜜經釋論》的簡稱,此即《大智度論》。僧睿為《大智度論》所作序名為《〈摩訶般若波羅蜜經釋論〉序》,序云:"經本既定,乃出此《釋論》。論之略本有十萬偈,偈有三十二字,並三百二十萬言。梵夏既乖,又有煩簡之異,三分除二,得此百卷。……梵文委曲,皆如初品。法師以秦人好簡,故栽而略之,若備譯其文,將近千有餘卷。"(25/57b)今《大智度論》後附記云:"《論》初品三十四卷,解釋一品,是全論具本。二品已下,法師略之,取其足以開釋文意而已,不復備其廣釋,得此百卷。若盡出之,將十倍於此。"(25/756c)可知羅什譯《大智度論》100卷,遠非其全本。

《大智度論》漢文譯本共100卷，"五眾"一語遍布全論。事實上，"五眾"在《祐錄》前漢譯佛典中的633次用例全部見於《大智度論》中，與此相對，"五陰"在整部《大智度論》中僅有27次用例。這是一個很有分量的事實。

讓我們看看"五陰""五眾"在二部經論中出現的次數之比，《摩訶般若波羅蜜經》中為"五陰"57——"五眾"0，《大智度論》中為"五陰"27——"五眾"633。

《大智度論》的行文體例是先述《經》，再以問答的方式出《論》以釋之，此中《經》即引自《摩訶般若波羅蜜經》。茲將《大智度論》中"五陰"27次用例列表如下（為節省篇幅，《摩訶般若波羅蜜經》中與《大智度論》之《經》相對應的經文僅標其出處，不再詳列）。

表2 《大智度論》中"五陰"用例同《摩訶般若波羅蜜經》的對照

《大智度論》譯文	《摩訶般若波羅蜜經》譯文
卷5論：觀五陰無我無我所，是名為空。25/96c	
卷12論：從無明因緣生，二十身見是我見，自于五陰相續生。25/148b	
卷12論：死時從此五陰相續生五陰，譬如一燈更然一燈。25/149c	
卷14論：若殺夢中所見及鏡中像無有殺罪，殺五陰空相眾生亦復如是。25/164a	
卷14論：汝觀五陰無常可以得道，亦得神通……汝當觀五陰無常，可以得道，可以得通，不得所求，涕泣不樂。25/164c	
卷21論：滅五陰因緣生故，受涅槃常樂。25/218b	
卷42經：我不得如夢五陰集散，我不得如響如影如焰如化五陰集散。25/364a	卷3：8/234b①
卷43經：五陰不可得，十二入不可得。25/374a	卷3：8/238c
卷44經：當知五陰即是幻人，幻人即是五陰。25/376a	卷4：8/240a②
卷44經：是五陰學般若波羅蜜，當得薩婆若不？25/376a	卷4：8/240a
卷44經：是五陰性無所有，無所有性亦不可得。25/376a	卷4：8/240a
卷44經：如夢五陰學般若波羅蜜，當得薩婆若不？25/376a	卷4：8/240a

---

① 《摩訶般若波羅蜜經》前二卷無"五陰"一語，其用例始自卷三"我不得如夢五陰集散"一句（8/234b），故《大智度論》前四十一卷中"經"的部分不見"五陰"用例。

② 《大智度論》卷四十四"經"共引4次"五陰"，今本《摩訶般若波羅蜜經》卷四原文4處均作"五蔭"。

续表

《大智度論》譯文	《摩訶般若波羅蜜經》譯文
卷88 經：菩薩摩訶薩住五陰，如夢如響，如影如焰，如幻如化；住是中行布施持戒，修忍辱勤精進，入禪定修智能；知是五陰實如夢如響，如影如焰，如幻如化；五陰如夢無相，乃至如化無相。25/675a—675b	卷23：8/390a
卷88 經：菩薩摩訶薩住五陰，如夢如響，如影如焰，如幻如化。25/675b	卷23：8/390b
卷88 經：菩薩摩訶薩行般若波羅蜜時住五陰，如夢如響，如影如焰，如幻如化，具足無相羼提波羅蜜。25/675c	卷23：8/390c
卷88 經：菩薩摩訶薩住無相五陰，如夢如響，如影如焰，如幻如化，行身精進心精進。25/676a	卷23：8/391a
卷88 經：菩薩住無相五陰，如夢如響，如影如焰，如幻如化，……云何菩薩住五陰，如夢如響，如影如焰，如幻如化，能具足禪波羅蜜？25/676b	卷23：8/391b
卷89 經：當知五陰空，十二入空，十八界空。25/685b	卷24：8/396c
卷89 經：是時能學五陰相，能學十二入相，能學十八界相。25/689a	卷24：8/399a
卷90 經：説五陰性空法，説十二入十八界性空法。25/694b	卷25：8/402b

《大智度論》中"五陰"27次用例在《經》《論》中的分布情況有兩點值得注意。

第一，《大智度論》之《論》中"五陰"8次用例均見於初品部分（前34卷），初品以外部分（後66卷）的《論》中再無"五陰"用例。

第二，《大智度論》之《經》中"五陰"19次用例全部出現在初品以外部分（後66卷），均為直接引述《摩訶般若波羅蜜經》原文。

根據以上材料，我們或許可以回答這個問題：鳩摩羅什翻譯《摩訶般若波羅蜜經》和《大智度論》時對 pañcaskandha 一語的處理有何異同？

（1）翻譯《摩訶般若波羅蜜經》時，經文中 pañcaskandha 一語沿舊例一律譯為"五陰"。

（2）《大智度論》翻譯之初，其引述性質的《經》仍沿用"五陰"，受其影響，初品部分（前34卷）的《論》也沿用"五陰"。

（3）隨著《大智度論》翻譯的進展，譯者認為 pañcaskandha 譯為"五眾"更合適。故初品以外部分（後66卷）的《論》中全部使用"五眾"，絕不出現"五陰"。

（4）確立"五眾"一譯之後，譯者可能回頭將《大智度論》之《經》的引述中出現的部分"五陰"更改為"五眾"，同時將《論》中出現的

"五陰"修改成"五眾"。但這種修訂並不徹底,所以《大智度論》中《經》《論》兩類材料共留下27次"五陰"用例。

(5) 從今本《摩訶般若波羅蜜經》來看,換"五陰"為"五眾"的修訂工作未能波及早已單行的《摩訶般若波羅蜜經》原文。

僧睿説羅什譯出《摩訶般若波羅蜜經》後進行修訂時"隨出其《論》,隨而正之",並且"《釋論》既訖,爾乃文定"。可想而知,在鳩摩羅什手中,《摩訶般若波羅蜜經》最後定本的行文和用語應該同《大智度論》比較一致。再説,既然參與譯經工作的僧睿在《大品經序》中特意談到改"陰"為"眾",可見羅什對此也是非常在意的。那麼,同出羅什之手的《摩訶般若波羅蜜經》和《大智度論》對 pañcaskandha 一語的處理不應該有如此大的反差。

也許可以有一種解釋,那就是僧睿序中提到"定之未已,已有寫而傳者",導致世上流傳的某些本子"文言舛錯,前後不同"。如果真是這個原因造成了《經》、《論》用語的差異,那麼,流傳於世的今本《摩訶般若波羅蜜經》就可能不是鳩摩羅什最後的定本,其中大量使用"五陰""十二入""解脱"等舊譯語,它的用語並不能完全反映羅什譯經對用語所作的創新。當然,這祇是一個假設,它還需要接受進一步檢驗;但至少就"五陰↔五眾""十二入↔十二處""解脱↔背捨"等新舊譯語的分布而言,作此假設並不是沒有道理。

四 《大品經序》與《祐錄》"前後出經異記"孰是孰非

仔細觀察可以發現,"五陰""十二入""解脱"3個有著異常表現的"舊語",《祐錄》卷一均視作"新語"。對照之下,僧睿序同《祐錄》評判一致的幾組詞語就不存在這樣的問題。看起來,《祐錄》的記載似乎更符合今存《大品般若經》3個異譯本的實際用語。也許是僧睿序的記錄有誤?事實上,僧睿曾進入鳩摩羅什譯經團體直接參與翻譯《摩訶般若波羅蜜經》,他在寫序時,決不至於混淆新舊,或胡編亂造。真要從這一點來作出解釋,唯一的可能是,僧睿序曾遭改竄,今天看到的僧睿序已失其原貌。

把僧睿序同《祐錄》之間差異看成僧睿序的失真所致,"五陰/五眾"

"十二入/十二處""解脫/背捨"在《摩訶般若波羅蜜經》中的表現就不再特殊,而是理所當然的。不過,這種解釋會面臨一個無法迴避的事實:現存漢文佛典中,"五眾"畢竟主要見於羅什所譯《大智度論》,該詞語在《大正藏》全文中有776次用例,《大智度論》就佔了633次,後出譯經總共才使用16次,另有中土撰述121次,敦煌寫卷6次。前文分組討論"舊語"時已經指出,中土撰述的用例嚴格來說不算新增用例。總的來看,就今存漢文佛典而言,我們完全可以說,作為pañcaskandha意譯的"五眾"一詞實因羅什譯《大智度論》而產生而存在。這樣一個詞語,《祐錄》卷一視為"舊語",這實在有點超出我們的想象。一般而言,僧祐應該不會稱鳩摩羅什新創並大量使用的詞語為"舊",而稱東漢安世高等人使用的詞語為"新"。如果《祐錄》"舊經為五眾新經為五陰"的說法真是事實,那就祇能作出這樣的推論:"五眾"一詞早在羅什之前即已存在,祇不過早期譯經中的"五眾"被改成了"五陰",所以它在今存早期漢文佛典中除《大智度論》外不見蹤影。

至此,在認識這些現象時,我們不得不作出一定的選擇,不同的選擇得出不同的推論,得到不同的解釋,同時也各自留下相應的難解之謎。下面詳列三種可能的選擇並分析其利弊。

第一種選擇是:僧睿序對"五眾"等語的記載完全屬實,且今本僧睿序完全保存原貌。

推論之一,"五眾"是羅什新創語。

推論之二,今本《摩訶般若波羅蜜經》並非羅什最後修訂本,否則,照僧睿序的記述,"五眾"在此經中應有大量用例,而不會蹤跡全無。

推論之三,羅什的某些譯語創新並不受人歡迎,所以"五眾"根本無法走出《大智度論》,因而得不到廣泛使用,它既沒能替代舊有的"五陰",後來又被更加創新的譯法"五蘊"所取代。①

---

① "五蘊"是梵文pañcaskandha的意譯。今存《祐錄》前的漢譯佛經中未見"五蘊"用例,該詞在唐代以來譯經中有較多用例,唐代譯經有三部即以"五蘊"命名:義淨《佛説五蘊皆空經》一卷(《大正藏》編號102),玄奘《大乘五蘊論》一卷(《大正藏》編號1612),地婆訶羅《大乘廣五蘊論》一卷(《大正藏》編號1613)。在玄奘《大般若波羅蜜多經》中"五蘊"出現203次,《大正藏》第1—55冊及第85冊共有3948次用例。

推論之四，《祐錄》卷一與僧睿序互相矛盾的記載，乃《祐錄》本身失誤，或今本《祐錄》失其原貌所致。

如果《祐錄》本身失誤，那就可能意味著：（1）僧祐不瞭解僧睿序，但這是不可能的，僧祐不至於在不瞭解的情況下收錄僧睿序。（2）僧祐認為僧睿序不真實，故而作出與之相左的新記載；而僧祐這樣做的依據，當然應該是他所見到的佛經譯文實際用例同僧睿序不符，可"僧睿序記載無誤"卻是此處推理的出發點！

如果原本無誤而今本《祐錄》失其原貌，可能是其成書之後有人因"五陰""解脫"等語比"五眾""背捨"使用更廣泛，視後者為"新語"，於是擅改《祐錄》。此推理可以解釋一個現象：《祐錄》的記載同今存歷代漢文佛典表現出的用語更替趨勢總體上相符。

但是，仍然存在解釋不了的問題：（1）僧睿序已記錄"入→處""除入→勝處"這樣的舊新替換，"十二處""勝處"在《祐錄》後新增用例和全藏用例總數均遠勝"十二入""除入"，為何後二者在今本《祐錄》中卻被當作"新語"？（2）既然是據後世流行狀況而改，為什麼不把前文所述"正斷""獨覺""不還果"等玄奘以後新增用例及總數佔優勢的幾個詞當作"新語"？單單一句"改得不徹底"似乎不足以對此作出答覆，因為照此思路，"十二處/十二入""勝處/除入"兩組不是改得徹底不徹底的問題，而是不當改而改，改得"太徹底"了！

也許，《祐錄》的失真發生在玄奘譯經之前，此推論可以暫時解決這裏遇到的疑問。或者，我們祇能認為，《祐錄》的部分失真是人們傳抄時無意之中的筆誤造成的，沒有理據可言。

第二種選擇是：《祐錄》對譯經用語"新""舊"的記載完全屬實，且今本《祐錄》完全保存原貌。

推論之一，"五眾"非羅什新創語，它的產生遠早于羅什。

推論之二，僧睿序對"五眾"等語的記載有失誤，他對羅什譯經其實瞭解並不全面，或僧睿對更早的漢譯佛經瞭解不多。然而，僧睿曾參與羅什譯經活動的經歷可以否定這一點。

推論之三，今本僧睿序失其原貌，而該序僅見於《祐錄》，這在某種程度上等於説《祐錄》失其原貌，與此處推理的出發點相違。

推論之四，今存早期漢譯佛典用語曾遭改動，所以羅什以前譯經中的"五眾"就像"扶薩""須扶提"一樣，在今存漢譯佛典中無一例外改成了"五陰"（或羅什以前凡有"五眾"一詞的早期譯經全部亡佚）。

以上兩種選擇導致的結果有一個共同點：今存漢文佛典已非原貌，要麼是早期譯經失真，要麼是《祐錄》失真，要麼是僧睿序失真（這同樣牽涉到《祐錄》，因為它祇存於《祐錄》）。

第三種選擇是：僧睿序和《祐錄》均不誤，且二者今本同樣保持原貌，同時今存漢文佛典用語總體上保持原貌。

推論之一，僧睿、僧祐記錄之相同部分，表明二人對有關譯經用語存在相同的認識，表明這部分用語在東晉至南朝保持了相同的發展趨勢；睿、祐之差異部分，反映了東晉和南朝這兩個不同的歷史時期人們對譯經用語的不同認識，反映了不同的譯經用語在這兩個時段生命力的差異。

這可以解釋我們看到的以下現象。

（1）僧睿序和《祐錄》記載一致的"覺意→菩提""意斷→正勤""直行→正道"等詞語在今存歷代漢譯佛典中有著穩定的表現，它們中的4個"新語"在各期譯經中用例數都勝過相應的"舊語"。

（2）僧睿序提到的"意止→念處"，《祐錄》提到的"世尊→眾祐""薩芸若→薩婆若"等，對方沒有相反的記錄，它們同樣有著上述穩定的表現。

（3）僧睿序和《祐錄》記載互相矛盾的"五陰↔五眾""十二入↔十二處""除入↔勝處""解脫↔背捨"等詞語在今存漢文佛典中"新"不像"新"，"舊"不像"舊"，表現參差不齊，所以在上表統計中各項數據規律性不強，令人迷惑。

從這個意義出發，上文提供的資料也許可以用來考察不同時期人們對譯經用語的觀念變化，這對佛經翻譯史的研究有一定意義，同時也有助於揭示不同時期中土人士對佛教思想的認識有何異同，因為不同的翻譯用語或多或少總會有詞義上的差別（意譯詞尤其如此）。

推論之二，僧睿序眼中的"新""舊"乃針對詞語產生時代而言，《祐錄》的"新""舊"則根據僧祐時期詞語在實際譯經活動中使用情況的發展趨勢而言，其"新""舊"標籤並不是嚴格考察每個詞語產生時代之後作出的描述。

這可以解釋一些現象。

如上文列表統計所示，依照僧睿序，所有的"舊語"出現時代均比相應的"新語"早；而依照《祐錄》，則會出現混亂，有的"新語"出現時代反比相應的"舊語"要早。前文開頭提出的一個問題是：今存漢文佛典中"新語"為何比"舊語"先出現？事實上，循此思路，似乎已經不存在這樣的問題。而前文提出的今存早期譯經"失真"一說似乎也不必再提。

但是，這不能完全打消我們的顧慮。因為：第一，《祐錄》記錄過的"扶薩""須扶提"二語在今存漢譯佛典中徹底消失；第二，僧睿序視為羅什新創的8個詞語，在今存漢文佛典中僅"五眾""勝處"2個詞語的始見例出於羅什之手。

五 結語

綜合上述材料及相關分析，我們大致可以形成以下認識。

1. 鳩摩羅什譯經用語前後有別，流傳至今的羅什譯本中，"新""舊"譯語各有用例。

2. 《大智度論》初品部分（前34卷）大致和《摩訶般若波羅蜜多經》同時譯出，初品以外部分（後66卷）的翻譯是在《摩訶般若波羅蜜多經》全本譯完之後才進行的。所以，初品的《論》用了"五陰"；初品以外部分的《論》祇用"五眾"，僅其中《經》的引述部分還保留19次"五陰"用例。①

3. 今本《摩訶般若波羅蜜多經》並不能完全反映鳩摩羅什的用語創新，它可能不是羅什理想中的最後定本，也不是僧睿眼中的鳩摩羅

---

① 《大智論記》云："（羅什）以秦弘始三年（歲在辛丑）十二月二十日至常安，四年夏，於逍遙園中西門閣上，為姚天王出《釋論》，七年十二月二十七日乃訖。"（55/75b），《大品經序》云："以弘始五年（歲在癸卯）四月二十三日，於京城之北逍遙園中出此經……以其年十二月十五日出盡，校正檢括，明年四月二十三日乃訖。"（55/53b）本文對二者翻譯時間的推測符合有關序言及題記的記載。

什定本。

  4. 今存漢文佛典語料失真是不容否認的事實，漢譯佛典和中土佛教撰述都有可能在傳抄過程中失去原貌，其中有些可能源自有意識的改動，有些可能源自無意識的筆誤。

  另外，《祐錄》畢竟比僧睿序後出，它反映了僧祐時期譯經用語的發展新趨勢，而這種趨勢在後來的歷代譯經中得到延續，今存漢文佛典中其所謂"新語"在與"舊語"的對比中整體上占絕對優勢，祇有玄奘譯經改變了部分"舊語"的命運、創造了一些更新的譯經用語。

  正是基於以上考慮，前文選取《祐錄》對"新語""舊語"的記載作為參照，考察有關文獻並作出相應的分析，使之以比較清晰的面貌呈現出來。文中所據材料本身是客觀存在的，材料的發掘和梳理自有其獨特的價值。結論不是筆者追求的第一目標，更不是唯一的目標。

參考文獻：

［日］《大正新脩大藏經》，（臺灣）新文豐出版公司 1979 年版。

中華電子佛典協會（CBETA）:《大正藏》電子版 1999 年版。

《中華大藏經》，中華書局 1984—1996 年版。

(梁) 釋僧祐：《出三藏記集》，蘇晉仁、蕭鍊子點校，中華書局 1995 年版。

郭朋：《漢魏兩晉南北朝佛教》，齊魯書社 1986 年版。

顧滿林：《今存漢文佛典用語同僧祐〈出三藏記集〉的矛盾》，《宗教學研究》2005 年
  第 4 期。

（原載《宗教學研究》2008 年第 1 期）

貳

意譯與音譯,全譯與節譯

試論東漢佛經翻譯不同譯者對音譯或意譯的偏好

在佛經漢譯過程中，不同的時代、不同的譯者對音譯或意譯常常表現出各自的偏好。漢文佛典中有一經多譯的現象，即同一部或同一段經文擁有不同時期譯者的多種漢文譯本，這些不同時期的譯本往往各有偏好音譯或意譯的傾向。比如東漢支讖譯《道行般若經》和三國吳支謙譯《大明度經》是《大般若波羅蜜多經》同一個部分的兩種譯本，支讖的譯文大量使用音譯詞，幾乎達到極限，而支謙譯文則不大使用音譯詞，這是眾所周知的。

即使同在東漢，不同的譯者也明顯表現出各自的偏好。從現存經文的實際情況來看，東漢從事佛典漢譯工作且有作品留傳至今的主要有五個團體或個人，他們的譯經活動基本上前後相續。下面以音譯詞為著眼點，按時間先後順序分別談談他們各自所譯經文中音譯與意譯的運用情況。

一 安世高：以意譯為主

現存真正的安世高譯經 21 部[①]，共約 11 萬字，出現純音譯詞 46 個：
鉢、禪、梵、佛、劫、魔、焰（天）、阿難、安般、比丘、忉利（天）、兜術、袈裟、加尼、迦陀、拘類、羅漢、摩竭、泥洹、菩薩、三昧、沙門、沙羅、舍利、舍衛（國）、術闍、天竺、須彌（山）、越祇、栴檀、阿羅漢、阿那含、般泥洹、比丘僧、波羅㮈、迦羅越、目揵連、辟支佛、婆羅門、舍利弗、釋迦文、須賴拏、須陀洹、伊提鉢、阿若拘鄰、遮

---

① 本文對佛經翻譯年代及譯者的判定依據俞理明先生《佛經文獻語言》，巴蜀書社 1993 年版。

匿迦羅。

其中有 7 個祇見于安世高譯經，不見於東漢其他譯經：加尼、迦陀、拘類、須賴拏、伊提缽、阿若拘鄰、遮匿迦羅。

很明顯，安世高是傾向於少用音譯，多用意譯。他所用的音譯詞絕大多數是表達佛教特有概念的，這些詞不便意譯，因為漢語中沒有準確的對應詞。安世高創造的音譯形式大多數被後來的譯經者沿用。其中缽、禪、梵、佛、劫、魔、阿難、比丘、忉利（天）、兜術、袈裟、羅漢、摩竭、泥洹、菩薩、三昧、沙門、舍利、舍衛（國）、天竺、須彌（山）、阿羅漢、比丘僧、婆羅門、舍利弗等一直是最常用的音譯形式。

此外，安世高創造的許多意譯詞也常為後世譯經沿用，如：地獄、餓鬼、應器、王舍（國）、給孤獨園、如來、行者、滅度、布施、持戒、忍辱、精進、最正覺，等等。

有些常見的術語，安世高譯經中既有音譯形式又有意譯形式，如：缽—應器，泥洹—滅度。

> 三者持缽、袈裟至他國，四者棄戒受白衣，五者自坐愁失名。（《七處三觀經》，2—879—b—15）①

> 行者若在郡在縣在聚亦餘處，依行清朝起，著衣持應器，入郡縣求食。（《長阿含十報法經》，1—237—b—11）

> 無所有處有四處。一者飛鳥以空中為處，二者羅漢以泥洹為處，三者道以無有為處，四者法在觀處也。（《大安般守意經》，15—167—b—2）

> 色如本諦知，亦知色習，亦知色盡，亦知色滅度行，亦知色味，亦知色苦，亦知色出要，亦至誠知。（《七處三觀經》，2—875—b—14）

作為佛典漢譯的開創者，安世高在創造譯語方面作出了很大的努力，

---

① 引文據《大正藏》，經名後數碼依次為：該經文在《大正藏》的冊數—頁碼—欄數—行數。

也取得了不小的成就，他譯的經文能大量留存下來，決非偶然。

二 支讖：把音譯運用到最大限度

支讖譯經現存 9 部，共 20 萬字，其中《道行般若經》十卷約 8 萬字，是現存東漢譯經最長的一部。支讖譯經好用音譯，表現在以下幾個方面。

第一，音譯詞個體數量大。東漢譯經共有純音譯詞 450 個，除了祇見於安世高譯經的 7 個和祇見於康孟詳譯經的 77 個，有 366 個出現于支讖譯經，其中有 280 多個是支讖譯經特有的。

第二，大部分音譯詞出現次數較多，因而整個譯文中音譯詞隨處可見。如《道行般若經》卷一開頭："佛在羅閱祇耆闍崛山中，摩訶比丘僧不可計，諸弟子舍利弗、須菩提等，菩薩摩訶薩無央數：彌勒菩薩、文殊師利菩薩等。佛告須菩提：'今日菩薩大會，因諸菩薩故，說般若波羅蜜。'"（《道行般若經》卷一，8—425—c—6）經文中常有成串的外來詞接連出現，如：怛薩阿竭阿羅呵三耶三佛薩芸若（《道行般若經》卷二，8—432—a—18），拘利那術踰句（《般舟三昧經》卷下，13—917—c—26），菩薩摩訶薩摩訶僧那僧涅摩訶衍三拔致（《道行般若經》卷一，8—429—b—6），舍衛國祇洹阿難邠坻阿藍釋迦文佛所（《文殊師利問菩薩署經》，14—440—a—2）。

第三，有些詞安世高早已創造了準確的意譯形式，支讖在沿用這些意譯形式的同時，又創造了相應的音譯形式。如：地獄—泥梨，餓鬼—薜荔，如來—怛薩阿竭，如來無所著正覺（如來最正覺）—怛薩阿竭阿羅呵三耶三佛，王舍國—羅閱祇國，王舍國雞山—羅閱祇耆闍崛山，度世道—波羅蜜，六行度世—六波羅蜜，給孤獨園—阿難邠坻阿藍。

第四，同一個詞在支讖的譯文中也會有好幾種音譯形式。如：

怛薩阿竭陀—怛薩阿竭—怛薩

如是學為學般若波羅蜜，如是學為學怛薩阿竭陀，為學力，為學無所畏，為學諸佛法。（《道行般若經》卷八，8—464—c—17）

我所念即見，心作佛，心自見，心是佛，心是怛薩阿竭，心是我身，心見佛，心不自知心，心不自見心。(《般舟三昧經》卷上，13—906—a—2)

法無所有，而無所依；去無所至，來無所從；住法身無所罣，怛薩者與佛等。(《伅真陀羅所問如來三昧經》卷下，14—362—c—22)

兜術陀—兜術

兜術陀天上諸天人索佛道者，往到彼所，問訊聽受般若波羅蜜，作禮繞竟以去。(《道行般若經》卷二，8—435—a—4)

當知是人從人道中來，或從兜術天上來；是人或從人道中聞般若波羅蜜，或從兜術天上聞；或從人道中行，或從兜術陀天上行。(《道行般若經》卷九，8—468—b—27)

我亦如是，從一佛剎復遊一佛剎，即住於兜術天，得一生補處之法。(《阿閦佛國經》卷上，11—754—c—19)

釋迦文尼—釋迦文

四面中有呼佛名曰勝達，中有呼世世慢陀，中有呼夷阿那坭提，中有呼釋迦文尼，中有呼鼓師薩沈……都人民種種各異語，共呼釋迦文佛，名佛字，一一佛剎，凡各十億萬字。(《兜沙經》，10—447—a—8)

汝當作佛，號字釋迦文，天上天下，於中最尊。(《道行般若經》卷二，8—431—a—10)

提和竭羅—提和竭—提恕竭—提洹竭

佛告跋陀和菩薩："往昔無數劫，提和竭羅佛時，我於提和竭羅佛所，聞是三昧，即受持是三昧。"(《般舟三昧經》卷下，13—915—

c—10）

我見佛從本行菩薩從提和竭佛受決，得無所從生法忍。（《伅真陀羅所問如來三昧經》卷下，14—366—a—6）

已過去無央數阿僧祇劫，有佛號字提惒竭，則與我決，當為阿耨多羅三耶三菩心，而成為佛。（《阿闍世王經》卷下，15—405—a—18）

佛天中天亦如提洹竭佛，授我決。（《阿閦佛國經》卷上，11—753—b—15）

阿脩羅—阿須羅—阿須輪—阿須倫

譬我亦如是，成無上正真道最正覺，得薩芸若慧時，諸天阿脩羅世間人意，皆得安隱，悉得其時。（《阿閦佛國經》卷上，11—753—c—24）

得薩芸若慧時，諸天阿脩羅世間人以天華天香供養之。（《阿閦佛國經》卷上，11—754—a—2）

大目如來授阿閦菩薩摩訶薩無上正真道決，爾時諸天阿須羅世間人民相愛，劇父母哀其子。（《阿閦佛國經》卷上，11—754—a—21）

是菩薩諸天皆稱譽，諸龍皆稱譽，諸閱叉鬼神皆稱譽，諸阿須輪皆稱譽，迦留羅鬼神，真陀羅鬼神，摩睺勒鬼神，若人非人皆稱譽是菩薩。（《般舟三昧經》卷中，13—912—c—24）

阿須倫心中作是生念："欲與忉利天共鬥。"阿須倫即起兵上天。是時，拘翼！當誦念般若波羅蜜，阿須倫兵眾即還去。（《道行般若經》卷二，8—433—b—17）

般若波羅蜜者，亦入於地，亦入於水……亦入於日月，亦入於星宿，亦入於阿須倫，亦入於龍，亦入於鬼神……（《道行般若經》卷十，8—475—b—16）

波羅—陂陀

佛告阿難："是百六十比丘及諸天，當於是波羅劫中作佛，皆同一字。"（《道行般若經》卷八，8—469—b—10）

彌勒佛時皆當供養，是波羅劫其當作佛者，皆悉來而供養，稍稍於是劫中，當成菩薩行。（《伅真陀羅所問如來三昧經》卷下，14—362—a—26）

少有菩薩摩訶薩以是色像學僧那及無上正真道，如阿閦菩薩摩訶薩。於是舍利弗，陂陀劫中諸菩薩摩訶薩，其德不及阿閦菩薩摩訶薩之功德也。（《阿閦佛國經》卷上，11—753—b—9）

捷沓惒—捷陀羅—犍陀羅—乾陀羅

其三千大千世界中，諸天、龍、鬼神、捷沓惒、阿須倫、迦留羅、真陀羅、摩休勒，一切皆向阿閦菩薩叉手而作禮。（《阿閦佛國經》卷上，11—753—c—1）

三千大千世界諸天、龍、鬼神、捷陀羅、阿須輪、迦留羅、真陀羅、摩睺勒，皆向我叉手作禮。（《阿閦佛國經》卷上，11—753—c—5）

諸天、龍、閱叉、犍陀羅、阿須倫、迦留羅、真陀羅、摩睺勒、人、非人盡來會，悉欲聞佛所說經。（《伅真陀羅所問如來三昧經》卷上，14—349—b—10）

閱叉鬼神，乾陀羅鬼神，阿須倫鬼神，迦留羅鬼神，真陀羅鬼神，摩睺勒鬼神，若人、非人，皆共擁護是菩薩。（《般舟三昧經》卷中，13—912—c29）

泥洹—泥曰

臨作佛時諸經法悉具足成，菩薩隨般若波羅蜜教當如是；泥洹虛空無所有，菩薩隨般若波羅蜜教當如是。（《道行般若經》卷九，8—

470—b—28）

彼佛世尊泥曰後，比丘常持是三昧。(《般舟三昧經》卷下，13—919—a—14）

同一個詞的這些不同形式，有因為保留的音節數有差異造成的（前四組），也有因用字不同而造成的（後四組），其中"提和竭羅"一組則由兩個因素同時作用而造成。

此外，支讖還自創了不少成對的意譯形式和音譯形式。如：大士—摩訶薩，勝樹—祇洹，乞食—分衛，清信士—優婆塞，清信女—優婆夷，無央數—阿僧祇，五神通—般遮旬，布施度無極—檀波羅蜜，戒度無極—尸波羅蜜，忍辱度無極—羼提波羅蜜，精進度無極—惟逮波羅蜜，一心度無極—禪波羅蜜，智慧度無極—般若波羅蜜，無上正真道最正覺—阿耨多羅三耶三菩。這就使很大一部分佛教詞同時具備了音譯和意譯兩種形式，極大地方便了後代的譯經者。

總的來看，一方面，支讖充分發揮了音譯法的作用；另一方面，為了方便人們理解，他有時又不得不採用意譯的形式，這在支讖看來也許是無可奈何的事。

三　安玄、支曜：崇尚意譯，排斥音譯

今存安玄（共嚴佛調）譯《法鏡經》一部，支曜譯《佛說成具光明定意經》一部，兩部經共約2.1萬字，後者比前者稍長。這兩部經文共同的特點是極少使用音譯詞，因此和支讖譯經形成強烈的反差。

《法鏡經》的譯者試圖把經文的一切內容都用意譯形式表達出來，試以經文開頭的套話為例：

聞如是，一時，眾祐遊於聞物國勝氏之樹給孤獨聚園，與大眾除饉千二百五十人俱，及五百開士。(《法鏡經》，12—15—b—5）

在這裏安玄完全沒有使用音譯，連"佛"也被稱作"眾祐"。內容大

致相同的套話，安世高和支讖的譯文是這樣的：

聞如是，一時，佛遊於舍衛國祇樹給孤獨園，佛告諸比丘，比丘受教，從佛而聽。（安世高《法受塵經》，17—736—c—26）

佛在舍衛國祇洹阿難邠坻阿藍時，與摩訶比丘僧千二百五十人，菩薩萬二千人。爾時佛語摩訶迦葉比丘言……（支讖《遺日摩尼寶經》，12—189—b—7）

一般經文中十分常見的"比丘""菩薩""禪""鉢""袈裟"等音譯詞在《法鏡經》中均不見使用，而代之以"除饉""開士""息心之儀式""應器""法衣"，甚至連"恒河沙"也作"江河沙"（《法鏡經》，12—19—a—23）。其中不乏拐彎抹角的說法，如"息心之儀式"指"禪"。儘管這樣，它仍未能徹底拋開音譯，使用了6個音譯詞：佛（18次）、阿難（11次）、劫（5次）、僧（1次）、釋（1次）、梵（1次）。

《成具光明定意經》也有同樣的傾向，比如對人名的處理，就與支讖譯經形成強烈的反差。下面各列一段，《成具光明定意經》全部意譯，支讖的《佛說阿闍世王經》則全部音譯：

有明士名無穢王，次復名光景尊，次復名智如山弘，次復名大花淨，次復名轉根香，次復名月精曜，次復名光之英，次復名整不法，次復名善中善，次復名崑崙光，次復名日光精，次復名師子威，次復名意雜寶，次復名炎熾妙，次復名德普洽，次復名普調敏，次復名敬端行，次復名慈仁署，次復名慧作，次復名散結，次復名嚴儀具足，次復名高遠行，次復名光德王，次復名護世，次復名導世，次復名大力，次復名正淨，次復名天師，次復名善觀，次復名觀音，如是眾名各各別異。（支曜《成具光明定意經》，15—451—c）

時文殊師利在山一面異處，與二十五上人俱。何謂二十五人者？悉是菩薩各各有名，名曰若那師利、那羅達、師利三波、師利劫、波頭師利、波頭師利劫、闍因陀樓、陀羅尼陀樓、羅陀波尼、羅陀牟訶多、私訶末、師訶惟迦闍俱羅、加那迦闍沙訶、質兜波沈摩、遮迦波桔鎮遮、薩恕波陀、波坻盤拘利、沙竭末、摩訶麕樓者、非陀遮阿難陀、譬叉波寶者羅耶、阿難陀阿藍惟訶、羅摩抵吒、沙牟迦抵陀阿喻達、薩和頰悉，是為二十五上人名。（支讖《阿闍世王經》，15—389—a）①

又如對常見的"六波羅蜜"，支曜也完全用了意譯。

佛言："我本先行六德之行，世世不廢，是以至於得佛，恣意變化，在所作為，為一切智，無物不達也。"則曰："何謂六德之行？"曰："廣施，廣戒，廣忍，廣精進，廣一心，廣智慧。"（支曜《成具光明定意經》，15—452—c—27）

但是，支曜也同樣沒能徹底摒棄音譯詞，而使用了 11 個音譯詞：佛（140 次）、劫（6 次）、釋（2 次）、梵（3 次）、阿難（14 次）、泥犁（1 次）、沙門（1 次）、天竺（1 次）、琉璃（2 次）、舍利弗（1 次）、迦維羅衛（1 次）。

多用意譯當然有助於人們的理解，安玄和支曜在這方面作出了可貴的探索。同時，實踐表明，佛典漢譯是不可能絕對離開音譯詞的，有些詞語祇適合音譯而不適合意譯，特別是佛教特有的術語和一些專名。

支讖、安玄、支曜等人的譯經實踐表明：音譯和意譯各有其適用範圍，翻譯佛經時應該二者並重，合理調配。

四　康孟詳等人：音譯意譯各得其所

康孟詳參與翻譯的佛經今存兩部：《修行本起經》（竺大力共康孟詳）和《中本起經》（竺曇果共康孟詳），兩部經共約 4.1 萬字，出現音譯詞 160 個，其中有 77 個祇見於這兩部經，另外 83 個同時見於東漢其他譯經。

單看這幾個數字，似乎康孟詳等人譯經好用音譯甚于支讖（按譯經總

---

① 二十五上人之名的區分，據俞敏《後漢三國梵漢對音譜》，載《俞敏語言學論文集》，商務印書館 1999 年版。

字數與音譯詞個數之比），不過這祇是一種錯覺，康孟詳譯經中音譯詞個數多並不等於譯者好用音譯。

其一，祇見於這兩部譯經的 77 個音譯詞有 67 個為人名、地名、植物名（因其敘述佛的出家、修行、傳道故多人名地名），這些不得不用音譯。

人名 44 個：阿蘭、阿夷、頞陛、拔提、波利、闡特、車匿、羅雲、摩耶、目連、難陀、祇陀、裘夷、瞿曇、沙然、提謂、調達、優填、優呀、阿具利、阿耆達、不樓陀、迦蘭迦、摩因提、那利繩、那難陀、盤頭越、憍炎缽、瞿師羅、瞿曇彌、隨若耶、惟摩羅、文陀竭、須波佛、優波替、閱頭檀（悅頭檀）、不蘭迦葉、伽耶迦葉、那提迦葉、難提和羅、難陀波羅、欝俾迦葉、郁多羅衛、阿夷拔提弗。

山名、水名、國名、城名 15 個：拔耆、迦耶、頞那、沙桴、阿樓那、阿奴摩、波和離、拘達盧、拘藍尼、尼連禪（泥蘭禪）、隨蘭然、提和衛、維耶離、優為羅、欝俾羅。

樹名、花名 8 個：迦和、末利、娑羅、閻逼、荷螺勒、尼拘類（尼拘陀）、阿摩勒果、須波羅致。

其二，這兩部譯經中常常是同一個詞的音譯形式和意譯形式都使用，且往往意譯形式使用次數更多。如：優婆塞—清信士，怛薩阿竭—如來，須達—善溫，瞿師羅—美音，須波佛—善覺，閱頭檀—白淨王，魔—力人王。另外還有一些詞祇有意譯形式而沒有相應的音譯形式，如：大乘、地獄、餓鬼、法衣、金剛、居士、六度、大愛道、五神通、真人、鐵圍山。

其三，康孟詳的譯經有時用意譯詞解釋音譯詞，如《修行本起經》常有以"漢言""漢名"開頭的注釋語。

  汝卻後百劫當得作佛，名釋迦文（漢言能仁）如來無所著至真等正覺，劫名波陀（漢言為賢），世界名沙桴（漢言恐畏國土），父名白淨，母名摩耶。(3—462—b—18)①

  於時集至梵志、相師，普稱萬歲，即名太子，號為悉達（漢言財

---

① 《大正藏》注文以雙行小字排在正文之下，本文引用時將注文放入小括號。

吉)。(3—463—c—25)

　　有小國王名須波佛（漢言善覺），有女名裘夷，端正皎潔，天下少雙。(3—465—b—17)

　　於是諸天言："太子當去。"恐作稽留，召烏蘇慢（漢名厭神），適來入宮，國內厭寐。(3—467—c—15)

　　魔子須摩提（漢言賢意）前諫父曰："菩薩行淨，三界無比，以得自然神通。眾梵諸天億百皆往禮侍，此非天人所當沮壞，無為興惡自毀其福。"(3—470—c—16)

　　是日夜半後，得三術闍（三術闍者漢言三神滿具足），漏盡結解。(3—471—b—24)

　　在注釋之後的正文中，有時直接出現用以注解的意譯形式，而不再用音譯形式，如上文用以解釋"釋迦文"的"能仁"和用以解釋"須波佛"的"善覺"在接下來的正文中就多次使用。

　　於是能仁菩薩以得決言，踴躍歡喜，疑解望止。(3—462—b—23)

　　能仁菩薩，承事錠光，至於泥曰，奉戒清淨，守護正法。(3—462—c—7)

　　於是能仁菩薩化乘白象，來就母胎。(3—463—b—12)

　　王聞，即召善覺，而告之曰："吾為太子娉取卿女。"善覺答言："今女有母，及諸群臣、國師、梵志，當卜所宜，別自啟白。"善覺歸國，愁憂不樂，絕不飲食。(3—465—b—19)

　　於是善覺，嚴辦送女，詣太子宮，眾伎侍從，凡二萬人。(3—466—a—20)

　　可見康孟詳等人所譯經文很注重音譯與意譯兩種方式的配合。這使它們既有別於專好音譯的支讖譯經，又有別於務用意譯的安玄、支曜譯經，而在某種程度上與安世高譯經相似。同時，作為佛的行傳，《修行本起經》和《中本起經》在東漢譯經中故事性最強，這一點與其用語特點結合起來,就使得經文有相當高的可讀性,從而得到"孟詳所出,奕奕流便,足騰玄趣"(《高僧傳·支婁迦讖傳》)的美譽。這樣,東漢譯經用語在翻譯方式的選擇方面漸趨成熟。

(原載《漢語史研究集刊》第五輯)

東漢譯經中半音譯半意譯的外來詞簡析

漢文佛典中有大量的外來詞，有些外來詞在源頭語中本是合成詞或短語，它由幾個部分構成，譯經者在翻譯過程中有時根據實際需要對各部分作了不同的處理，有的部分是音譯，有的部分是意譯，這就使譯寫過來的詞包含了音譯和意譯兩個部分，即一半音譯一半意譯。本文要討論的是東漢譯經中的半音譯半意譯的外來詞。

一　不帶類名的半音譯半意譯的外來詞

有的前半部分用音譯、後半部分用意譯，有的則與之相反。

1. 前音譯後意譯的

佛界—佛土—佛國

　　譬如大地為一界，復一佛界，兩界之際中，無色無見無識無我。（支讖《遺日摩尼寶經》，12/190c20）①

　　可知洹河邊沙，一沙為一佛土，盡索滿中星宿，是數可知。（支讖《佗真陀羅所問如來三昧經》卷上，15/352c26）

　　佛以威神感動十方諸佛國，明士及上諸天應當成者及當發者凡八百億萬人，皆飛來至佛所。（支曜《成具光明定意經》，15/451b16）

　　按：此三者對應的梵文同是 buddha‑ksetra，其中 ksetra 意為"田，土，

---

① 經名後數碼依次為：《大正藏》冊數/頁碼/欄數（abc 三欄）/行數。下同。

地方"。全詞純音譯為"佛刹",指有佛的一方處所,譯經中十分常見。

祇樹

　　聞如是,一時佛在舍衛國祇樹給孤獨園,是時佛告此丘,比丘應:"唯然。"(安世高《四諦經》,1/814b11)

　　聞如是,一時佛遊于舍衛國祇樹給孤獨園,佛告比丘,比丘受教,從佛而聽。(安世高《法受塵經》,17/736c26)

　　按:該詞對應的梵文是 jeta-vana, jeta 為舍衛國一太子名,即譯經中常見的"祇陀太子",意為"勝",vana 意為"樹,林"。Jeta-vana 本為祇陀太子的園林之名,後該園由須達長者(給孤獨氏)購得以為給孤獨園。Jeta-vana 的純音譯形式"祇洹"和純意譯形式"勝樹"都常見於東漢譯經。如:"行諧舍衛,未至祇洹,道逢須達往造佛所,過而不識,願問從者:'此何大夫?'對曰:'給孤獨氏也。'"(康孟詳《中本起經》卷下,4/157a22)又如:"有理家名甚,與五百眾從聞物城中出,往到勝樹給孤獨聚園,詣眾祐所。"(安玄《法鏡經》,12/15b10)。

比丘聚—比丘眾

　　有時依有過,便比丘僧不欲見……便不復見比丘聚,已不復見比丘聚,便不聞法。(安世高《七處三觀經》,2/879b8)

　　守是三昧時,當尊敬於佛,及法比丘眾,恭敬其善師,不得事餘道。(支讖《般舟三昧經》卷中,13/910c21)

　　按:此二者對應的梵文是 bhiksu-samgha,指佛教修行者結成的學法修行團體,samgha 意為"和合眾",也可意譯為"眾"。① 該詞的純音譯形

---

① "眾"作為 samgha(僧伽,意為"和合眾")的意譯形式見於東漢安玄譯《法鏡經》:"眾祐言:'於是理家,開士居家為道者,當以自歸於佛,自歸於法,自歸於眾。彼以自歸之德本,變為無上正真道。理家,自歸於佛法眾者云何?'"(12/15c20)這裏的"佛法眾"顯然指"佛法僧"三寶。

式"比丘僧"十分常見,它的純意譯形式"除惡眾"也見於東漢譯經。如:"諸明士、除惡眾、天、龍、鬼王及四輩人,聞經歡悅,各以頭面著地,禮佛而去。"(支曜《成具光明定意經》,15/458b10)

阿閦如來

其阿閦如來昔行菩薩道時如是,我亦如是,行無上正真道時,一切皆破壞魔事。(支讖《阿閦佛國經》,11/754c27)

舍利弗,絞露精舍者,謂是阿比羅提世界也,摩尼寶者,謂是阿閦如來也,摩尼寶光明者,謂是阿閦如來之光明也。(支讖《阿閦佛國經》,11/756c3)

按:該詞對應的梵文當是 aksobhya-buddha,其中 buddha 意譯為"如來"。[1] 該詞的純音譯形式"阿閦佛"在東漢譯經中較常見。如:"是菩薩卻後當復于阿閦佛所聞是般若波羅蜜,及餘菩薩所聞亦復爾。"(支讖《道行般若經》卷八,8/467c23)又如:"佛當復說,阿閦佛摩訶般泥洹時,有何感應?"(支讖《阿閦佛國經》,11/760b23)

菩薩大士

譬有德人行探寶,所望如願輒得之,菩薩大士亦如是,經中求寶即得佛。(支讖《般舟三昧經》卷下,13/915c22)。

按:"菩薩大士"對應的梵文是 bodhisattva-mahā-sattva,其純音譯形式"菩薩摩訶薩"十分常見,這裏把"摩訶薩"意譯為"大士"顯然與偈頌對各句字數的統一要求分不開。

恒沙—恒中沙—洹河邊沙—恒邊沙

設令世界如恒沙,滿中珍寶用布施。(支讖《般舟三昧經》卷下,

---

[1] "如來"本是 tathā-āgata(怛薩阿竭)的意譯,為佛的十種通號之一。此處借用來意譯 buddha。

13/919b4）

若復有菩薩壽如恒中沙劫，布施如前，持戒具足。（支讖《道行般若經》卷六，8/456b21）

可知洹河邊沙，一沙為一佛土，盡索滿中星宿，是數可知。（支讖《伅真陀羅所問如來三昧經》卷上，15/352c26）

佛言，百倍恒邊沙佛國中薩和薩，皆起七寶塔，不在計中。千倍不在計中，百千倍不在計中，萬億倍不在計中，無數倍不在般若波羅蜜供養計中。（支讖《道行般若經》卷二，8/433b9）

按："恒沙"對應的梵文是 gangānadī－vālikā，"恒"是 gangā 的音譯，"沙"是 vālikā 的意譯。本指恒河的泥沙，那是無法數清的，恒沙用來表示無窮大數，是比喻性說法。

2. 前意譯後音譯的

五旬

其發阿耨多羅三耶三菩心者，因是功德皆當得五旬，乃至成佛而不忘。（支讖《伅真陀羅所問如來三昧經》卷下，15/364a29）

所作功德亦無厭足，學問法亦不厭足，四禪五旬知亦不厭足。（支讖《伅真陀羅所問如來三昧經》卷上，15/353a3）

按：該詞對應的梵文是 pañcābhijñāna，其中 pañcā 為"五"，jñāna 意為"智能，神通"。其純音譯形式"般遮旬"和純意譯形式"五神通"都十分常見。

賢劫

彼時眾祐告阿難言："阿難，汝已見甚理家……阿難，於是賢劫中，以所成就人多於去家開士者，以百劫中不若此。"（安玄《法鏡經》，12/22b10）

按：該詞對應的梵文是 bhadra－kalpa，bhadra 意為"賢""善"，kalpa 指極為久遠的一個時節，是最大的時間單位，"賢劫"則因該劫中有許多佛興起而得名。其純音譯形式"陂陀劫"也見於東漢譯經。如："於是舍利弗，陂陀劫中諸菩薩摩訶薩，其德不及阿閦菩薩摩訶薩之功德也。"（支讖《阿閦佛國經》，11/753b9）

大迦葉

佛告比丘："爾時天帝者，大迦葉是也，文陀竭王者，則是吾身。"（康孟詳《中本起經》卷下，4/161b16）

按：此為佛弟子名，對應的梵文是 mahā－kāśyapa，其純音譯形式"摩訶迦葉"常見於東漢譯經。如："爾時佛語摩訶迦葉比丘言：'菩薩有四事，法智能為減。'"（支讖《遺日摩尼寶經》，12/189b10）又如："於是摩訶迦葉垂發弊衣，始來詣佛。"（康孟詳《中本起經》卷下，4/161a20）

大目揵連

佛復謂大目揵連："行求索鉢。"（支讖《阿闍世王經》卷上，15/393a10）

爾時之兒，則舍利弗是，其左面之兒，則大目揵連是。（支讖《阿闍世王經》卷上，15/395a29）

吾昔從佛神足弟子大目揵連聞說經法，因此福報，得生第一天上。（康孟詳《中本起經》卷下，4/156b4）

按：此為佛弟子名，梵文 mahā－maudgalyāyana，其純音譯形式"摩訶目揵連"常見於東漢譯經。如："摩訶目揵連白佛：'比丘以三事學。'"又如："汝卻後百劫當得作佛，名釋迦文……右面弟子，名舍利弗，左面弟子，名摩訶目揵連，教化五濁世人，度脫十方。"（康孟詳《修行本起經》卷上，3/462b22）

大泥犁

　　今當入阿鼻乃至大泥犁，願令得不入，惟怛薩阿竭今當為我解說吾之狐疑。（支讖《阿闍世王經》卷上，15/395c27）

　　用是斷法罪故，死入大泥犁中。（支讖《道行般若經》卷三，8/441b8）

按：該詞對應的梵文是 mahā-niraya，mahā 意為"大"，niraya 即"地獄"。其純音譯形式"摩訶泥犁"也見於東漢譯經。如："當更若干泥犁中，具受諸毒痛不可言。其中壽盡轉生他方摩訶泥犁中。"（支讖《道行般若經》卷三，8/441b11）

精進波羅蜜

　　菩薩清淨，行精進波羅蜜，凡有三十二事。何謂三十二事？一者不斷佛道，是為精進。……（支讖《伅真陀羅所問如來三昧經》卷中，15/357b15）

　　遠離身心無形，亦無所住，亦無所出，亦無所入，亦無所生，是為無所生樂住，是為菩薩清淨，行精進波羅蜜如是。（支讖《伅真陀羅所問如來三昧經》卷中，15/357c19）

按：該語對應的梵文是 vīrya-pāramitā，其中 vīrya 意譯為"精進"，此為六波羅蜜之第四波羅蜜，純音譯為"惟逮波羅蜜"，經中常見，又純意譯形式為"精進度無極"，亦常見。

二　帶有類名的半音譯半意譯外來詞

這種外來詞一般都是表專名的，其中表示類別的部分一律在後。

1. 音譯＋意譯的類名

A. 音譯＋天（天名）：

盧天、梵天、鹽天、忉利天、兜術天、羞訖天、波梨陀天、梵迦夷天、弗于逮天、阿波摩那天、阿迦膩吒天、波栗羞訶天、泥摩羅提羅鄰優天、波羅尼蜜和耶拔致天。

B. 音譯＋鬼神（異類名）：

鳩洹鬼神、閱叉鬼神、阿須倫鬼神、迦留羅鬼神、摩休勒鬼神、乾陀羅鬼神、真陀羅鬼神。

C. 音譯＋樹（樹名）：

貝多樹、迦陀樹、閻浮樹、泥拘類樹。

D. 音譯＋國（國名）：

舍衛國、波羅奈國、加羅衛大國、鳩睒彌大國、羅閱祇國、摩竭提國、沙祇大國、占波大國。

E. 其他：

須彌山、遮迦和山、閻浮利地、波斯匿王、閱頭檀王、遮迦越王、阿耨達龍王、須達長者、恒河、斯那川、泥蘭禪河。

這些詞的音譯部分均為專名，不為漢地讀者所知；意譯的部分標明了詞的意義類別，為人們理解這些外來詞提供了方便。

2. 意譯＋音譯的類名

A. 意譯＋佛

定光佛、金華佛、光明王佛、不可見頂佛。

B. 意譯＋菩薩

寶願菩薩、光智菩薩、海意菩薩、惠施菩薩、焰明菩薩、寶印手菩薩、大光明菩薩、可意王菩薩、樂不動菩薩、頂中光明菩薩、蓮花具足菩薩、說息愛意菩薩、所視無底菩薩、紫磨金色菩薩。

C. 意譯＋三昧

法池三昧、歡喜三昧、開冥三昧、明華三昧、日明三昧、莊嚴三昧、寶如來三昧、寶自然三昧、金剛行三昧、蓮華尊三昧、各入其音三昧、見諦所有三昧、其意差特三昧、無所不遍入三昧、令地悉作蓮華三昧、悉知一切人身三昧。

這些詞語的音譯部分都是佛教最常用的術語、稱謂。正因為使用頻繁，"佛""菩薩""三昧"等在眾多外來詞中一定是最先被大眾理解甚至熟知的部分；這樣，它們自然適合用來標示類別。

三 半音譯半意譯外來詞的一個特點

半音譯半意譯外來詞也有自身規律，為了更好地認識這個規律，我們有必要再來看一看上述半音譯半意譯的外來詞。

從理論上説，這些詞語可以有四種不同的譯法：純音譯，前音後意，前意後音，純意譯。但事實上，東漢譯經中任何一個術語、專名都沒能同時具備這四種形式。單以本文第一部分所舉不帶類名的半音譯半意譯詞而論，它們都有相應的純音譯形式，有的還同時具備純音譯形式和純意譯形式，但是沒有哪一個能同時具備前音後意和前意後音兩種形式，要麼祇有前音後意的譯法，要麼祇有前意後音的譯法，二者不可得兼。為了便於比較，我們各選三例列入下表（加號表示該形式見於東漢譯經，減號表示該形式不見於東漢譯經）。

純音譯	前音後意	前意後音	純意譯
佛剎（＋）	佛土（＋）	覺剎（－）	覺土（－）
祇洹（＋）	祇樹（＋）	勝洹（－）	勝樹（＋）
比丘僧（＋）	比丘眾（＋）	除惡僧（－）	除惡眾（＋）
般遮旬（＋）	般遮神通（－）	五旬（＋）	五神通（＋）
摩訶迦葉（＋）	摩訶飲光（－）	大迦葉（＋）	大飲光（－）
摩訶泥犁（＋）	摩訶地獄（－）	大泥犁（＋）	大地獄（－）

這裏我們特別要注意的是"前音後意"和"前意後音"這兩欄，雖然它們音、意兩部分的位置相反，但它們有一個共同點：音譯的部分是佛教術語或專名，意譯部分則是表達一般通用概念的語言成分。也就是説，對佛教術語及專名傾向於用音譯，對一般概念傾向於用意譯，音譯優先考慮術語和專名，意譯優先考慮一般概念，半音譯半意譯時一定是術語專名用音譯，一般概念用意譯，而決不相反，不論前音後意還是前意後音都得符合這一點。這可以看作譯經者進行語言轉換時嚴格遵循的一個原則。[①] 這

[①] "意譯＋音譯類名"看起來是例外，但並不矛盾。這是因為"佛""菩薩""三昧"在佛經中是使用頻率很高的詞，在某種程度上，它們和意譯詞同樣為人們所熟知，它們作為音譯詞的身份已經淡化，所以這種"意譯＋音譯類名"整體上看和純意譯相類。

個原則在純音譯詞或純意譯詞內部觀察不到，在半音譯半意譯外來詞中則十分明顯。同一個術語 pñcābhijñāna，可純音譯為"般遮旬"，也可純意譯為"五神通"，一半音譯一半意譯時卻祇能用"五旬"，絕不用"般遮神通"；同一個名稱 jeta‐vana，可純音譯為"祇洹"，也可純意譯為"勝樹"，一半音譯一半意譯時則祇用"祇樹"而絕不用"勝洹"；這些都是因為"旬"（jñāna）是佛教專用術語，"祇"（jeta）是人名，而"五"（pañcā）和"樹"（vana）是各種語言文化中都通用的一般概念。

　　如果把考察範圍放寬，其他一些現象，也同樣可以用這個原則來解釋。比如有的譯者偏好意譯，有的譯者偏好音譯；前者所譯經文中音譯詞較少甚至極少，那些僅有的音譯詞一定是最能代表佛教思想、最有佛教特色的術語、專名；後者所譯經文中音譯詞較多甚至極多，這些大量的音譯詞的主要部分仍是佛教術語和專名，同時也有部分表達一般概念的音譯詞。事實上，任何一種語言吸收外來詞的主要原因和目的都是要準確表達外來概念，這本是再自然不過的事。

（原載《漢語史研究集刊》第六輯）

東漢佛經音譯詞的同詞異形現象

一　使用狀況

東漢佛經的音譯詞大多數是一詞一譯一形，即佛典源頭語中一個詞在漢譯佛經作爲音譯詞書寫形式只有一種，這類音譯詞約 400 個。這種一詞一譯一形的音譯詞有一部分見於同一譯者所譯的多部經文，表明譯經者在理解原文、分析音節、選用漢字等環節上是前後一致的，是譯經者用語風格的重要表現之一；也有一些這樣的音譯詞見於不同譯者所譯的經文，它表現出同一時代譯經用語的整體一致性，是譯經用語時代特色的反映。

與此同時，另有一部分音譯詞在東漢譯經中不是一詞一譯一形。有的詞既出現全譯形式又出現節譯形式；有的詞在節譯時可以多保留一個或幾個音節，也可以儘量節縮；有的詞儘管音節數固定，但用來書寫該詞的漢字不固定，同一個詞有不止一種書寫形式。這種現象可以稱作音譯詞的"同詞異形"。不同的音譯詞所用的異形數量有多有少，最多的一個音譯詞有 7 種不同的書寫形式，最少的有兩種。

一詞七形者計 1 例：

迦維／迦夷／迦夷衛／加羅衛／迦維衛／迦維羅衛／迦維羅越（Kapila－vas-tu 釋迦牟尼降生地）。

一詞六形者計 3 例：

目連／目揵連／摩目揵連／摩訶目揵蘭／摩訶目揵連／摩呵目揵連（Mahā－maudgalyāyan 佛十大弟子中"神通第一"者），乾陀／乾陀羅／揵陀羅／健陀羅/捷沓和/捷沓恕（gandharva 天龍八部之"從香神"），波羅尼蜜/波羅尼蜜和耶越/波羅尼蜜和邪拔致/波羅蜜尼和耶拔致/波羅蜜和耶拔致/和耶越致（Paranirmita-vaśa-vartin 他化自在天）。

一詞五形者計 1 例：

阿須倫/阿須輪/阿須羅/阿脩羅/阿羞倫（asura 天龍八部之"無酒神"）。

一詞四形者計 4 例：

阿迦尼吒/阿迦貳吒/阿迦膩吒/呵迦膩吒（Akaniṣṭha 色究竟天），阿耨多羅三耶三佛/阿耨多羅三耶三菩/阿耨多羅三耶三菩提/阿耨多羅三藐三菩提（anuttara-samyak-sambodhi 無上正真道等正覺），分漫陀尼弗/邠利文陀弗/邠祁文陀弗/邠祁文陀羅弗（Pūrṇa maitrāyanī-putraḥ 佛十大弟子中"説法第一"者），提洹竭/提恕竭/提和竭/提和竭羅（Dīpaṃkara 錠光佛）。

一詞三形者計 15 例：

阿波摩那/盧波摩那/癌波摩那（Apramāṇābha 無量光天），阿會亘羞/阿會亘修/阿會亘彼（ābhā-svara 光音天），羅漢/阿羅漢/訶羅漢（arhān 應供），陂陀劫/波羅劫/婆羅劫（Bhadrakalpa 賢劫），怛薩/怛薩阿竭/怛薩阿竭陀（Tathā-gata 如來），迦留羅/迦留勒/迦樓羅（garuḍa 金翅鳥），瓶沙/洴沙/蓱沙（Bimbisāra 影勝王），三耶三菩/三耶三佛/三耶三佛陀（samyak-saṃbuddha 正遍知），僧那/僧涅/僧那僧涅（saṃnāha-saṃnaddha 自誓四弘誓），沙呵/沙河/沙桴（sahā 娑婆世界），舍利曰/舍利弗/舍利弗羅（Śāriputra 佛十大弟子中智慧第一者），首呵/首訶/首訶迦（Śubha-kṛtsna 遍淨天），鹽天/焰天/炎天（Yāma 欲界六天之第三天），優陀/憂陀/憂陀耶（佛弟子名），真陀羅/甄陀羅/甄多羅（kiṃnara 天龍八部之"歌樂神"）。

一词二形者計 60 例：

阿波摩羞/阿波摩修（天名），阿闍貰/阿闍世（Ajāta-śatru 未生怨王），阿凡和梨/阿凡和利（女人名），阿難邠坻/阿難邠祇（Anāthapiṇḍada 給孤獨），阿祇達/阿耆達（Agnidatta 人名），阿若拘隣/拘憐（Ajñāta-kauṇḍinya 佛最初所度五比丘之一），颮陀和/跋陀和（Bhadra-pāla 賢護），比丘尼/尼（bhikṣuṇī 受具足戒的女性），波梨陀/波利陀（天名），波栗多修呵/波栗羞訶（天名），波栗惟呵/波栗推呵（天名），波羅奈/波羅㮈（Vārāṇasī 江繞城），不那利/分陀利（puṇḍarīka 白蓮花），刹帝/刹利（kṣatriya 四種姓之一），闡特/車匿（Chandaka 悉達太子離宮出家時隨行御者名），達儭/達嚫（dakṣiṇā 財施或法施），兜術/兜術陀（Tuṣita 妙足天），闍炎/闍焰（Jayanta 比丘名），梵富樓/梵弗還（Brahma-purohita 色界初禪第二天之名），梵/梵摩（brahma 清淨），分衛/分越（piṇḍa-pātika 乞食），和輪調/和倫調（菩薩名），和夷羅/和夷羅洹（vajrapāṇi 執金剛神），迦蘭陀/迦蘭迦（Kalandaka 長者名），迦羅蜜/加羅蜜（kalyāṇa-mitra 善友），迦耶迦葉/伽耶迦葉（Gayā-kāśyapa 佛弟子名），犍陀越/捷陀越（Gandhavatī 香淨国），鳩垣/鳩洹（kumbhāṇḍa 瓮形鬼），拘類/拘留（Nyagrodha 國名），拘文/拘文羅（kumuda 黃蓮花），拘耶尼/俱耶匿（Godānīya 須彌山西方之大洲名），瑠璃/琉璃（vaidūrya 猫眼石的一种），羅憐那竭/羅鄰那竭（菩薩名），羅閱/羅閱祇（Rāja-grha 王舍城），漫陀羅/文陀羅（māndārava 花名），摩訶/摩呵（mahā 大），摩訶般若波羅蜜/摩訶波羅蜜（mahā-prajñā-pāramitā 大慧到彼岸），摩訶波喻提/摩訶波和提（Mahā-prajā-patī 大愛道），摩訶拘絺/摩呵拘私（Mahā-kosthila 羅漢名），摩睺勒/摩休勒（mahoraga 天龍八部之"大蟒神"），摩竭/摩竭提（Māgadha 佛陀住世時印度十六大國之一），尼拘類/尼拘陀（nyagrodha 縱廣樹），泥洹/泥曰（nir-vāṇa 寂滅），泥梨/泥犁（nir-aya 地獄），漚和拘舍羅/漚惒拘舍羅（upāya-kausalya 方便善巧），祇/祇陀（Jeta 舍衛國波斯匿王太子名），祇洹/祇園（Jetavana 祇陀太子的樹林），三耶三佛/三耶三佛陀（samyak-saṃbuddha 正遍知），釋迦文/釋迦文尼（Śākyamuni 佛教創始人名），首陀衛/首陀會（Śuddhāvāsa 淨居天），陀鄰尼/陀憐尼（dhāranī 總持），惟衛/維衛（Vipaśyin 佛名），文殊師利/文殊尸利（Mañjuśrī 妙吉祥），羞訖/修乾（天名），閻逼/閻浮（Jambū 喬木名），閻浮提/閻浮利（Jambu-dvīpa 須彌山南方大洲名），踰旬/由旬（yojana 帝王一日行軍之路程），鬱單越/鬱單曰（Uttara-kuru 須彌山北方之大洲名），閱頭檀/悅頭檀（Śuddhodana 淨飯王），遮迦和/遮加惒（Cakravāda 鐵圍山），遮迦越羅/遮迦越（cakra-varti-rājan 轉輪聖王）。

這樣，東漢佛經中有 84 個音譯詞存在同詞異形的現象，就書寫形式而言，這 84 個音譯詞表現爲 211 個音譯形式。總的來看，造成同詞異形的原因有三：一是語音的取捨增減，二是音值對應的差異，三是文字使用的不同。這三方面因素有時單獨起作用，有時兩個或三個因素同時起作用。

二　語音的取捨增減造成同詞異形

上述同詞異形的音譯形式有長有短，如果按書寫形式分別統計，九音節的 2 個，八音節的 4 個，七音節的 3 個，六音節的 1 個，五音節的 15 個，四音節的 43 個，三音節的 82 個，雙音節的 55 個，單音節的 6 個。部分音譯詞的同詞異形表現爲詞形長短的差異，即全譯形式與節譯形式並存，或節譯程度不同的幾種形式並存，這本質上是對原詞語音取捨的差異造成的。我們可以從音素的取捨和音節的取捨兩個層次來考察。

2.1　音素的取捨。

2.1.1　詞末元音的去留造成同詞異形。

怛薩阿竭/怛薩阿竭陀（Tathā—gata），兜術/兜術陀（Tusita），梵/梵摩（brāhmā），拘文/拘文羅（kumuda），摩竭/摩竭提（Māgadha），釋迦文/釋迦文尼（Sākyamuni），提和竭/提和竭羅（Dīpamkara）。

音譯詞中，源頭語詞末的元音往往可存可去，儲泰松（1995，第 10 頁）指出："早期譯經與中晚期相比，略嫌粗糙。有時爲了照顧漢語的韻尾輔音，常將梵文下一音節的元音丟掉不管。"就漢語而言，省去詞末元音也就等於省去了一個音節或一個字。用漢字忠實記錄原典詞語的讀音，一個音素不漏，一般被稱作全譯，有所減省的，稱作節譯。這部分同詞異形的音譯詞可以看作同一個詞的全譯形式和節譯形式並存。

2.1.2　輔音的去留增減造成同詞異形。

提洹竭/提和竭（Dīpaṃkara）：區別在 paṃ，保留 ṃ 作 "洹"，舍之則作 "和"。

阿須羅/阿須輪（āsura）：區別在 ra，照原音作 "羅"，加鼻音韵尾—n 則作 "輪"。

迦留羅（來歌）/迦留勒（來職）garuḍa：區別在 ḍa，照原音作

"羅"，加塞音韻尾—k 作"勒"。

此類輔音增減不造成音譯詞書寫形式上字數的增減，出現這種音譯現象的原因有待考察。

2.1.3 同一個輔音是否兼屬兩個音節（見表1）

表1

原詞	關鍵輔音所在音節	音譯詞	
		關鍵輔音單屬	關鍵輔音兩屬
samyak - saṃbodhi	sa m yak	sam + yak 三耶三菩提	sam + myak 三藐三菩提
apramāṇābha	a p ra	a + pra 阿波摩那	ap + pra 盧波摩那

同樣存在這種差異的還有 2.1.1 所舉各例，如 Tusita 譯作"兜術"的語音分析是 tu + sit，而在"兜術陀"中則分析作 tu + sit + ta，原詞中最後一個輔音音素 t 在音譯時既作"術"的韻尾又作"陀"的聲母。儲泰松（1995，第 8 頁）稱爲"單輔音的前後兼用"即"一個輔音既作爲上一音節的韻尾，又作爲下一音節的聲母"。施向東（2002，第 47 頁）稱爲"增音"之一種："增加輔音，最常見的是將後一音節的起首音兼作前一音節的韻尾。"在語流中，"三耶（sam + yak）"和"三藐（sam + myak）"的實際音值是一樣的，後者並不是真的比前者多一個輔音 m，這類差異只是體現在書寫形式上，口頭念誦效果沒有差異。

2.1.4 複輔音的取捨造成同詞異形。

梵語存在較多的複輔音，漢語沒有同樣的複輔音聲母來和它相對應，轉寫時只能有所側重，側重於不同的輔音，就會產生不同的漢語形式，從而造成一詞多形。這是兩種語言的語音差異在音譯詞上面的必然反映（見表2）。

表2

原詞	複輔音所在音節	音譯詞	
		複輔音取前	複輔音取後
Bhadrakalpa	dra	陂陀劫 da	波羅劫 ra
Mahā - koaṣṭhila	ṣṭhi	摩呵拘私 ṣi	摩訶拘絺 ṭhi
gandharva	rva	健陀羅 ra	揵沓和 va

续表

原詞	複輔音所在音節	音譯詞	
		複輔音取前	複輔音取後
Kṣatriya	tri	刹帝 ti	刹利 ri

2.1.5 複輔音是否分屬兩個音節造成同詞異形。

複輔音往往處在兩個音節之間，複輔音既可以分屬前後兩個音節，也可以單屬某個音節，造成同詞異形（見表3）。

表3

原詞	複輔音所在音節	音譯詞	
		複輔音分屬	複輔音屬後
puṇḍarīka	puṇḍa	puṇ + ḍa 分陀利	pu + ṇḍa 不那利
Chandaka	Chanda	Chan + da 闡特	Cha + nda 車匿

儲泰松（1995，第8頁）曾指出"鼻音+塞音+元音"的對音規律是"將鼻音歸上一音節，用陽聲韻字對，塞音作下一漢字的聲母"，這是常見的做法，相當於本文的"複輔音分屬"，東漢另有好幾個音譯詞是這樣處理的，如 Nālanda（那難陀國）、Nanda（難陀）、candana（栴檀），只不過它們不存在同詞異形的問題。參照東漢佛經的音譯詞可知，此類複輔音的處理至少有兩種方法：一是分屬，二是屬後。東漢另有複輔音專屬後面音節的如 Ajñāta-kaundinya 译作"拘憐"或"阿若拘鄰"，其中 kauṇḍin 明顯被分析作 kau + ṇḍin。

2.2 音節的取捨。

2.2.1 音節取捨有差異造成字數不等的音譯形式。

詞語開頭音節的去留造成同詞異形：羅漢/阿羅漢（arhān），尼/比丘尼（bhiksunī），拘憐/阿若拘鄰（Ajñāta-kaundinya），目揵連/摩呵目揵連（Mahā-maudgalyāyan），僧涅/僧那僧涅（samnāha—samnaddha）。

詞語中間音節的去留造成同詞異形：波栗羞訶/波栗多修呵（ParīttaŚubha），迦羅衛/迦維羅衛（Kapila-vastu），迦維衛/迦維羅衛（Kapila-vastu）。

詞語末尾音節的去留造成同詞異形：羅閱/羅閱祇（Rāja-grha），祇/祇陀（Jeta），乾陀/乾陀羅（gandharva），三耶三菩/三耶三菩提（samyak-sambodhi），三耶三佛/三耶三佛陀（samyak‐sambuddha），舍利弗/舍利弗羅（Śāriputra），釋/釋迦（Śākya），憂陀/憂陀耶（Udayin），波羅尼蜜/波羅尼蜜和邪拔致（Paranirmita‐vaśa‐vartin），和夷羅/和夷羅洹（vajrapāni），僧那/僧那僧涅（samnāha‐samnaddha）。

2.2.2 音節取捨有差異但幾種音譯形式音節數相等。

有時，同一個詞的不同形式音節總數是相等的，但是對具體音節的取捨存在差異。主要是原詞中兩個相鄰音節在不同的音譯形式中各有取捨（見表4）。

表4

原詞	關鍵音節	音譯詞	
		取前面音節	取後面音節
Brahma‐purohita	rohi	梵富樓 ro	梵弗還 hi
Nyag‐rodha	rodha	尼拘類 ro	尼拘陀 dha
Kapila‐vastu	pila	迦維衛 pi	加羅衛 la
Kalandaka	daka	迦蘭陀 da	迦蘭迦 ka
Mahāprajāpatī	jāpa	摩訶波喻提 jā	摩訶波和提 pa

此類音譯詞不管哪種譯法和梵文相比都有明顯差異，如果只看其中的某一種譯法，就可能認爲音譯詞和梵文有差異是東漢譯經所用底本的語文與梵文有差異的表現。東漢譯經所用底本固然不一定都是梵文寫本，但它與梵文的差異到底有多大？是不是所有我們今天看到的音譯詞和梵文之間的差異都可歸之於底本問題？以 Kalandaka 的音譯爲例，單看"迦蘭陀"，似乎東漢譯經的底本中該詞可能作 Kalanda；單看"迦蘭迦"，似乎東漢譯經的底本中該詞可能作 Kalanka；該詞的音譯兼具"迦蘭陀"和"迦蘭迦"二形，表明東漢譯經所用底本中該詞的讀音同梵語 Kalandaka 無別，甚至可能就是梵文。所以，音譯詞和梵文之間的差異不能簡單歸之於底本問題。

三 音值對應差異造成一詞多形

不同語言的語音系統各不相同，佛典漢譯所面對的源頭語和漢語之間在語音系統上也有很大的差異。爲了盡可能準確地反映原典語言的讀音，

東漢佛經音譯詞的同詞異形現象 | 71

譯師們不得不作出多種嘗試。對某些詞，同一個譯師在不同的時候可能用了讀音各異的漢字去記錄；而不同的譯師從自己的分析出發選擇自己認為準確的漢字，這可能會造成讀音有差別的同詞異形現象。上文所論是語音上省略不省略、省略什麼、省略多少的問題，此處則與省略無關，而是音值對應準確度的問題。我們可以從音譯用字的聲、韻兩個方面來考察，下文列舉時關鍵音節和關鍵漢字加方框標明，括號中給出關鍵字在上古的音韻地位（據郭錫良《漢字古音手冊》）。

3.1　聲同韻不同。

迦【維】衛（余微）／迦【夷】衛（余脂）Ka【pi】la－vastu

【踰】旬（余侯）／【由】旬（余幽）【yo】jana

阿【須】羅（心侯）／阿【脩】羅（心幽）a【su】ra

迦【樓】羅（來侯）／迦【留】羅（來幽）ga【ru】da

揵【沓】和（定緝）／健【陀】羅（定歌）gan【dhar】va

拘【類】（來物）／拘【留】（來幽）Nyag－【ro】dha

阿耨多羅三耶三【佛】（並物）／阿耨多羅三耶三【菩】（並職）anuttara－samyak－saṃ【bodh】hi

梵【弗】還（幫物）／梵【富】樓（幫職）Brahma－【pu】rohita

泥【洹】（匣元）／泥【曰】（匣月）nir－【vāṇ】a

分【漫】陀尼弗（明元）／邠祁【文】陀羅弗（明文）Pūrṇa【mai】trāyaṇī－putrah

【漫】陀羅（明元）／【文】陀羅（明文）【Mān】dāra

這些差異涉及陰、入、陽三大類韻。陰聲韻方面：脂微不分，侯幽不分；入聲韻方面：物職相混；陽聲韻方面：元文不分。

3.2　韻同聲不同。

主要是清濁的差異，只有"越/拔"是發音部位的差異。

【波】羅劫（幫歌）／【婆】羅劫（並歌）【Bha】drakalpa

甄[多]羅（端歌）/甄[陀]羅（定歌）kiṃ [na] ra

[拘]耶尼（見侯）/[俱]耶匿（群侯）[Go] dānīya

和耶[越]致（匣月）/波羅尼蜜和邪[拔]致（並月）Paranirmita - vaśa - [vart] tin

施向東（2002，第51頁）討論梵漢對音的"濁化"時曾提到"對音中的清濁混亂不僅有用濁聲母的漢字對譯梵文清輔音的，也有用清聲母的漢字對譯梵文濁輔音的"。從本文所列例子來看，同一個濁輔音，在同一個時代，甚至同一個譯者，既可以用清聲母字來對，也可以用濁聲母字來對。

3.3 聲韻皆不同。

摩[休]勒（曉幽）/摩[睺]勒（匣侯）ma [ho] raga

沙[桴]（並幽）/沙[呵]（曉歌）Sa [hā]

邠[祁]文陀弗（群脂）/邠[利]文陀弗（來質）Pūr[ṇa] maitrāyaṇī - putraḥ

閻浮[提]（定友）/閻浮[利]（來質）Jambu - [dvī] pa

這部分音譯詞的異形在語音對應上比較混亂，以"沙桴"與"沙呵"爲例，"桴"與"呵"聲母不但發音方法存在清濁對立，而且發音部位也完全不同，二者所屬韵部也相差甚遠。

四 音譯用字差異造成一詞多形

有時候，同一音譯詞的異形之間並不存在讀音上的差別，而是用來記音的漢字不同。漢字有很多的同音字，不同的譯者有很大的選擇空間，同一譯者在不同場合也可能靈活選用同音字。

4.1 同聲符字（含聲符與諧聲字見表5）。

表 5

原詞（不確者留空）		音譯詞	
全詞	關鍵音節	關鍵字	全詞
Bhadra-pāla	bha	跋/颰	跋陀和/颰陀和
Bhadrakalpa	Bha	陂/波	陂陀劫/波羅劫
dakṣiñā	kṣ iñ	嚫/儭	達嚫/達儭
mahā	hā	訶/呵	摩訶/摩呵
Śubha-kṛtsna	ha	訶/呵	首訶/首呵
sahā	hā	訶/河	沙河/沙呵
gandharva	va	和/恕	捷沓和/捷沓恕
Cakravāda	vā	和/恕	遮迦和/遮加恕
upāya-kauśalya	pā	和/恕	漚和拘舍羅/漚恕拘舍羅
Dīpaṃkara	pa	和/恕	提和竭/提恕竭
Gayā-kāśyapa	ga	迦/伽	伽耶迦葉/迦耶迦葉
kalyāṇa-mitra	ka	迦/加	迦羅蜜/加羅蜜
gandharva	gan	健/犍	犍陀羅/健陀羅
Gandhavatī	gan	揵/犍	犍陀越/揵陀越
Maudgalyāyana	gal	揵/犍	目揵連/目犍連
niraya	ra	犁/梨	泥犁/泥梨
		利/梨	阿凡和梨/阿凡和利
		利/梨	波梨陀/波利陀
dhāranī	ran	鄰/憐	陀鄰尼/陀憐尼
		鄰/憐	羅鄰那竭/羅憐那竭
asura	ra	倫/輪	阿須倫/阿須倫
		倫/輪	和倫調/和輪調
Vārāṇasī	ṇa	奈/㮈	波羅奈/波羅㮈
Bimbisāra	bim	瓶/洴	洴沙/瓶沙
Ajāta-śatru	śa	世/貰	阿闍貰/阿闍世
Vipaśyin	vi	維/惟	維衛/惟衛
Śuddhodana	śud	悅/閱	閱頭檀/悅頭檀

4.2 形體無關的同音字（見表6）。

表6

原詞（不確者留空）		音譯詞	
全詞	關鍵音節	關鍵字	全詞
gandharva	gan	犍/乾	犍陀羅/乾陀羅
vaiḍūrya	ḍū	瑠/琉	瑠璃/琉璃
Akaniṣṭha	ni	尼/膩	阿迦尼吒/阿迦膩吒
Godānīya	nī	尼/匿	拘耶尼/俱耶匿
Agnidatta	gni	祇/耆	阿祇達/阿耆達
		羞/修	阿波摩羞/阿波摩修
ābhā-svara		羞/修	阿會亘羞/阿會亘修
asura	su	羞/脩	阿羞倫/阿脩羅
Mañjuśrī	ś(rī)	師/尸	文殊師利/文殊尸利
Yāma	yām	炎/鹽/焰	炎天/鹽天/焰天
Jayanta	yan	炎/焰	闍炎/闍焰
kiṃnara	kiṃ	甄/真	甄陀羅/真陀羅
Kapila-vastu	vast	衛/越	迦維羅衛/迦羅越
Śuddhāvāsa	vās	衛/會	首陀衛/首陀會
Uttara-kuru	kur	越/曰	鬱單越/鬱單曰
Maudgalyāyana	lyāyan	蘭/連	目揵蘭/目揵連
Jetavana	van	洹/園	祇洹/祇園

以上基於書寫形式對東漢佛經音譯詞的同詞異形作了分析，如果不看書寫形式，而看口頭念誦的效果，那麼，2.1.1，2.1.2，2.1.4，2.2.1，2.2.2 有差異。而 2.1.3，4.1，4.2 沒有差異。3.1，3.2，3.3 讀音相近。

參考文獻

［日］荻原雲來等：《漢譯對照梵和大辭典》，（臺灣）新文豐出版公司1979年版。

郭錫良：《漢字古音手冊》，北京大學出版社1986年版。

俞理明：《佛經文獻語言》，巴蜀書社1993年版。

羅世方：《梵語課本》，商務印書館1996年版。

季羨林：《吐火羅語的發現與考釋及其在中印文化交流中的作用》，《語言研究》1956

年第 1 期。

俞敏:《後漢三國梵漢對音譜》,《俞敏語言學論文集》,商務印書館 1999 年版。

儲泰松:《梵漢對音概說》,《古漢語研究》1995 年第 4 期。

施向東:《梵漢對音與古漢語的語流音變問題》,《南開語言學刊》2002 年第 1 期。

(原載《漢語史研究集刊》第八輯)

漢文佛典音譯詞的節譯形式與全譯形式[①]

一 佛典音譯詞"先全譯後節譯"的流行觀點

漢文佛典用語的特色之一就是大量的音譯詞，有的音譯詞與源頭語音節數對等而沒有缺省，這是全譯形式；也有的音譯詞與源頭語相比省去了部分音節，這是節譯形式。[②] 同一部佛典的音譯詞往往有的全譯有的節譯，同一個音譯詞在一部或幾部佛典中可能有時全譯有時節譯，這種情形在歷代譯經中都存在。那麼，全譯形式和節譯形式之間的關係是怎樣的呢？

目前最流行的觀點認爲，漢文佛典音譯詞是先有全譯形式，在此基礎上縮略而成節譯形式。事實上，長期以來，有關論著往往持此類説法。

梁曉虹（1994，第6頁）認爲節譯形式"是在全譯形式的基礎上簡縮而成"，並列舉幾十個例子，比如（"＜"表示"來自"）：

阿僧祇＜阿僧企耶，優婆塞＜優波裟迦，舍利弗＜舍利弗多羅，摩訶衍＜摩訶衍那，羅刹＜羅刹娑，舍利＜設利羅，三昧＜三摩提，貝多＜貝多羅，刹那＜乞沙拏，袈裟＜迦羅沙曳，菩薩＜菩提薩埵，沙門＜舍羅摩拏，夜叉＜夜乞叉。

梁曉虹（1994，第9頁）又云："還有節縮成單音節。大多數單音音

[①] 本文獲四川大學"哲學與社科研究青年啟動項目"資助。本文曾以《從共時和歷時角度看漢文佛典音譯詞的節譯與全譯》爲題提交"第二屆漢文佛典語言學國際研討會"（2004年9月，湖南長沙），此次發表保持原文觀點和主體材料，同時作了必要的調整。俞理明先生對本文提出建設性意見，謹致謝忱。

[②] 早期佛經翻譯所用底本今天已難詳考，要直接進行當時譯語和源頭語的大規模比較目前還不現實，故暫用梵文代表源頭語。所以，本文的"節譯""全譯"乃參照梵文而言。

譯詞都由雙音節之全譯或節譯再簡化，少數則由其他多音節再簡化而成。"並舉如下例子：

缽＜缽多羅，劫＜劫波，塔＜窣堵波（塔婆），偈＜偈陀，僧＜僧伽，佛＜佛陀，禪＜禪那，唄＜唄匿，魔＜魔羅，梵＜梵摩，釋＜釋迦，竺＜天竺，懺＜懺摩，檀＜檀那，衲＜衲伽梨。

顏洽茂（1997，第219頁）認爲："此期譯經對前期譯經中大量全譯進行了縮略。"又顏洽茂（2002，第77頁）持同樣的説法。其所舉例子如：

yojana——踰繕那、踰闍那、踰延那——俞旬（由旬）；

Brahamana——波羅欱末拿、婆羅賀磨拿、没囉憾摩——婆羅門；

Asamkhya——阿僧企耶——阿僧祇；

Sarira——攝哩藍、攝悉藍、室利羅、設利羅——舍利；

Gatha——伽陀、偈佗、偈他、偈締——偈；

Mara——摩羅耶、末羅、磨羅——魔；

Patra——本多羅、波多羅、波怛羅、播怛羅、缽呾羅、缽得羅、缽多羅、缽多——缽。

顏洽茂（1997，第221頁）還認爲："有些譯名的省略很可能採用了多級縮略的方式。"又顏洽茂（2002，第78頁）表達了同樣的觀點。所舉例子如：

缽多羅——缽多（取前舍後）——缽（取前舍後）；

迦羅沙曳——迦沙曳、迦沙野、迦沙異（取兩頭舍中間）——迦沙（取前舍後）。

史有爲（1991）和史有爲（2004）等也有不少類似説法。[①] 兹按後者

[①] 史有爲《異文化的使者——外來詞》曾主張："菩薩，是菩提薩埵的略稱，意譯爲'大士'，梵語原詞Bodhisattva。"（1991，第177頁）其《漢語外來詞》也説："菩薩（梵．bodhisattva）：原作'菩提薩埵'，漢譯已對原詞語音有所改造，尤其是末一字（今音duó）。但由於漢語是單音節語素語言，不習慣長達四個音節的語詞，因此在使用過程中又進行再改造，簡縮語音，最後被'菩薩'佔據了常用的位置。"（2000，第104頁）後來作者在修訂本《外來詞——異文化的使者》中改作："菩薩，又作扶薩，扶薛，是菩提薩埵的又稱。"並加注云："原先都認爲先有菩提薩埵，然後簡縮爲菩薩。近來發現'菩薩'並非簡縮而來，而可能是由犍陀羅語佛經翻譯而來。犍陀羅語中'菩薩'作bosa。"（2004，第182頁）修訂本的改動是合理的，但是，修訂本中多數時候仍堅持主張節譯詞是從全譯形式簡縮而成，祇不過有時表述模稜兩可，有時表述比較直白。本文所引材料全部出自修訂本《外來詞——異文化的使者》。

頁碼順序酌引其例如下：

第 185 頁：魔，原作魔羅，又作末羅、魔羅耶，佛教中指鬼。梵語原詞 Māra。

第 186 頁：閻羅，是閻摩羅、閻摩羅社的略稱……源自梵語 Yama-rāja。

第 189 頁：僧，是僧伽的略稱，佛教指男性出家修行的人。來自梵語 Samgha。

第 193 頁：伽藍，是僧伽藍摩的略稱，又作僧伽藍……源自梵語 Samghārāma。

第 200 頁：梵，原作梵摩，梵語為 Brahmā 或 Brahaman。

第 201 頁：偈，原作偈陀、偈他、伽陀、伽他……偈的梵文原詞為 Gāthā。

第 203 頁：禪，原作禪那，是梵語 Dhyāna 的音譯。

第 204 頁：劫，本作劫波、劫簸、劫跛，又作羯臘波，後簡略成"劫"。梵語原詞是 Kalpa。

其實，以今存佛經譯文驗之，上舉各例的節譯形式大多東漢已有，而相應的全譯形式的出現全部晚於東漢。比如 pātra 的節譯形式"缽"自東漢即開始大量使用（例1—3），以後各代譯經都很常見，用例數以萬計，而相應的全譯形式"缽多羅"最早用例為三國 1 次、東晉 2 次（例4—6）；此後二者並行，但"缽多羅"的用例一直十分少見，在《大正藏》中僅 100 次左右。

（1）三者持<u>缽</u>、袈裟至他國，四者棄戒受白衣，五者自坐愁失名。（東漢・安世高《七處三觀經》，2/879b16）①

（2）時到，飯食便辦滿<u>缽</u>，自然在前。即取食，食已，<u>缽</u>便自然去。（東漢・支讖《阿閦佛國經》卷上，11/757b）

（3）天復化作沙門，法服持<u>缽</u>，行步安詳。（東漢・竺大力共康孟詳《修行本起經》卷下，3/467a）

---

① 例句引自《大正藏》，出處注明：譯經時代/譯者/經名（含卷次）/《大正藏》冊數/頁碼/欄數（abc 三欄）。

(4) 我某甲，此鉢多羅應量器，今受持，常用故。（三國魏·曇諦《羯磨》，22/1054b）

(5) 在戒師前胡跪合掌，授與衣鉢，教受作是言："此是我鉢多羅，應量受用乞食器，今受持。"如是三說。（東晉·佛陀跋陀羅共法顯《摩訶僧祇律》卷二十三，22/413a）

(6) 此人入僧，一一頭面禮僧足，在戒師前胡跪合掌授衣鉢："此鉢多羅應量受用乞食器，我受持。"如是三說。（東晉·佛陀跋陀羅共法顯《摩訶僧祇律》卷三十，22/472b）

可見，要更好地認識漢文佛典中音譯詞的節譯與全譯現象，首先得準確把握其源頭，那就是東漢譯經。在此基礎上，再考察各代譯經在音譯詞的節譯和全譯方面有何異同。

二　東漢佛經音譯詞的節譯和全譯

在 34 部東漢譯經中（俞理明，1993），我們搜集到 500 多個音譯形式，借助相關工具書，其中有 292 個可以找到相應的梵文原形，這 292 個詞中，節譯形式 224 個，占總數的 76.19%；全譯形式 70 個，占總數的 38.5%。它們的具體分布情況見表 1。

表 1

	單音節	雙音節	三音節	四音節	五音節以上	合計
節譯	20	78	79	32	14	223
全譯		19	33	13	4	69
合計	20	97	112	45	18	292

如果以具體的詞語為考察對象，則有以下三種情況。

1. 祇有節譯形式無相應全譯形式的音譯詞 207 個

單音節的有 17 個，例如：鉢（pātra），刹（kṣetra），禪（dhyāna），瘛（apramāṇābha 天名），恒（gaṅga 河名），偈（gāthā），劫（kalpa），魔（māra），僧（saṃgha），尸（sīla），師（siṃha），塔（stūpa），檀（dāna），鹽/炎/焰（yāma 天名），衍（yāna）。

雙音節的 71 個，例如：阿鼻（avīci）、阿難（ānanda）、刹利（kṣatriya）、達嚫（dakṣiṇā）、迦葉（kāśyapa）、袈裟（kāṣāya）、拘翼（kauśika）、羅刹（rākṣasa）、彌勒（maitreya）、那術（nayuta）、尼揵（nirgrantha）、泥犁（niraya）、泥洹（nirvāṇa）、瞿曇（gautama）、三昧（samādhi）、僧那（saṃnāha）、沙門（śramaṇa）、舍利（śarīra）、舍衛（Srāvastī）、須達（suddata）、須彌（sumeru）、由旬（yojana）。

三音節的 76 個，例如：波羅蜜（pāramitā）、波羅奈（vārāṇasī）、梵摩達（brahmadatta）、摩訶薩（mahāsattva）、摩訶衍（mahāyāna）、摩睺勒（mahoraga）、婆羅門（brāhmaṇa）、耆闍崛（gṛdhrakūṭa）、薩和薩（sarvasattva）、薩芸若（sarvajaña）、斯陀含（sakṛdāgāmin）、須陀洹（srotaāpanna）、閻浮提（jambudvīpa）、優婆塞（upāsaka）、優婆夷（upāsikā）。

四音節的有 29 個，例如：阿難邠坻（anātha-piṇḍa-da）、阿若拘鄰（ajñāta-kauNṇḍinya）、阿惟三佛（abhi-saṃbuddha）、阿惟越致（a-vaivartika）、迦維羅衛（Kapila-vastu）、摩訶迦葉（mahā-kāśyapa）、薩陀波倫（sadā-prarudita）、釋提桓因（Śakra-devānām-indra）、遮迦越羅（cakra-varti-rāja）。

五音節及以上的有 14 個，例如：邠利文陀弗（pūrṇamaitrāyaṇī-putrah）、摩呵迦旃延（mahākātyāyana）、摩訶波喻提（mahā-prajā-patī）、摩訶目揵連（mahā-maudgalyāyana）、漚和拘舍羅（upāya-kauśalya）、三藐三菩提（samyak-saṃbodhi）。

2. 祇有全譯形式無相應節譯形式的音譯詞 54 個

雙音節的有 17 個，例如：般若（prajñā）、波陀（bhadra）、貝多（pattra）、比丘（bhikṣu）、迦羅（kālika）、拘利（koṭi）、摩訶（mahā）、摩尼（maṇi）、摩舐（maghī）、摩耶（māyā）、難陀（nanda）、曇摩（dharm）、天竺（sindhu）、頭陀（dhūta）、閻浮（jambū）、閱叉（yakṣa）、占波（campā）。

三音節的有 26 個，例如：阿彌陀（amitā）、阿摩勒（āmra）、阿祇達（a-jita）、阿須羅（asura）、阿須倫（asura）、阿須輪（asura）、坻彌羅（timira）、迦留羅（garuḍa）、迦留勒（garuḍa）、迦樓羅（garuḍa）、迦羅

越（kalavat），鳩睒彌（kauśāmbī），拘舍羅（kauśalya），那難陀（nālanda），尼拘陀（nyagrodha），瞿曇彌（gautamī），瞿師羅（ghoṣila），三拔致（saṃpaṭṭhi），僧伽梨（saṃghātī），陀鄰尼（dhāranī），維耶離（Vaiśālī），須摩提（sumati），須菩提（Subhūti），甄陀羅（kiṃnara），真陀羅（kiṃnara），甄多羅（kiṃnara）。

四音節的有 10 個，例如：阿比羅提（abhi－rati），阿迦貳吒（akaniṣṭha），阿迦膩吒（akaniṣṭha），阿迦尼吒（akaniṣṭha），呵迦膩吒（akaniṣṭha），阿耨多羅（anuttara），牟梨師利（muniśrī），尼彌陀羅（nimiṃdhara），私訶摩提（siṃhamata），文殊師利（mañjuśrī）。

五音節及以上的有 1 個：波坻盤拘利（padapaṃkoṭi）。

3. 既有節譯形式又有全譯形式的音譯詞 15 個（表現為 16 個節譯形式和 15 個全譯形式，表 1 分別視之為獨立的節譯詞或全譯詞以便操作，各自按音節數統計）

拘文—拘文羅（kumuda）　　釋迦文—釋迦文尼（śākyamuni）
兜術—兜術陀（tuṣita）　　　乾陀—乾陀羅（gandharva）
摩竭—摩竭提（māgadha）　　羅閱—羅閱祇（rāja－gṛha）
舍利弗—舍利弗羅（śāriputra）　　羅漢—阿羅漢（arhān）
提和竭—提和竭羅（dīpaṃkara）　　尼—比丘尼（bhikṣuṇī）
波栗羞訶—波栗多修呵（parīttaśubha）　　祇—祇陀（Jeta）
三耶三菩—三耶三菩提（samyaksaṃbodhi）　　佛—佛陀（buddha）
怛薩—怛薩阿竭—怛薩阿竭陀（tathā－gata）

東漢祇有節譯形式或祇有全譯形式的音譯詞將在本文第三部分討論，在此有必要關注一下節譯和全譯形式兼備的 15 個音譯詞。安世高和支讖是東漢可以確認的最早的兩個譯師，兩人譯經中，這 15 個詞語的節譯形式和全譯形式產生的先後關係有兩種情況。

第一類，全譯節譯始見於同一譯者，這才是嚴格意義上的全譯節譯並現。此類共 10 個。

全譯節譯都始於安世高的 1 個：阿羅漢——羅漢。

（7）未得道迹，不得中命盡，謂已得十五意不得中死。要當得十

五意便墮道,亦轉上至阿羅漢也,中得道亦不得中命盡。(安世高《大安般守意經》,15/167b)

(8) 無所有處有四處:一者飛鳥以空中爲處,二者羅漢以泥洹爲處,三者道以無有爲處,四者法在觀處也。(安世高《大安般守意經》,15/167b)

全譯節譯都始於支讖的 9 個:拘文羅—拘文,比丘尼—尼,羅閱祇—羅閱,乾陀羅—乾陀,提和竭羅—提和竭,波栗多修呵—波栗羞呵,釋迦—釋,三耶三菩提—三耶三菩,怛薩阿竭陀—怛薩阿竭—怛薩。試舉"怛薩"一組為例。

(9) 如是學為學怛薩阿竭陀,為學力,為學無所畏,為學諸佛法。(支讖《道行般若經》卷八,8/464c)

(10) 是怛薩阿竭本無,隨因緣得怛薩阿竭本無字,寧有盡時不?(支讖《道行般若經》卷八,8/464c)

(11) 審如所說,若法如怛薩無所動轉,其德若大山,身者若金剛。(支讖《伅真陀羅所問如來三昧經》卷上,15/349c)

第二類,先有節譯後有全譯,即安世高祇用節譯形式,支讖、康孟詳則節譯和全譯形式並用,其中節譯形式承自安世高,全譯形式為新創形式。此類有 5 個:祇—祇陀,佛—佛陀,兜術—兜術陀,摩竭—摩竭提,舍利弗—舍利弗羅。其中"祇—祇陀"一組的全譯形式始見於康孟詳譯經,其餘全譯形式都始見於支讖譯經。

(12) 眾祐法輪聲三轉,諸天世間法地者莫不遍聞,至於第一四天王、忉利天、焰天、兜術天、不驕樂天、化應聲天,至諸界須臾遍聞。(安世高《轉法輪經》,2/503c)

(13) 雖怛薩阿竭般泥洹已後,我在兜術天上,若男子女人欲學是法,我勸助護之。(支讖《阿闍世王經》卷下,15/405c)

(14) 兜術陀天上諸天人索佛道者，往到彼所，問訊聽受般若波羅蜜，作禮繞竟以去。（支讖《道行般若經》卷二，8/435a）

從理論上說，應該有三大類型：（1）全譯節譯同時出現，（2）先節譯後全譯，（3）先全譯後節譯。但事實上第三種類型在東漢譯經中找不到例子，而第一類始自同一譯者甚至同一部譯經，不適合用來考察節譯形式和全譯形式孰先孰後。結合上述 163 個祇有節譯形式的音譯詞，可知東漢佛經不支持"節譯形式是在全譯形式的基礎上簡縮而成"之類說法。

三 《道行般若經》東漢至北宋六部重譯經中音譯詞的節譯與全譯

音譯詞數量龐大，詞形複雜，漢文佛典更是卷帙浩繁，要全部作窮盡調查絕非易事。本文選擇各時期有代表性的幾部譯經進行調查。支讖《道行般若經》十卷是東漢譯經最長的一部，此經內容相當於唐代玄奘《大般若波羅蜜多經》第四會，這部分經文另有四種重譯本，即三國吳支謙《大明度經》六卷，前秦曇摩蜱共竺佛念《摩訶般若鈔經》五卷，姚秦鳩摩羅什《小品般若經》十卷，北宋施護《佛說佛母出三法藏般若波羅蜜多經》二十五卷。在此，我們以這六部經為範圍考察部分常見音譯詞的翻譯情況。

1. 東漢祇有節譯形式的音譯詞在後代譯經中的面貌

試舉幾例見表 2（全譯形式用黑體字下加橫線，支謙譯經部分術語祇有意譯形式加小括號區別）。

表2

譯者 譯詞 原詞	支讖	支謙	曇摩蜱 共竺佛念	鳩摩羅什	玄奘	施護
kalpa	劫	劫	劫	劫	劫	劫
śramaṇa	沙門	沙門	沙門	沙門	沙門	沙門
stūpa	塔	塔	塔	塔	**窣堵波**	塔
śarīra	舍利	舍利	舍利	舍利	**設利羅**	舍利

续表

原詞\译词\译者	支讖	支謙	曇摩蜱共竺佛念	鳩摩羅什	玄奘	施護
upāsaka	優婆塞	（清信士）	優婆塞	優婆塞	**鄔波索迦**	優婆塞
pāramitā	波羅蜜	（度）	波羅蜜	波羅蜜	**波羅蜜多**	**波羅蜜多**
kauśika	拘翼	（帝）	拘翼	**憍尸迦**	憍尸迦	憍尸迦
mahoraga	摩睺勒	（鬼龍）①	摩睺勒	**摩睺羅伽**	莫呼洛伽	摩睺羅伽
samādhi	三昧	（定）	三昧	三昧	三摩地	**三摩地/三昧**
jambu-dvīpa	閻浮利	閻浮提	閻浮利	閻浮提	贍部	閻浮提

上述內容可以從兩個角度來認識。

（1）不同譯者之間的比較，可以看到不同時期譯本的繼承與創新關係。

A. 前三種譯本音譯詞很一致，除支謙《大明度經》明顯偏好意譯因而部分術語沒有音譯形式外，三者音譯詞字數相同，字形很少變化，東漢創造的音譯形式得到繼承。

B. 鳩摩羅什譯本音譯詞的全譯形式稍多，就此處的考察範圍而言，全譯形式都是新創形式，節譯形式承自東漢。

C. 玄奘譯本音譯詞的全譯形式最多，這些全譯形式大部分都是新創，祇有少數承自鳩摩羅什；而且，即使同是節譯形式或全譯形式，玄奘也是既有繼承又有創新，同是節譯的如"閻浮利（閻浮提）"改作"贍部"，全譯如"摩睺羅伽"改作"莫呼洛伽"。此類常見的另如：羅刹—羅刹娑，阿難—阿難陀，那術—那庾多，由旬—踰繕那，優婆夷—鄔波斯迦。

D. 施護譯本大致沒有新創形式，它要么沿用已有的節譯形式，要么沿

---

① 這是一個籠統的稱法。佛經中常見"天龍八部"並稱，支讖《道行般若經》往往一一列出，如卷三"諸天、龍、閱叉、健陀羅、阿須倫、迦樓羅、甄陀羅、摩睺勒"，而支謙《大明度經》常籠統稱之，如卷二"天人鬼龍皆為作禮"。下文表中與"閱叉"和"阿須倫"等相對應的"鬼龍"同此。

用已有的全譯形式，甚至同一個術語的節譯和全譯形式都使用，如"三昧"和"三摩地"。

鳩摩羅什和玄奘歷來被看作佛經翻譯史上劃時代的人物，二者所譯經文在音譯詞的繼承和創新方面的表現與此相合。

（2）不同詞語之間比較，可以看到不同的音譯詞的詞形演變各不相同。

第一類是東漢創造的詞形一直沿用不廢，如"劫""沙門"等。此類常見的另如：禪、魔、僧、達嚫、彌勒、袈裟、菩薩、栴檀、婆羅門。

第二類是東漢的節譯形式在某個時期被全譯形式替代，此後全譯形式通行，如"拘翼"替作"憍尸迦"。

第三類是東漢的節譯形式在某個時期被全譯形式替代，但此後節譯形式仍然得到使用。有的反過來取代全譯形式，如施護譯本用節譯的"舍利"和"優婆塞"而不用玄奘創造的全譯形式"設利羅"和"鄔波索迦"；有的與全譯形式並存，如施護譯經既用"三昧"又用"三摩地"。

2. 東漢祇有全譯形式的音譯詞在後代譯經中的面貌

試舉幾例見表3（部分術語在某些經文中祇有意譯形式，加小括號以示區別）。

表3

	支讖	支謙	曇摩蜱共竺佛念	鳩摩羅什	玄奘	施護
prajñā	般若	（明）	般若	般若	般若	般若
mahā	摩訶	（大）	摩訶	摩訶	摩訶	摩訶
bhikṣu	比丘	比丘	比丘	比丘	苾芻	苾芻
yakṣa	閱叉	（鬼龍）	閱叉	夜叉	藥叉	夜叉/藥叉
asura	阿須倫	（鬼龍）	阿須倫	阿修羅	阿素洛	阿修羅
garuḍa	迦樓羅	（鬼龍）	迦留羅	迦樓羅	揭路荼	迦樓羅
kiṃnara	甄陀羅	（鬼龍）	真陀羅	緊那羅	緊捺洛	緊那羅
subhūti	須菩提	（善業）	須菩提	須菩提	（善現）	須菩提
anuttara	阿耨多羅	（無上）	阿耨多羅	阿耨多羅	（無上）	阿耨多羅

顯然，全譯形式的音譯詞在幾部重譯經中字數不變，有的字形也完全相同，如"般若"和"阿耨多羅"。它們在東漢最初翻譯的時候已是全譯形式，其詞形當然不可能再變長，然而也並未產生縮簡形式。就本文的考

察範圍而言，沒有從全譯形式縮略而來的節譯詞。① 對這部分術語，不同譯者的差異表現在：音譯或意譯法的選擇上各有偏好，語音對應同中有異，音譯用字也不盡相同。

四 歷史上對佛典音譯詞節譯現象的認識

漢文佛典音譯詞的節譯現象很早就引起了人們的注意，《大唐西域記》《一切經音義》《續一切經音義》和《翻譯名義集》《翻梵語》等常把早期譯經中的節譯詞稱作"訛""訛略"，把見於晚出譯經的全譯形式稱作"正言""正梵音"等。試舉兩例以示之。

瓶沙　《一切經音義》卷五九："瓶沙王，此言訛也，正言頻婆娑羅，此云形牢，是摩伽陁國王也。"（54/699a）《翻梵語》卷第四刹利名第二十："瓶沙王，應云頻毘羅，亦云頻婆沙羅。"（54/1008c）

按："瓶沙"在東漢康孟詳譯經中凡19例，其中《修行本起經》3例，《中本起經》16例。對應的梵文是bimbisāra。其全譯形式之一"頻婆娑羅"最早用例為三國吳支謙《撰集百緣經》計12例，全譯形式之二"頻婆沙羅"最早用例為南朝陳真諦《佛説無上依經》1例。三國以後節譯形式和全譯形式通行程度不相上下，在全部《大正藏》中"瓶沙"450例，"頻婆娑羅"384例，"頻婆沙羅"12例。

踰繕那　《一切經音義》卷第十九："踰旬，或云由旬，或曰由延，或云踰闍那，正梵音踰繕那。自古聖王軍行一日程也，以法算計之，即三十里也。"（54/425c）希麟《續一切經音義》卷第六"踰繕那"條："或云踰闍那，古云由旬，皆訛略也，正云踰繕那。"（54/

---

① 如果把考察範圍放寬，則有個別例外。如asura在東漢祇有全譯的"阿脩羅""阿須羅""阿須倫"等，後來有簡稱"修羅"，asaṃkhya在東漢祇有全譯的"阿僧祇"，後來也可省作"僧祇"，amitā在東漢祇有全譯的"阿彌陀"，後來也可省作"彌陀"。這可能和"阿"太常見有關，從漢語的角度來説去掉該字後詞形仍不會混淆，正如arhān在東漢已有全譯形式"阿羅漢"和節譯形式"羅漢"並存而且二者都很常用。

960b)《大唐西域記》卷第二"數量":"踰繕那,舊曰由旬,又曰踰闍那,又曰由延,皆訛略也。踰繕那者,自古聖王一日軍程也。"(51/875c)《翻譯名義集》卷第三"數量篇第三十六":"《西域記》云'夫數量之稱踰繕那者,舊曰由旬,又曰踰闍那,又曰由延,皆訛略也。'"(54/1107b)

按:上引各書提到的"由旬""由延""瑜闍那""踰繕那"是同一個詞的四種不同音譯形式,對應的梵文是 yojana,該詞在漢文佛典中還有"俞旬"和"踰旬"二種音譯形式。這六種音譯形式中,"由旬""由延""俞旬"和"踰旬"是節譯形式,"瑜闍那""踰繕那"是全譯形式(《翻譯名義集》作"踰闍那"乃形近而訛)。著者稱節譯形式為"古云××""舊曰××",已指明相關音譯詞的節譯形式出現在先,這和佛典翻譯的實際情況是相符的。在今存漢文佛典中,這幾個音譯形式的使用情況見表4。

表4

音譯形式	早期用例數	《祐錄》前用例數	全《大正藏》用例數
由旬	漢3、三國18	932	6709
踰旬	漢1、三2、西5	10	20
由延	三國7、西晉4	277	413
俞旬	西晉8、十六國3	11	18
踰繕那			873
瑜闍那/踰闍那			各1例,共2例

五 結語

季羨林先生(1956,第305頁)曾指出:"我們毋寧說'恒伽'是'恒'的擴大,而不能說'恒'是'恒伽'的縮短。"又以"須彌(山)"和"佛"為例談了相同的意見。但是因為沒有人對相關材料進行更大規模的調查,缺乏更多更廣泛的例證,所以這個意見似乎沒有引起足夠的重視,以致世人對這個問題的認識仍然存在偏失,所以近年仍不斷有新發表的論著一如既往堅持錯誤的觀點，認爲音譯詞的節譯形式是在全譯形式的基礎上縮略而成。鑒於此，本文從共時和歷時兩個角度考察了漢文佛典中音譯詞的節譯和全譯現象的源和流。

從東漢譯經來看，除了9個音譯詞節譯和全譯形式始於同一譯者外，絕大多數節譯詞最初並無相應的全譯形式，它們並不是從全譯形式簡縮而來，更不存在什麼"多級縮略"。

比較歷代譯經，東漢祇有節譯形式的音譯詞在以後的譯經中陸續出現了全譯形式，到唐代全譯形式的數量達到頂峰。相反，東漢祇有全譯形式的音譯詞在後代譯經中卻基本上沒有出現什麼節譯形式，極少有例外。

祇有把形形色色的音譯詞放在不同的歷史層次來考察，確定每個音譯詞的產生時代，才能正確認識節譯形式和全譯形式之間的先後關係。反之，如果祇把音譯詞當作較晚時期某一個共時平面的現象來處理，就很容易認爲節譯詞都是從全譯形式通過不同途徑簡縮而成。尤其是鳩摩羅什之後，越來越多的音譯詞既有節譯形式又有全譯形式，更容易讓人產生誤解。

參考文獻

梁曉虹：《佛教詞語的構造與漢語詞滙的發展》，北京語言學院出版社1994年版。
顏洽茂：《佛教語言闡釋——中古佛經詞滙研究》，杭州大學出版社1997年版。
顏洽茂：《中古佛經借詞略說》，《浙江大學學報》2002年第3期。
史有爲：《外來詞——異文化的使者》，吉林教育出版社1991年版。
史有爲：《汉语外來詞》，商務印書館2000年版。
史有爲：《異文化的使者——外來詞》，上海辭書出版社2004年版。
俞理明：《佛經文獻語言》，巴蜀書社1993年版。
季羨林：《吐火羅語的發現與考釋及其在中印文化交流中的作用》，《語言研究》1956年第1期。

(原載《漢語史研究集刊》第九輯)

漢文佛典音譯詞多用節譯形式的原因

一 現象列舉：漢文佛典音譯詞多用節譯形式

漢文佛典用語的特色之一就是大量的音譯詞，有的音譯詞與源頭語音節數對等而没有缺省，這是全譯形式，也有的與源頭語相比省去了部分音節，這是節譯形式，這是通行的説法。① 同一部佛典的音譯詞往往有的全譯有的節譯，同一個音譯詞在一部或幾部佛典中可能有時全譯有時節譯，這種情形在歷代譯經中都存在。

試以釋迦牟尼降生地 Kapila‐vastu 的音譯形式爲例，該地名在《大正藏》第 1—55 册及第 85 册共有 65 個不同的音譯形式，音節長度從雙音節到六音節不等。這 65 個音譯形式及其首創者列舉如下。②

雙音節的 4 個：迦夷/迦維（東漢·康孟詳），迦毘（東晉·僧伽提婆），迦比（十六國·竺佛念）。

三音節的 14 個：迦夷衛/迦維衛（東漢·康孟詳），加羅衛（東漢·支讖），迦維越（西晉·竺法護），迦毘羅（東晉·僧伽提婆），迦惟羅/迦維羅（十六國·竺佛念），迦夷羅/迦羅衛/加毘羅（十六國·鳩摩羅什），柯箄羅（隋·達摩笈多），伽毘羅（唐·道世），劫比羅（唐·玄奘），迦比羅（唐·義淨）。

---

① 早期佛經翻譯所用底本今天已難詳考，要直接進行當時譯語和源頭語的大規模比較目前還不現實，故暫用梵文代表源頭語。所以，本文的"節譯""全譯"系參照梵文而言。

② 顧滿林：《漢文佛典中 Kapila‐vastu 一詞的音譯形式考察》，《漢語史研究集刊》第十輯，巴蜀書社 2007 年版，第 345—373 頁。

四音節的21個：迦維羅衛（東漢·支曜），迦維羅越（東漢·康孟詳），迦為拔祇（三國·支謙），迦惟羅婆（西晉·法炬），迦惟羅衛/迦夷羅衛（西晉·竺法護），迦毘羅越/加鞞羅衛/加維羅衛（東晉·僧伽提婆），迦毘羅衛/迦毘羅婆（東晉·佛陀跋陀羅），迦惟羅閱/迦惟羅越（東晉·迦留陀伽），迦維羅竭（十六國·竺佛念），伽維羅衛（十六國·鳩摩羅什），迦毘羅波/迦隨羅衛/迦為拔祇（南朝·寶唱），迦夷羅越（南朝·寶雲），迦維羅閱（南朝·僧祐），迦比羅衛（北魏·吉迦夜）。

五音節的10個：迦維羅衛兜（三國·支謙），迦比羅斾兜（東晉·法顯），迦毘羅婆兜/伽毘羅婆兜/伽毘羅跋兜（十六國·竺佛念），迦毘羅拔兜/迦比羅跋兜/迦比羅跋臭（南朝·寶唱），迦毘羅斾兜（南朝·求那跋陀羅），迦尾囉沙多（唐·怛多蘖多）。

六音節的16個：迦比羅婆修斗（南朝·僧伽婆羅），迦毘羅跋私臭（南朝·寶唱），迦毘羅婆蘇都（隋·闍那崛多），迦毘羅婆須都（隋·那連提舍耶），劫比羅伐窣堵/劫比羅筏窣堵/劫比羅筏窣覩（唐·玄奘），劫比羅伐窣覩/劫畢羅伐窣覩/劫畢羅筏窣覩（唐·義淨），劫毘羅伐窣堵（唐·道宣），劫毘羅筏窣覩/劫比羅縛窣覩（唐·慧琳），迦比羅幡窣都（唐·慧苑），迦尾攞縛娑多（唐·禮言），迦毘羅幡窣都（宋·法雲）。

這些音譯形式有的並不限於其首創者一人使用，它們可能被同時期其他人用於譯經或撰述，也可能被後來的人沿用。上述64個音譯形式的產生時代及沿用情況見表1（表1中"三國"或簡稱"三"、"西晉"或簡稱"西"、"東晉"或簡稱"東"、"十六"或簡稱"十六"、"南北朝"或簡稱"南北"）。

表1

	創制新形		沿用舊形		合計
	新形個數/被沿用數	使用次數/被沿用數	舊形來歷及個數	舊形來歷及使用次數	詞形個數—使用次數
東漢	7（6）	14（402）	0	0	7—14
三國	2（0）	2（0）	漢2	漢18	4—20
西晉	4（2）	5（6）	漢4	漢34	8—39

续表

	創制新形		沿用舊形		合計
	新形個數/被沿用數	使用次數/被沿用數	舊形來歷及個數	舊形來歷及使用次數	詞形個數—使用次數
東晉	10（7）	63（789）	漢2	漢47	12—110
十六	11（5）	18（33）	漢3、西2、東5	漢70、西2、東90	20—179
南北	12（3）	24（3）	漢6、三1、西1、東6、十六3	漢71、三1、西1、東116、十六8	29—221
隋	3（2）	31（5）	漢3、西1、東4、十六3	漢9、西1、東183、十六6	14—230
唐	15（2）	244（2）	漢5、東5、十六4、南北1、隋2	漢101、東222、十六6、南北2、隋5	33—580
宋遼	1（0）	1（0）	漢4、東4、十六1、唐1	漢16、東152、十六3、唐1	11—173
元明	0	0	漢4、東2、十六2	漢9、東8、十六6	8—23
失逸	0	0	漢4、西1、東4、十六3、南北1	漢27、西2、東17、十六4、南北1	13—51
合計	65（27）	401（1240）	95	1240	—1640

　　與梵文 Kapila-vastu 一詞相比，六音節的音譯形式毫無疑問是全譯形式，五音節的音譯形式有個別也許可算全譯形式，四音節、三音節、雙音節的無疑均是節譯形式。南北朝以來的漢文佛典中才有 Kapila-vastu 一詞真正的全譯形式，東漢至東晉十六國的漢文佛典中只有 Kapila-vastu 一詞的節譯形式。

　　漢文佛典中的音譯詞數量龐大，情況複雜，但也表現出很多共性，Kapila-vastu 一詞在漢文佛典中的音譯形式可以作為代表，向我們展示以下三個最值得關注的信息。

　　第一，節譯形式產生時間在前，全譯形式產生時間在後，越晚產生的音譯形式越接近梵文。

　　第二，節譯形式使用次數多，全譯形式使用次數少。即以唐代而論，此期漢文佛典共使用 Kapila-vastu 的音譯形式580次，其中新產生的全譯形式共使用244次，而沿用已有的節譯形式共336次。

　　第三，節譯形式較多得到沿用，全譯形式很少被沿用。東漢和東晉十六國產生的音譯形式被沿用次數最多（1224詞次），約占總沿用數（1239

詞次）的百分之九十九；與之相對，唐代新產生的 15 個全譯形式僅 2 個各被沿用 1 次。

總之，漢文佛典中有大量節譯形式的音譯詞，這些節譯形式在個體數量、使用次數、流行時間等幾個方面都遠遠超出全譯形式。那麼，這些節譯形式大量產生並得到廣泛使用的原因是什麼呢？

二 成說簡析：對節譯現象及其產生原因的相關認識

同梵文相比，漢文佛典使用的音譯詞有很大一部分都不是完整的譯音，在早期譯經中，節譯形式更是佔音譯詞的絕大多數。如何認識這些節譯形式，歷來有多種不同的說法。

1. "訛略"說

這種觀點產生於隋唐之際，唐代最為流行，宋代也有不少用例，其影響至今仍在。

如唐代法寶撰《俱舍論疏》卷一："梵云伽陀，舊名為偈，此訛略也。訛伽為偈，又略其陀。"此例中"伽陀/偈"對應的梵文是 gāthā，法寶此處認為"伽陀"才是梵文 gāthā 對應嚴整的音譯，而"偈"是訛略。

唐人著作使用"訛略"最多的，是慧琳《一切經音義》，共使用"訛略"達 108 次。宋代法雲《翻譯名義集》和遼僧希麟《續一切經音義》也常見"訛略"用例。[1]

持"訛略"說的人可能認為：自古以來中土進行的佛經翻譯所據底本都是梵文寫本，早期的譯師們在創造音譯詞時審音不當，從而致"訛"，又因其好簡，造成譯音不全，故又生"略"。面對早期譯經中大量節譯的音譯詞，唐人似乎有些難以接受，所以在指出其"訛略"的同時，又不厭其煩地創造符合"正梵"的音譯詞，儘管大多數情況下其試驗並無多大實際效果。

"訛略"說的價值體現在：發現了早期譯經用語同梵文不一致，對此作了相當的描述，進行了一定的分析，並嘗試彌補其不足。

"訛略"說致命的弱點是以今律古：底本方面，因為唐代有大量梵本

---

[1] 詳見顧滿林《漢文佛典中"訛略"一語的五種用法》一文，刊于《漢語史研究集刊》第十一輯。

佛經傳入中土，於是片面地認為早期譯經的底本也都是梵文寫本；漢字讀音方面，缺乏語音演變觀念，缺乏地域方言觀念，因而錯誤地從唐代語音出發去批評早期譯經用語。

2. "多源"說

這種觀點認為，音譯詞的節譯形式和全譯形式有不同的來源，節譯形式不是以梵文為基礎省音而來，也不等於全譯形式的縮略，因而根本不存在真正的"節譯"。其邏輯前提是：所有的音譯詞都嚴格對應其直接源頭語的發音。

季羨林先生以"浮屠"和"佛"為例談到了這個情況，認為兩個音譯形式有不同的來源。[①]

(1) 印度──→大夏（大月支）──→中國

Buddha ──→bodo, boddop, boudo ──→浮屠

(2) 印度──→中亞新疆小國──→中國

Buddha ──→but ──→佛

早在1956年季羨林先生即主張："人們發現這些借字的音和梵文不相符合，於是就武斷地說它是'訛'或者是'訛略'。事實上是既不'訛'，也不'略'，只是來源不同而已。"[②]

這種觀點注重結合中印關係史、佛教史、中外古典文獻學、中外語言史多方面材料來考慮問題，持之有據，能啟發我們重新審視漢文佛典中眾多的節譯詞。

但"多源說"目前還不能算是很成熟的觀點，其價值更多體現為一種思路。用這種觀點來解釋所有節譯現象之前，至少還有以下幾個問題要解決。

第一，弄清更多節譯詞在古中亞諸語言中的對應形式，以說明其普遍性。

第二，為什麼從古印度語（梵文或巴利文）借入古中亞語言後產生了那樣的簡化形式，比如buddha為什麼在大夏變成了bodo而在中亞新疆小國變

---

① 季羨林：《再談浮屠與佛》，《歷史研究》1990年第2期。
② 季羨林：《吐火羅語的發現與考釋及其在中印文化交流中的作用》，《語言研究》1956年第1期。

成了 but。換言之，"多源説" 只是轉移了矛盾，並没有最終解決矛盾。

第三，既然古中亞諸語言可以對源頭語的詞語進行語音上的改造，為什麽漢語在音譯時就不能進行節譯。理論上，buddha 傳入中亞可以變成 but，則 buddha 傳入中土也可以變成單音節的 "佛"。

除此以外，"佛" 與 "浮屠" 的不同可能與它們出現的語境有關，初期佛經譯文中都作 "佛"，同期中土文獻卻大量使用 "浮屠"，也許是讀者對象的不同導致二者有所差異。

與此有別的是，同一術語在同一時期甚至同一部經文中具備全譯和節譯兩種形式的現象歷代都有，如東漢支讖譯 Rāja‐gṛha 既作 "羅閲祇" 又作 "羅閲"，對 Dīpaṃkara 也有 "提和竭羅""提和竭" 兩譯。① 其中 "羅閲""提和竭" 必然是節譯形式，這些節譯形式不必是 "訛"，但一定是 "略"。即使 "多源説" 成立，我們也不能否認漢文佛典音譯詞一開始就存在節略的事實。

3. "先全譯後節譯" 説

這是目前流傳最廣的説法，其中最有代表性的表述是：

（a）節譯形式 "是在全譯形式的基礎上簡縮而成"②，（b）"大多數單音節音譯詞都由雙音節之全譯或節譯再簡化，少數則由其他多音節再簡化而成"③，（c）"此期譯經對前期譯經中大量全譯進行了縮略"④。

本文列舉的一系列材料已證實，其説與文獻實際用例完全背道而馳。

"先全譯後節譯" 説存在的問題有三：一是認為最初譯經的源頭語都是梵文，這一點像 "訛略" 説，實誤；二是認為最初譯經的音譯詞都和源頭語讀音完全相符，這一點像 "多源" 説，不一定站得住；三是缺乏對漢文佛典音譯詞實際使用情況的調查，憑感覺下結論。

不過，此説解釋音譯詞從全譯縮略為節譯這一過程時，注重從漢語自身

---

① 顧滿林：《漢文佛典音譯詞的節譯形式與全譯形式》，《漢語史研究集刊》第九輯，巴蜀書社 2006 年版，第 169 頁。
② 梁曉虹：《佛教詞語的構造與漢語詞彙的發展》，北京語言學院出版社 1994 年版，第 6 頁。
③ 同上書，第 9 頁。
④ 顏洽茂：《佛教語言闡釋——中古佛經詞彙研究》，杭州大學出版社 1997 年版，第 219 頁。
顏洽茂：《中古佛經借詞略説》，《浙江大學學報》2002 年第 3 期。

詞彙特點去找原因，單就這一點而言，"先全譯後節譯"似有其積極意義。

4. "反推"說

與梵文相比，音譯詞的節譯形式往往保留了原詞開頭的讀音，大多數時候省去了詞語末尾的音節。

對此，譚世寶先生認為："用漢字的韻尾輔音對梵文（或其他語文）的末一音節的輔音而略去其元音不譯之類例，應是西域人把漢字譯為悉曇字的一種規律反用於悉曇字之漢譯。"①

其理由是，悉曇文字每一音節都是以元音為尾，所以用悉曇字音譯以輔音為尾的那些漢字時，就一定要用兩個音節來對譯一個漢字，也就是要在漢字的輔音尾後加一個元音。比如悉曇字 cina 應是"秦"或"晉"的對音，晉十六國以來漢文佛典常以秦、晉稱中國的王朝國家及文字，鮮有以 cina 等的完全對音譯作支那等，這就等於在翻譯時省去了悉曇字的尾元音。在這一規律影響之下，"正是由於古化的譯經者有時濫用了省略尾元音之法於純外文的漢譯，所以才產生前述令人聚訟的所謂'慣例'現象。"②

從語音對應規律來看，這種觀點有相當的解釋力。但是，從時間上來看，"西域人把漢字譯為悉曇字的一種規律"即"用悉曇字音譯以輔音為尾的那些漢字時，就一定要用兩個音節來對譯一個漢字"的慣例在何時形成？何時廣泛影響到佛經翻譯？必須證明至遲在東漢業已如此，才能解釋東漢佛經已有大量節譯詞的現象。

5. "音節弱化脫落"說

俞理明先生《漢語縮略研究》談到"以非詞素音節為基礎的縮略"時舉漢譯佛典音譯詞為例說："漢語佛經中先有節譯後全譯的譯詞，似乎能夠說明在古代中亞的某些語言中也存在縮略現象。原典中一些詞語的非重音部分，在譯成古中亞語言時可能已經出現了部分音節弱化或脫落的現象，根據這些文本進行再譯的早期漢譯佛經，或是照已經脫略音節的原文

---

① 譚世寶：《略論佛典中的對音詳略增減問題》，《敦煌文學論集》，四川人民出版社 1997 年版，第 311 頁。
② 同上書，第 312 頁。

徑直譯成簡約形式，或是因為原文中某些音節弱化到可以忽略的地步，翻譯時沒有把它們加重譯出。"①

這種觀點最突出的一點是：把有關詞語在"印度語言—中亞語—漢語"傳播過程中的語音變化看成一個連續的過程，認為語音的弱化或脫落既可以發生在第一階段（印度語言—中亞語），也可以發生在第二階段（中亞語—漢語），甚至是在整個過程中逐步完成，拋棄了"多源説"認為語音變化先在第一階段（印度語言—中亞語）徹底完成之後再傳入漢語的説法。

三　本土化的力量：漢語本身詞彙特點的制約

漢文佛典作為翻譯文獻，它的用語必然會受到源頭語（source language）和目的語（target language）兩方面的制約。從"信、達、雅"的角度來說，有兩股重要的力量影響到譯文，"信"要求譯文的內容和語言形式忠實於原典，"雅"則是對譯文語言形式的專門要求，即譯文要符合目的語已有的各種規範並有一定文彩。就漢譯佛經而言，以梵文、巴利文為代表的源頭語以多音節詞語為主，而漢語固有詞語早期以單音節為主，六朝以來雙音節詞語逐漸增多，三音節以上的詞語很少見。源頭語和目的語各自的特點在音譯詞中都必然有所反映。在此，可以暫時拋開其他因素的影響，單從兩種語言詞語長短的差異來看一看節譯詞產生的原因。

我們可以先從漢文佛典中的意譯詞入手，意譯詞同樣反映了漢語對詞語長短的制約作用。和梵文相對照，意譯詞音節數往往也比較短，如：

大（mahā）、定（dhyāna）、度（pāramitā）、法（dharma）、觀（vipaśyanā）、戒（śīla）、龍（nāga）、經（sūtra）、頌（gāthā）、天（deva）、億（koṭi）、陰（skandha）、業（karman）、止（sāmatha）、大乘（mahāyāna）、法衣（kāṣāya）、淨名（Vimalakīrti）、鷲峰（Gṛdhrakūta）、居士（kulavat）、開士（bodhisattva）、妙高（Sumeru）、滅度（nirvāṇa）、乞食（piṇḍapāta）、燃燈（Dīpaṃ-kara）、如來（Tathā-āgata）、善覺（Suprabuddha）、善業（Subhūti）、勝樹（Jetavana）、四大（catvāri-mahā-

---

① 俞理明：《漢語縮略研究》，巴蜀書社 2005 年版，第 100 頁。

bhūtāni)、天主（kauśika）、無間（Avīci）、無上（anuttara）、五通（pañcābhijñāna）、五陰（pañcā‐skandha）、緣覺（pratyekabudha）、清信女（upāsika）、清信士（upāsaka）、給孤獨園（Anāthapiṇḍadasyaārāma）、善權方便（upāyakauśalya）。

既然意譯詞受到漢語的制約而趨向簡短化，音譯詞恐怕也很難例外，節譯也就在所難免。

更有意思的是，節譯詞比源頭詞音節簡短，相應的意譯詞往往比節譯詞更簡短①。如：

mahāyāna—摩訶衍—大乘；
vimalakīrti—維摩詰—淨名；
pratyekabudha—辟支佛—緣覺；
pañcābhijñāna—般遮旬—五通；
tathā‐āgata—怛薩阿竭—如來。

這是因為：意譯詞漢化程度最高，當然詞形長短也更接近漢語固有詞彙，音譯詞則處於源頭語和目的語之間，所以一方面保留了多音節的特點，另一方面不得不作一定省減以適應漢語本身詞語簡短的特點。

那麼，如何解釋南北朝到唐代譯經中陸續出現大量音譯詞的全譯形式呢？這與佛教思想在漢地的傳播與發展有關。歷史上從法顯到玄奘曾有多次大規模的西行求法活動，其目的都是為了求得正法，全面掌握佛教思想的本來面貌，以救當時中國佛教之弊。這些人攜回大量梵文寫本的佛典。有此背景，越往後的譯經者越追求經本的大而全，講究經典的權威性，有全本絕不出節本；對經文內容既有如此要求，經文用語也就必受其影響，所以，越是晚出的譯經，新生音譯詞的詞形越長。

一方面，我們承認不同時期漢譯佛經依據了不同語言文字的底本，因而造成部分音譯詞的歷史差異；另一方面，我們也應該看到，玄奘等人努力創制的全譯形式、《一切經音義》等中土撰述所標榜的"正梵音"，實質上正是過分強調音譯詞的嚴整對應而有違漢語詞彙特點的做法。從佛經漢

---

① 當然，這並不意味著意譯詞都是在節譯形式的基礎上產生，它們沒有前後關係或因果關係，很多時候二者是並存的。

譯史來看，早期的翻譯大都不是成系統的，不同時期帶有不同程度的隨意性，在這種背景下，音譯詞帶有一定的隨意性也是可以理解的。而到了中後期，如玄奘，所譯經典大都系統完備，規模宏大，音譯詞也更強調與梵音嚴格對應，於是拋棄已有的節譯形式，大規模創制新的全譯形式，並且斥早期的節譯詞為"訛略"。後來的語言實際使用情況證明，玄奘所創的全譯形式遠遠不如自古已有的節譯形式常用，如前文所列，歷史上及現在通行的都是東漢已有的節譯形式。為什麼作為"正言"的全譯形式反而被"訛略"的節譯形式淘汰？這正是因為形式簡短的節譯形式更容易融入漢語詞彙大家庭。

可以說，早期譯經更注重實用，以傳教為目的，民間傾向更濃一些，所以其音譯詞更趨向於採用簡略形式，主動融入漢語固有詞彙格局；晚期譯經更注重權威，以學術研究為目的，官方色彩更濃一些，所以其音譯詞更強調完整性，不再追求符合漢語的習慣；中土撰述也推出大量的全譯形式，這主要是為梵文立"寫真"，不是為翻譯服務的。也可以說，早期譯經中音譯詞的特點是語言交流過程中自然而然形成的，比較能反映語言本身的規律；晚期譯經和中土撰述中的音譯形式則有太多的"人工"痕跡，已經無法反映語言自然接觸和交流的規律。

四　結語：節譯形式是必然選擇

以上分析，不是要為早期漢譯佛典所用底本作出論斷。[①] 本文要強調的是：

（1）不管早期譯經底本狀況如何，它的用語肯定是以多音節詞彙為主的。

（2）漢語固有詞彙形式簡短這一特點要求譯經用詞不能太長，所以，意譯詞在達意的前提下音節數往往比原詞少。

（3）同理，漢譯佛典中的音譯詞不可能完全符合源頭詞的讀音，真正得到廣泛使用的音譯詞，大多數必定會以節譯形式出現。

（4）節譯是漢文佛典音譯詞的必然選擇，至於眾多節譯形式是"訛

---

① 在底本問題上，筆者傾向于"多源"說，但不同意把所有的梵漢差異都推給古中亞諸語言。

略"還是"音節弱化脫落",是因"多源"造成還是梵漢對音規律"反推"所致,則需對具體詞語進行個案考察。

參考文獻

季羨林:《吐火羅語的發現與考釋及其在中印文化交流中的作用》,《語言研究》1956年第1期。

季羨林:《再談浮屠與佛》,《歷史研究》1990年第2期。

梁曉虹:《佛教詞語的構造與漢語詞彙的發展》,北京語言學院出版社1994年版。

顏洽茂:《佛教語言闡釋——中古佛經詞彙研究》,杭州大學出版社1997年版。

顏洽茂:《中古佛經借詞略說》,《浙江大學學報》2002年第3期。

譚世寶:《略論佛典中的對音詳略增減問題》,《敦煌文學論集》,四川人民出版社1997年版。

俞理明:《漢語縮略研究》,巴蜀書社2005年版。

顧滿林:《漢文佛典音譯詞的節譯形式與全譯形式》,《漢語史研究集刊》第九輯,巴蜀書社2006年版。

顧滿林:《漢文佛典中 Kapila‐vastu 一詞的音譯形式考察》,《漢語史研究集刊》第十輯,巴蜀書社2007年版。

顧滿林:《漢文佛典中"訛略"一語的五種用法》,第三屆漢語史學術研討會暨第六屆中古漢語國際學術研討會論文,四川大學,2007年。後載入《漢語史研究集刊》第十一輯,巴蜀書社2008年版。

(原載韓國《東亞文獻研究》第1輯,2007年12月)

附記:本文第一部分 Kapila‐vastu 之竺佛念"迦比"一譯在本文初次發表時未計入,今補。

《現代漢語詞典》中的佛源外來詞

一

漢語在漫長的發展歷程中，曾多次大規模吸收外來詞語，其中影響最深遠的有兩大宗。正如張永言先生指出："一是從東漢晚期到唐代通過佛典翻譯傳入的源出古印度語言（梵語和俗語、巴利語）和古中亞語言（如吐火羅語，即焉耆—龜茲語）的詞語，一是近百餘年來隨著歐風美雨而來的以英語為主的現代印歐語的詞語。"① 這前一類外來詞語可稱為佛源外來詞，隨著佛教文化的流布，這些外來詞有不少沿用至今，並被《現代漢語詞典》收錄。本文的考察對象是《現代漢語詞典》（2002年增補本）所收的佛源外來詞。

一般認為，漢語的外來詞應該具備兩個條件：詞義上，它直接來自外族語言；語音上，它與相應源頭詞語的讀音有對應關係；也就是音和義都與外族語直接相關的漢語詞。高名凱、劉正埮《現代漢語外來詞研究》一書的"前記"第3頁中說明："我們也沒有把一般所謂的'意譯的外來詞'搜集在內，因為我們認為這些數量浩繁的'意譯'的詞並不是外來詞。"② 這種說法比較有代表性。本文討論的佛源外來詞包括純音譯詞以及含有音譯成分的詞語，而不包括純意譯詞。

---

① 張永言：《漢語外來詞雜談》，《語言教學與研究》1989年第2期。
② 高名凱、劉正埮：《現代漢語外來詞研究》，文字改革出版社1958年版，第3頁（前記）。

二

《現代漢語詞典》（2002年增補本）收錄的詞條中，音譯的佛源外來語素共出現58個，其中有7個語素不單獨成詞而只作為構詞成分出現，有51個語素可單獨成詞。

（一）不單獨成詞的佛源外來語素

《現代漢語詞典》收錄的詞條中共出現7個不能單獨成詞的佛源外來語素，它們只是作為構詞成分存在，出現在8個詞語中（"娑羅"出現2次），音譯成分都在前面。

單音節的1個：恒→恒河沙數。

雙音節的4個：阿鼻→阿鼻地獄，娑羅→娑羅樹/娑羅雙樹，須彌→須彌座，印度→印度教。

三音節的2個：婆羅門→婆羅門教，盂蘭盆→盂蘭盆會。

按照《現代漢語詞典》的解釋，上述詞語中"娑羅樹""印度教""婆羅門教"等3個並不是佛教專門用語，其餘5個最初均是佛教用語。但是，這8個詞語中的音譯成分最初都是通過佛經翻譯進入漢語的，所以都可稱作佛源外來詞。

（二）可單獨成詞的佛源外來語素

《現代漢語詞典》收錄的詞條中共出現51個可以單獨成詞的佛源外來語素，其中20個在單獨成詞之外還可參與構詞。

1. 單獨成詞

《現代漢語詞典》中音譯的佛源外來語素單獨成詞時，51個語素就構成51個外來詞，這些詞都是純音譯詞。

單音節詞12個：缽，禪，懺，梵，佛，偈，劫^2，魔，僧，刹，釋，塔。

雙音節詞34個：般若，貝多，比丘，闍梨，梵唄，梵刹，佛陀，浮圖，浮屠，伽藍，和尚，袈裟，蘭若，琉璃，羅漢，彌勒，彌陀，南無，涅槃，菩薩，菩提，三昧，僧尼，沙門，沙彌，刹那，舍利，檀越，天竺，頭陀，閻羅，藥叉，夜叉，瑜伽。

三音節詞4個：阿蘭若，阿羅漢，比丘尼，波羅蜜。

四音節詞 1 個：阿彌陀佛。

這些純音譯詞有的比較特殊，如：佛陀，浮圖，夜叉，蘭若，羅漢，彌陀，梵剎，僧尼，阿彌陀佛。

《現代漢語詞典》明確指出，"佛"和"佛陀"同為梵文 buddha 的音譯形式，"夜叉"和"藥叉"同為 yakṣa 的音譯，"羅漢"和"阿羅漢"同為 arhat 的音譯，"蘭若"和"阿蘭若"同為 araṇya 的音譯，"彌陀"和"阿彌陀"同為 āmitābha 的音譯，"浮屠"和"浮圖"也是同一個詞語的不同音譯形式。這 6 對詞語共有 12 個書寫形式，但可以看作只有 6 個語素。

"梵剎"可視為單音節的"梵"和"剎"結合而成，"僧尼"由"僧"和"尼"（比丘尼之省）結合而成，"阿彌陀佛"可視為"阿彌陀"和"佛"結合而成。"梵""剎""佛""僧""阿彌陀（彌陀）""尼（比丘尼）"等 6 個語素均可單用，統計語素時也可以不再累計。

所以，嚴格來說，這 51 個音譯的佛源外來語素統計為 42 個也未嘗不可。

2. 參與構詞

上述 51 個可以單獨成詞的佛源外來語素中，有 20 個在單獨成詞之外還可以參與構詞：佛，魔，禪，塔，僧，釋，鉢，梵，劫，懺，剎，閻（閻羅之省），貝（貝多之省），尼（比丘尼之省），伽藍，和尚，琉璃，羅漢，菩薩，剎那。

第一類，音譯成分在前，此類詞語共 79 個。

"佛~"系列 20 個：佛典，佛法，佛光，佛號，佛教，佛經，佛龕，佛老，佛門，佛事，佛手，佛寺，佛像，佛學，佛牙，佛爺，佛珠，佛祖，佛口蛇心，佛頭著糞。

"魔~"系列 15 個：魔法，魔方，魔怪，魔鬼，魔窟，魔力，魔難，魔術，魔王，魔芋，魔掌，魔杖，魔障，魔怔，魔爪。

"禪~"系列 12 個：禪房，禪機，禪理，禪林，禪門，禪師，禪堂，禪悟，禪學，禪院，禪杖，禪宗。

"塔~"系列 7 個：塔吊，塔灰，塔林，塔樓，塔輪，塔臺，塔鐘。

"僧~"系列 4 個：僧侶，僧俗，僧徒，僧多粥少。

"釋~"系列4個：釋典，釋教，釋藏，釋子。
"缽~"系列3個：缽頭，缽盂，缽子。
"梵~"系列2個：梵宮，梵文。
"劫~"系列2個：劫難，劫數。
"閻~"系列2個：閻王，閻王帳。
"貝~"系列2個：貝書，貝葉樹。
"琉璃~"系列2個：琉璃球，琉璃瓦。

其他共4個（音譯成分用黑體字）：**懺**悔，**尼**姑，**和尚**頭，**伽藍**香。

第二類，音譯成分在後（含音譯成分在中），此類詞語共41個。

"~佛"系列4個：活佛，禮佛，念佛，借花獻佛。
"~魔"系列11個：病魔，惡魔，風魔，瘋魔，入魔，色魔，睡魔，妖魔，著魔，混世魔王，妖魔鬼怪。
"~塔"系列11個：寶塔，燈塔，杆塔，炮塔，水塔，鐵塔，鑽塔，金字塔，松塔兒，聚沙成塔，電視發射塔。
"~劫"系列3個：遭劫，萬劫不復，在劫難逃。
"~禪"系列3個：參禪，坐禪，口頭禪。
"~僧"系列2個：苦行僧，粥少僧多。

其他共7個（音譯成分用黑體字）：寶**剎**，衣**缽**，疊**羅漢**，花**和尚**，活**菩薩**，活**閻**王，一**剎那**。

3. 佛源外來詞數據統計

上文共列179個佛源外來詞語，它們都是通過佛經翻譯進入漢語的，絕大多數是佛教專門用語。這些詞語中最簡短的是單音節詞，最長的有五個音節，而雙音節詞所佔比例最大，具體數據參見表1。

表1

	單音節	雙音節	三音節	四音節	五音節	合計
純音譯	12	34	4	1		51
音譯成分在前		70	9	8		87
音譯成分在後		24	9	7	1	41
合計	12	128	22	16	1	179

三

总体来看，《现代汉语词典》对佛源外来词的收录和注音释义可以说是恰当的；但是，把相关词条对照起来看，仍然存在一些问题，有待改进。

（一）源头语标注

1. 音译词对应的源头语缺失

《现代汉语词典》凡例最后一条指出："一般音译的外来语附注外文。"[①] 词典标注了大多数佛源外来词的源头语（梵文），但也有一部分词条未能做到这一点，不知是有意为之还是忽略所致。

纯音译词有 10 个未标注源头语：释，塔，梵呗，梵刹，浮图，浮屠，和尚，琉璃，檀越，天竺。

含音译成分的外来词有 2 个未标注源头语：尼姑，印度教。

"梵刹"一词未标梵文，可能是因为"梵"和"刹"均已分别作为词条列出且已标注梵文。"梵呗"的"呗"却不同，《现代汉语词典》并未标注"呗"对应的梵文：

【呗】见 352 页【梵呗】。

因此，在"梵呗"条释义之后有必要指出"呗"为"呗匿"之省，对应的梵文是 pāṭha。

"浮图"和"浮屠"两条是这样解释的：

【浮图】同"浮屠"。
【浮屠】①佛陀。②〈书〉和尚。③塔：七级～。‖‖也作浮图。

第一义项下应注明"浮屠"是 Buddha 的音译，第三义项下应注明"浮屠"是 Buddha‐stūpa 的音译之略。

---

① 中国社会科学院语言研究所：《现代汉语词典》（2002 年增补本），商务印书馆 2002 年版。

"和尚"對應的梵文是 upādhyāya，只不過讀音對應不太嚴整，中間很可能經過了古代中亞語言的中介。儲泰松先生指出："'和尚'，佛教梵文作 upādhyāya，巴利文作 upājjhāya……把上面的分析綜合起來，我們可以推測出 upādhyāya 的俗語形式是 vājjha，這就是'鶻社、和社、殊社、和上（尚）一類譯法的源頭'……本應譯成'和闍/社'，但因漢語西北方音麻、陽同音，所以譯成'和上/尚'。"① 據此，《現代漢語詞典》可以指出該詞是梵文 upādhyāya 的俗語形式的音譯。

"天竺"來源比較複雜，《大唐西域記校注》卷二指出："梵文 Sindhu 一詞在伊朗語中被讀為 Hindu。後來 Hindu 一詞因 h 弱化而成 Indu。……其後有天竺、賢豆諸名……兩者均為伊朗語 Hindu 或 Hinduka 的譯音。"② 據此，《現代漢語詞典》可以指出該詞是梵文 Sindhu 經過伊朗語的中介而音譯成漢語。

其餘 4 個純音譯詞對應的梵文也應一一標出：釋（Śākya-muni）、塔（stūpa，或巴利文 thūpa）、琉璃（vaiḍūrya）、檀越（dāna-pati）。

"尼姑""印度教"兩個詞條中"尼""印度"均為音譯成分，但詞典並未標出它們對應的梵文。"尼姑"詞條下需標出梵文 bhikṣuṇī，或指明參見"比丘尼"詞條；《現代漢語詞典》中"印度教"詞條緊接在"印第安人"詞條之後，詞典標出了"印第安"在英語中的對應詞 Indian，理應依例標出"印度"對應的梵文 Sindhu（或同時指出它的中介形式 Indu，詳見本節"天竺"條相關內容）。

2. 梵文標注不當

"阿蘭若"和"蘭若"本是同一詞的不同音譯形式，《現代漢語詞典》是這樣處理的：

【阿蘭若】見 749 頁【蘭若】。[梵 araṇya]。

【蘭若】寺廟。[梵 Āraṇyakaḥ 阿蘭若：樹林，寂靜處]。

---

① 儲泰松：《"和尚"的語源及其形義的演變》，《語言研究》2002 年第 1 期。
② 季羨林等：《大唐西域記校注》，中華書局 2000 年版，第 162—163 頁。

揣摩詞典原意，當是認為以上二詞條為同一詞語的音譯，可是，給二者標注的梵文卻有出入。最簡單的處理辦法是，二者均標梵文 araṇya 即可。又，āraṇyakaḥ 一形不見於諸家佛教辭典和外來語詞典，不知有何依據，疑為 āraṇyaka 之誤。

《佛光大詞典》"阿蘭若"條下云："阿蘭若，梵語 araṇya，巴利語 arañña 之音譯。又作阿練茹、阿練若、阿蘭那、阿蘭攘、阿蘭拏。略稱蘭若、練若。譯為山林、荒野。指適合於出家人修行與居住之僻靜場所。又譯為遠離處、寂靜處、最閑處、無諍處。即距離聚落一俱盧舍而適於修行之空閑處。其住處或居住者，即稱阿蘭若迦（梵 āraṇyaka）。"① 據此，araṇya 可指寺院，āraṇyaka 則既可指寺院，又可指寺院中的出家人。《現代漢語詞典》"蘭若"條的釋義僅"寺廟"一項，標注 araṇya 比較合適；如果"蘭若"條下一定要標注 āraṇyaka，則應指出是"阿蘭若迦"的省稱，僅用"阿蘭若"就不合適了。

3. 梵文拉丁轉寫形式首字母大小寫不當

《現代漢語詞典》標注外來詞對應的梵文時，用的是拉丁字母轉寫形式；專名的第一個字母大寫，如"阿彌陀"標注 Amitābha；專名以外普通詞語的第一個字母小寫，如"阿羅漢"標注 arhat。但是，這一原則並未很好貫徹，有時該大寫的用了小寫，有時該小寫的用了大寫。

"閻羅""佛陀"均為專名，《現代漢語詞典》分別標注梵文 yamarāja 和 buddha，二者首字母均需改用大寫。

"瑜伽""蘭若"均為普通詞語，並非專名，《現代漢語詞典》分別標注梵文 Yoga 和 Āraṇyakaḥ，二者首字母均需改用小寫。

（二）注音

由於梵漢兩種語言的語音系統存在差異，音譯詞的讀音往往難以完美契合源頭語的讀音，只能近似模仿。漢語自身語音系統也會隨著時間推移而發生演變，歷代佛經翻譯創造的梵源外來詞所用的漢字讀音也會不斷變化。這兩個因素使得一些梵源音譯詞的讀音不太容易把握。

---

① 慈怡主編：《佛光大詞典》，（臺）佛光出版社 1989 年版。

1. 令人生疑的"若"

《現代漢語詞典》"般若"注音為 bōrě,"蘭若"注音為 lánrě,"阿蘭若"注音為 ālánrě;為了配合這三個詞條的注音,詞典專門為"若"的 rě 這個讀音單列了一個條目:

【若】rě 見 95 頁[般若]bōrě、749 頁【蘭若】。

此舉顯得嚴密,看似有理,但實無必要。"般若""阿蘭若/蘭若"詞條中的"若"是梵文 prajñā 和 araṇya 的音譯,讀作 ruò 和 rě 都只能大致模擬原詞相應音節的讀音,其音值都不可能完全等同於其源頭語讀音,兩個讀音實無優劣之分。"若"字在上面三個詞條中注 ruò 即可,不必為"若"字新增音 rě 專列條目。

2. 似是而非的"南無"

"南無"是梵文 namas(巴利文 namo)的音譯,《現代漢語詞典》注音為 nāmó。

儲泰松先生指出翻譯佛經中音譯詞為準確對音而普遍使用"連聲之法",認為"求真的有效方法,就是將梵文的單輔音前後兼用,也就是說,一個輔音既作為上一音節的韻尾,又作為下一音節的聲母"。[①] 例如:鳩摩羅什譯經中 sumana 的 mana 作曼那(man + na),akṣaya 的 akṣa 作惡叉(ak + kṣa),umāraka 的 raka 作勒伽(rak + ka),慧琳將 atimuktaka 的 taka 譯作得加(tak + ka),玄奘將 upāsaka 的 saka 譯作索迦(sak + ka)。

佛教音譯詞運用"連聲之法"並不鮮見,以《現代漢語詞典》詞條與解釋中提到的音譯形式為例:

kalpa 劫波——kalp 劫 + pa 波

gatha 偈陀——gat 偈 + tha 陀

yakṣa 藥叉——yak 藥 + kṣa 叉

samādhi 三昧——sam 三 + mā 昧

---

① 儲泰松:《梵漢對音概說》,《古漢語研究》1995 年第 4 期。

saṃghārāma 僧伽藍摩——rām 藍 + ma 摩

yamarāja 閻魔羅闍——yam 閻 + ma 魔

由於現代漢語普通話不再有入聲字，中古漢語原有的塞音韻尾〔-p〕〔-t〕〔-k〕已消失，所以前三例即使不考慮"連聲之法"這一特點，在確定"偈""劫""藥"等字在詞條中的讀音時也不會遇到麻煩。後三例就不一樣了，無視"連聲之法"，就有可能得出如下認識：

samādhi 三昧——sa 三 + mā 昧

saṃghārāma 僧伽藍摩——rā 藍 + ma 摩

yamarāja 閻魔羅闍——ya 閻 + ma 魔

照這樣分析，似乎有充足的理由為"三""藍""閻"各立一個不帶鼻韻尾的新讀音，但是《現代漢語詞典》並沒有這樣做。"南無"詞條的"南"情況正與此相同，輔音〔m〕既是"南"的韻尾，同時又是"無"的聲母，即：

namas（巴利文 namo）南無——nam 南 + mas 無（nam 南 + mo 無）

只不過中古漢語的〔-m〕韻尾在現代漢語普通話中變成了〔-n〕韻尾。故"南"的鼻韻尾不應去掉，聲調也不必讀成陰平，其正常讀音 nán 才是最好的選擇。

"南無"之外，"般若"注音 bōrě 也有同樣的問題，"般"的鼻韻尾也不宜去掉，取其正常讀音 bān 即可。

（三）釋義

1. 引起混亂的"和尚"

"和尚"一詞在現實生活中常用，其來源和詞形詞義變化比較複雜，儲泰松先生《"和尚"的語源及其形義的演變》一文已對此作了詳盡的考察。《現代漢語詞典》這樣解釋該詞：

【和尚】出家修行的男佛教徒。

站在現代漢語的角度，這個解釋是合理的。但是"和尚"一詞在《現代漢語詞典》中有 50 多次用來解釋別的詞語，茲略舉數例：

【禪機】禪宗和尚說法時，用言行或事物來暗示教義的訣竅。

【袈裟】和尚披在外面的法衣，由許多長方形小塊布片拼綴製成。

【舍利】佛教稱釋迦牟尼遺體焚燒之後結成珠狀的東西，後來也指德行較高的和尚死後燒剩的骨頭。也叫舍利子。

【釋子】〈書〉和尚。

【齋飯】和尚向人乞求的飯。

【坐化】佛教指和尚盤膝坐著死去。

用"和尚"一詞"出家修行的男佛教徒"的含義來理解以上諸詞條釋義，顯然不合適，因為"禪機""袈裟""舍利""釋子""齋飯""坐化"等詞不僅適用于男佛教徒，它們同樣適用于女佛教徒。

這個問題容易解決，把解釋用語中的"和尚"換成"僧尼"即可。《現代漢語詞典》不僅收錄了"僧尼"詞條，而且還有10多次用該詞來解釋別的詞語：

【僧尼】和尚和尼姑。

【寶刹】①指佛寺的塔。②敬辭，稱僧尼所在的寺廟。

【禪堂】僧尼參禪禮佛的處所；佛堂。

【懺】①懺悔。②僧尼道士代人懺悔時念的經文：拜～。

【佛事】指僧尼拜懺的事情：做～。

【清規】佛教規定的僧尼必須遵守的規則。

【剃度】佛教用語，指給要出家的人剃去頭髮，使成為僧尼。

【圓寂】佛教用語，稱僧尼死亡。

實際上，《現代漢語詞典》中50多次作釋義用語的"和尚"大部分可直接換用"僧尼"，也有的可換用"佛教徒"。

2. 未明佛源的"缽""劫""魔"

《現代漢語詞典》中這三個詞條解釋如下：

【缽】①陶制的器具，形狀像盆而較小：飯～｜乳～（研藥末的器具）。②缽盂。［缽多羅之省，梵 pātra］

【劫²】災難：浩～｜遭～｜～後餘生。［劫波之省，梵 kalpa］

【魔】①魔鬼：惡～｜妖～｜病～｜旱～。②神秘；奇異：～力｜～術。［魔羅之省，梵 māra］

"缽""劫""魔"都是通過佛經翻譯進入漢語的，是典型的佛教用語。"缽"是僧尼日用食具，"劫"是佛教的一個重要概念，"魔"在佛教思想體系中的地位無可替代；三者均已滲透到日常用語中，詞典有必要在釋義時指出其佛教來源。

《現代漢語詞典》"劫²"條目下沒有指出其佛教來源，但在"萬劫不復"詞條作了如下解釋：

【萬劫不復】表示永遠不能恢復（佛家稱世界從生成到毀滅的一個過程為一劫，萬劫就是萬世的意思）。

如果把相同的說解內容移到"劫²"條目下，一定能作出更好的解釋。《漢語大詞典》對該詞的解釋是："佛教名詞。梵文 kalpa 的音譯，'劫波'（或'劫簸'）的略稱。意為極久遠的時節。古印度傳說世界經歷若干萬年毀滅一次，重新再開始，這樣一個週期叫做一'劫'。'劫'的時間長短，佛經有各種不同的說法。一'劫'包括'成'、'住'、'壞'、'空'四個時期，叫做'四劫'。到'壞劫'時，有水、火、風三災出現，世界歸於毀滅。後人借指天災人禍。"[1] 這個解釋比較合理，值得借鑒。

參考文獻

張永言：《漢語外來詞雜談》，《語言教學與研究》1989 年第 2 期。
高名凱、劉正埮：《現代漢語外來詞研究》，文字改革出版社 1958 年版。

---

[1] 羅竹鳳主編：《漢語大詞典》，漢語大詞典出版社 1986—1993 年版。

中國社會科學院語言研究所：《現代漢語詞典》（2002年增補本），商務印書館2002
　　年版。

儲泰松：《"和尚"的語源及其形義的演變》，《語言研究》2002年第1期。

季羨林等：《大唐西域記校注》，中華書局2000年版。

慈怡主編：《佛光大詞典》，（臺）佛光出版社1989年版。

儲泰松：《梵漢對音概説》，《古漢語研究》1995年第4期。

羅竹鳳主編：《漢語大詞典》，漢語大詞典出版社1986—1993年版。

（原載《語文知識》2008年第3期）

叁

個案考察：譯名形音與術語

從早期漢文佛經看"塔"的產生時代[①]

《中國語文》2001 年第 2 期所載姚永銘先生的《〈一切經音義〉與詞語探源》一文（以下簡稱"姚文"），主要利用《慧琳音義》的材料探究了一批詞語的語源，筆者讀後頗受啟發。關於"塔"字產生的時代，前人之説與今存文獻的實例多不相合。姚文據《慧琳音義》卷 34 認為："此為《菩薩行五十緣身經》玄應音義，該經譯者為晉竺法護……雖然字不作'塔'，但足以證明其時已有'塔'這個詞。"事實上，竺法護的《菩薩行五十緣身經》儘管全文不到 3000 字，卻也 7 次出現了"塔"字：

(1) 菩薩世世持雜香塗佛身，持善意施佛及上塔；用是故，諸天人作香風之香持供養佛。(17/773/3)[②]

(2) 菩薩世世常持若干種香供養佛舍利及塗塔，用是故，佛身無有臭處，瑕穢之惡殃禍不能及佛身。(17/774/1)

(3) 菩薩世世持好音樂樂於佛及塔，用是故，佛為諸弟子説經，滿一佛界中人悉遍聞之。(17/774/1)

(4) 菩薩世世持諸音樂雜香華供養佛及塔，用是故，佛入城時城中諸音樂不鼓而自鳴。(17/774/3)

(5) 菩薩世世持無梨弊，結金銀珍寶附憚，持用上佛及塔，諸菩薩比丘僧及世間人，悉布施與之，常持和顏悅意與共語；用是故，佛行分越時卑戶為高。(17/774/3)

[①] 本文修改過程中得到了俞理明先生的指導，在此深表感謝。
[②] 引例據《大正新脩大藏經》。括號中數碼依次為：《大正藏》卷數/頁碼/欄數。

(6) 菩薩世世作佛塔，持雜香塗之；用是故，佛所行處珍寶香華為散佛上。(17/774/1)

(7) 菩薩世世持幢幡華蓋雜種五色，持用上佛塔；用是故，自然生雜色幢幡蓋，隨佛而行。(17/774/2)

姚文説"字不作'塔'"，可能是誤解了《慧琳音義》，因其卷34有云："佛塔，他盍反，或云塔婆，或作偷婆。此云方墳，亦言廟，一義也。經文從革作鞈，公帀反，橐也，亦防汗也，鞈非此義也。"可想而知，如果佛經原文中真的没有"塔"字，玄應作音義時就不會以"佛塔"為解釋對象了。那麼，"經文從革作鞈"是什麼意思呢？原來，它針對的是《菩薩行五十緣身經》中這句話：

(8) 菩薩世世不壞人宅舍，常喜作舍；用是故，佛鞈金剛之力四方如山，無能害佛身者。(17/773/3)

顯而易見，此處音義有兩個要點：一是解釋"佛塔"之"塔"（該詞在經文中出現了7次）；二是指出"佛鞈"之"鞈"（該詞出現1次）不是"塔"，二者形音義均不同，即"鞈非此義也"，不能混同。① 因此，"經文從革作鞈"不是説《菩薩行五十緣身經》没有"塔"字。

"塔"字在竺法護譯的其他經文中也十分常見，此處僅以其所譯《正法華經》為例，該部經文中"塔"共出現了約30次。如：

(9) 迦旃延後當供養奉侍八千億佛。佛滅度後，各起塔廟，高四萬里，廣長各二萬里。（卷三，9/87/3）

---

① "鞈"字古已有之。《說文·革部》："鞈，防汗也。從革，合聲。"段玉裁注："此當作'所以防捍也'，轉寫奪誤……《篇》、《韻》皆曰'防捍'。是相傳古本'捍'亦作'扞'，故譌'汗'。"《廣韻》入聲洽韻"鞈"義為"防捍"，音"古合切"，又"古洽切"（入聲洽韻）。此字文獻中亦常見，《管子·小匡》："輕罪入以蘭盾，鞈革二戟。"尹知章注："鞈革，重革。當心著之，可以禦矢。"又《荀子·議兵》："楚人鮫革犀兕以為甲，鞈如金石。"楊倞注："鞈，堅貌。"竺法護譯經中"鞈"字用法及意思與中土文獻一致，玄應所作音義是符合經文原意的。

從早期漢文佛經看"塔"的產生時代 | 117

(10) 其有説此經法之處，諷誦歌詠書寫；書寫已竟，竹帛經卷當供養事，如佛塔寺歸命作禮。（卷六，9/101/2）

(11) 當爾世時，眾生憙見，菩薩勸率眾人供奉舍利八萬四千塔，於塔寺前建立形像百福德相，然無數燈。（卷九，9/126/1）

其實，"塔"字並非始見於西晉佛經，東漢佛經譯文中"塔"已多有用例：

(12) 若般泥洹後，持佛舍利起塔，自歸作禮承事供養。（支讖《道行般若經》卷2，8/432/1）

(13) 善男子善女人，病終不著身，所止處常安隱，未常有惡夢，夢中不見餘，但見佛但見塔，但聞般若波羅蜜，但見諸弟子……（支讖《道行般若經》卷2，8/435/2）

(14) 欲學是定，雖不能得具行誡法者，且當修奉十事，莫作違舍……十者雖無錢財以用布施，常身自掃灑塔地，以淨水漿給與眾僧，澡手洗浴以力為施，勤而不厭。（支曜《成具光明定意經》，15/457/3）

(15) 食畢洗手漱口，澡缽已，還擲水中，逆流未至七里，天化作金翅鳥飛來捧缽去，併髮一處，供養起塔。（竺大力共康孟詳《修行本起經》卷下，3/470/1）

(16) 後日，迦羅復入其聚，諸女同忿，皆以火爐打撲迦羅，舉身焦爛，無所悔恨，便現神足飛升虛空……尋聲即下，而般泥洹，諸女起塔，供養舍利。（曇果共康孟詳《中本起經》卷下，4/158/1）

"塔"出現於東漢三位不同的譯經者（或團體）的六部譯經，且用例頗豐；這表明它在佛經譯文中已扎下了根。此後的佛經譯文中，"塔"也一直在使用，如三國吳支謙所譯《大明度經》僅卷2即有以下用例：

(17) 若有書持經卷承事供養，天寶名華栴檀珍琦香繒蓋幡，若

有持如來無所著正真道最正覺舍利起塔，自歸作禮承事供養，天寶花香具足如上，其福孰多？(8/484/1)

(18) 我時亦在中，如來滅度後，取舍利起七寶塔，盡形壽自歸作禮承事供養。(8/484/1)

(19) 若三千大千國土眾生悉得人道，各作七寶塔，以妓樂樂之。復過是如恒邊沙佛剎人人起七寶塔，供養劫復劫。(8/484/2)

(20) 百倍恒邊沙佛剎人皆起七寶塔，不在計中，如是千萬億無數倍，不在明度淨定計中。(8/484/2)

可見，"塔"是很有生命力的。以上材料表明，竺法護譯經只不過是沿用了早已流行於世的"塔"而已。

《慧琳音義》卷 27"塔"字條云"古書無'塔'字"，前人以為是指他所注的經文之前的文獻，現在看來，這"古書"應該指秦漢以前的文獻，或者是佛經漢譯以前的中土文獻。

（原載《中國語文》2004 年第 1 期）

梁武帝改"磨"作"魔"之説考辨[*]

一 關於"魔"音譯形式由來的流行説法

"魔"是漢文佛典中一個常用的音譯詞,與梵文 Māra 相對應。關於"魔"的來歷,最通行的説法是:(1)字形方面,一般認為它原本作"磨",是南朝梁武帝時將其形符"石"改為"鬼"而成,此為"改字説";(2)音節數方面,一般認為它原為雙音節的"磨羅""摩羅"或"魔羅",後簡略成單音節的"魔",此為"節略説"。

傳統字書,如《正字通·鬼部》云:"魔,譯經論曰:魔古從石作磨,礦省也,梁武帝改從鬼。"《康熙字典》及臺灣《中文大辭典》均引此説。或受字書影響,《辭海》也説:"漢譯佛經舊譯'磨',梁武帝改為'魔'。"

佛學辭典,如《佛學大辭典》與《實用佛學辭典》"魔"同謂:"舊譯之經論,作磨,梁武改為魔字。"《佛光大辭典》和《中華佛教百科全書》均持此説。

研究漢文佛典語言和漢語外來詞的專著也往往採納上述説法,如梁曉

---

[*] 本文得到國家社科基金青年項目(編號:08CYY020)、四川省哲學社會科學"十一五"規劃項目(編號:SC08C01)、四川大學中央高校基本科研業務費研究專項(哲學社會科學)項目(編號:SKJ201001)及四川大學青年學術人才基金資助,匿名審稿專家提出了寶貴的修改意見,謹致謝忱。

虹（1994，第21頁）："魔，梵文'魔羅'（Māra）之節譯。初譯經時，曾使用'磨'字，南朝梁武帝改'石'從'鬼'而成'魔'。《翻譯名義集》卷二《四魔篇》引《攝輔行》云：'古譯經論魔字從石，自梁武來，謂魔能惱人，字宜從鬼。'"又如史有為（2004，第185頁）："魔，原作魔羅，又作末羅、魔羅耶，佛教中指鬼。梵語原詞 Māra，義為擾亂、破壞、障礙，因而用以稱惡鬼。初時作'磨'，梁武帝時才創'魔'字。"

有關漢譯佛典外來詞的單篇論文，如馮天瑜（2003，84頁）稱："'魔'字為梵語 Māra 音譯'磨羅'的節文，南朝梁武帝改'磨'為'魔'。"另如李緒洙（1995，16頁）、郝恩美（1997，63頁）、顏洽茂（2002，79頁）等採取相同說法，茲不具引。

日本學者松本文三郎（1984，240頁）認為："'魔'這個字……原來寫成磨，但這個字意義不明。因此梁武帝將磨字下的石，以鬼代替，鬼可表現惡魔的性質。"

《日本國語大辭典》第18卷也認為"魔"是"梵語 Māra 的音譯'魔羅'之節略"。

筆者見聞所及，只有日本學者中村元《佛教語大辭典》指出"魔"字為"梁武帝以前所造"，因辭典體例所限，沒有引文獻作論證；不過，該書同樣認為它是"'摩羅'之略"且"古時曾寫作'摩'"。①

由上引幾段文字可知，談到"魔"字的來歷時，基本上是眾口一詞。論字形，則必言梁武帝改"磨"作"魔"，這一"歷史事件"完全被當作了常識，並已深入人心；儘管中村元指出"魔"造于梁武帝以前，但他主張先寫作"摩"再改為"魔"，事實上同為"改字說"。論音節數，則必言"魔"是雙音詞節略而成，上引諸文有的明確主張"魔"曾經"初譯磨羅""原作魔羅"，有的雖沒有明確指出單音形式與雙音形式在產生時間上孰先孰後，但既稱"魔"是"'摩羅'之略"或"'魔羅'之略"，本質上

---

① 《佛教語大辭典》原文為："魔，māraの音写語である摩羅の略。殺す者の意。生命を奪い、善事をさまたげるもの。したがって古は"摩"と書いた。昔は"魔"の字はなく、梁武帝改めてつくらせたというが、しかし武帝以前につくられていた。"（漢譯：魔，māra 音譯"摩羅"的略稱，意為殺者、奪命、破壞善事者，古時寫作"摩"。傳說梁武帝造"魔"字以前不作此形，事實上"魔"字產生于梁武帝以前。）

仍屬"節略說"。

不過，今存歷代漢譯佛典及相關的中土佛教撰述卻表明，"改字說"和"節略說"都不成立。歷史上 Māra 的音譯並非先寫作"磨"或"摩"再改創新字"魔"，當然不是梁武帝所造，它也不是在雙音詞"磨羅""摩羅""魔羅"的基礎上產生的省略形式。事實上，梵文 Māra 從東漢譯經之始本來就譯寫作"魔"。

二 梁武帝改"磨"作"魔"之說源於誤傳

人們談到梁武帝改"磨"作"魔"，所持根據無一例外是宋代釋法雲所著《翻譯名義集》卷二"四魔篇"，法雲原著謂：

> 魔羅，《大論》云："秦言能奪命。死魔實能奪命，餘者能作奪命因緣，亦能奪智能命，是故名殺者。"又翻為障，能為修道作障礙故；或言惡者，多愛欲故。《垂裕》云："能殺害出世善根，第六天上別有魔羅所居天，他化天接。"《輔行》云："古譯經、論，魔字從石，自梁武來，謂魔能惱人，字宜從鬼。"（"他化天接"明本作"他化天攝"，T54/1080a）①

除此以外，再無其他證據。而法雲之書，又是徑引唐代沙門湛然所述《摩訶止觀輔行傳弘訣》，即上引文中所謂《輔行》。② 湛然在《摩訶止觀輔行傳弘訣》卷五之一說：

---

① 本文引用佛經譯文及中土佛教撰述均據《大正藏》（字母 T 代替），標明冊數/頁碼/欄數（abc 三欄）。

② 《摩訶止觀輔行傳弘訣》簡稱《輔行》，有人引作《攝輔行》，誤。法雲《翻譯名義集》卷二連引《垂裕》和《輔行》二書："《垂裕》云：'能殺害出世善根，第六天上別有魔羅所居天，他化天接。'《輔行》云……"此中《垂裕》即宋代釋智圓述《維摩經略疏垂裕記》，其卷二有："魔羅翻殺者，能殺害出世善根，第六天上別有魔羅所居，亦他化天攝。三魔亦怖者，將欲斷煩惱因，滅陰死果，義當先怖，以三魔怖故，天魔方怖。"（T3/729b）智圓原文"亦他化天攝"指出魔所居處的範圍屬他化天所攝，該語在《翻譯名義集》中被引作"他化天接"，"攝"字被改為"接"；但在明嘉興藏及四部叢刊本《翻譯名義集》中，該字與《垂裕記》原文相同，仍作"攝"。將《輔行》稱作《攝輔行》，或因不明"輔行"所指，又誤讀《翻譯名義集》卷二"四魔篇"，連綴本不相關的"攝"與"輔行"所致。

"魔名磨訛"等者，古譯經、論，魔字從石，自梁武來，謂魔能惱人，字宜從鬼。故使近代釋字訓家釋從鬼者，云"釋典所出"。故今釋魔通存兩意：若云奪者，即從鬼義；若云磨訛，是從石義。若准此義，訛字從金，謂去銳也，能摧止觀利用故也；若從言者，謂偽謬耳。詩云："人之訛言，苟亦無信。"若存言義，復順從鬼，現無漏像而宣謬言，由偽無信，逸止暗觀。又，訛，動也，則通二義，從石、從鬼通，皆動壞止觀二法。(T46/284a)

湛然之後，此段中"古譯經、論，魔字從石，自梁武來，謂魔能惱人，字宜從鬼"之說一直被用來證明"魔"字的來歷。① 至於這句話出現的背景怎樣，它本身是否有客觀事實為依據，則似乎沒有人去考慮。

其實，湛然的《摩訶止觀輔行傳弘訣》(四十卷)是為闡釋《摩訶止觀》(二十卷)而作，《摩訶止觀》是天臺宗實際創始人隋代智者大師(智顗)所著。該書卷五上有這樣的話：

互發有十，謂：次第、不次第，雜、不雜，具、不具，作意、不作意，成、不成，益、不益，久、不久，難、不難，更、不更，三障、四魔，九雙、七隻。……三障、四魔者，《普賢觀》云："閻浮提人，三障重故。"陰入、病患，是"報障"；煩惱、見、慢，是"煩惱障"。業、魔、禪、二乘、菩薩，是"業障"。障止觀不明靜，塞菩提道，令行人不得通至五品、六根清淨位，故名為"障"。四魔者，陰入正是"陰魔"。業、禪、二乘、菩薩等，是行陰，名為"陰魔"。煩惱、見、慢等，是"煩惱魔"。病患是死因，名"死魔"。魔事是"天子魔"。魔名"奪"者，破觀名奪命，破止名奪身。又，魔名"磨"，訛；"磨觀"訛令黑闇，"磨止"訛令散逸。故名為"魔"云云。(T46/49c~50c)②

---

① 法雲《翻譯名義集》之後，另有宋僧志磐所撰《佛祖統紀》卷三十一引湛然云："《輔行》魔字從石，梁武以來，謂能惱人，易之為鬼。"(T49/309c，《中華藏》82/625/3)
② 本段引文自"又魔名磨訛"以下，原文標點和文意解讀均採用匿名審稿專家的觀點。衷心感謝！

今按："止""觀"為天臺宗的實踐法門，合稱"止觀"。① 上引《摩訶止觀》列出"四魔"名目（陰魔、煩惱魔、死魔、天子魔）之後，進一步分析關於"魔"的兩種解釋：一是"奪"，因為它既能"破觀"，又能"破止"，給修行者造成的後果是"奪命""奪身"；二是"磨"，因為它非但"磨觀"，亦可"磨止"。很明顯，《摩訶止觀》原文的"奪"和"磨"都是動詞，"奪命""奪身""磨觀""磨止"均為動賓結構，所謂"磨觀"就是摧毀修行者之"觀"，"磨止"就是損害修行者之"止"。歷代中土佛教撰述中，把"魔"釋為"磨"的現象確實存在。② 以"磨"釋"魔"，近於傳統訓詁學的"聲訓"，用在這裏實屬附會，故智顗特意標明其為"訛"。所以，《摩訶止觀》並沒有表達"魔"字又寫作"磨"這樣的意思。

可見，湛然《摩訶止觀輔行傳弘訣》認為"古譯經論魔字從石"，此說並不能在智顗《摩訶止觀》原文中找到根據。如果湛然僅憑《摩訶止觀》"魔名'磨'訛"而猜測"古譯經論魔字從石"，那只能是無根之談，不足為憑；法雲《翻譯名義集》卷二所引"古譯經論魔字從石"就成了以訛傳訛，後世之人深信湛然、法雲，爭引"古譯經論魔字從石"，也不過重復古人的誤傳而已。

那麼，湛然説"古譯經論魔字從石"有無別的證據呢？湛然本人除了《摩訶止觀輔行傳弘訣》"古譯經論魔字從石，自梁武來，謂魔能惱人，字宜從鬼"一句之外，沒有提到絲毫具體的細節，更談不上充分的證據。

---

① "止"是梵語 śamatha（奢摩他）的意譯，"觀"是梵語 vipaśyana（毗婆舍那）的意譯。"止"意為止息一切外境與妄念，而貫注於特定的對象，精神統一而達到無念無想的寂靜狀態；"觀"意為以正智慧思惟觀察某一特定的理趣或事物，以獲致真如。在戒定慧三學之中，"止"屬定學，"觀"則為慧學。

② 中土佛教撰述共有三處認為"魔"的含義"譬如石磨，磨壞功德"的例子。南朝梁·寶唱等《經律異相》卷一："魔天宫在欲、色二界中間——魔者譬如石磨，磨壞功德也。縱廣六千由旬，宮牆七重，一切莊嚴猶如下天，並有十法。"（T53/2c，《中華藏》52/724/3）唐·道世《法苑珠林》卷三："在欲、色二界中間別有魔宫——其魔懷嫉，譬如石磨，磨壞功德也。縱廣六千由旬，宮牆七重，一切莊嚴，猶如下天。"（T53/290c，《中華藏》71/204/1）宋·志磐《佛祖統紀》卷三十一："欲、色二界中別有魔宫——其魔懷嫉，譬如石磨，磨壞功德。縱廣六千由旬，宮牆七重。"（T49/309c，《中華藏》82/625/3）以上三條《大正藏》均未刊版本異文，《中華藏》正文及校記亦無異文。這三處解釋完全一致，"魔者譬如石磨，磨壞功德"等語只是從一個側面形象化地闡明"魔"的含義；毫無疑問，三段文字同智顗《摩訶止觀》一樣，並沒有表達 Māra 的音譯寫作"磨"這樣的意思。

湛然為唐代僧人，天臺宗第九祖。梁武帝在位（502—549）到湛然（711—782）著書，相距約兩個世紀。在此期間，佛經注疏、佛經目錄、史傳類著作等各類中土佛教撰述大量湧現，但無一提及"梁武改磨為魔"。"古譯經論魔字從石"之說可謂前無古人。

　　其後，宋代法雲《翻譯名義集》、明代張自烈《正字通》及大量今人論著也只是將湛然原話當作結論直接引用，無人給出任何別的證據，《正字通》的說法又被《康熙字典》《中文大辭典》等沿用。若就真憑實據的證明而言，"古譯經論魔字從石"之說又可謂後無來者。

　　李富華、何梅（2003，第64頁）認為"唐朝是中國漢文佛教大藏經真正形成的時代"。湛然著書的年代，漢文大藏經已真正形成。① 至此，入藏佛經的抄寫在形式和內容上都有一定的規範，抄寫中的改動也就不容易出現，更不可能出現大規模的用語改動。② 假如湛然當時還能見到早期譯經中 Māra 音譯作"磨"，那麼這種現象應該會保留至今，至少會有少量殘留的用例。今存早期漢譯佛經中並無 Māra 音譯作"磨"的例子，可知湛然當時也不可能見到這類例子，他誤解了《摩訶止觀》"魔名'磨'訛"一語，其"古譯經論魔字從石"等語實為臆測。

---

① 隋·費長房《歷代三寶記》（597）首創"入藏錄"，唐·智昇《開元釋教錄》（730）完全確立了漢文大藏經的結構分類體系，此間百餘年是漢文大藏經走向成熟的階段。湛然著述當在《開元釋教錄》之後。

② 關於這一點，可以舉"預流"和"五蘊"兩個比較典型的例子來證明。"預流"為小乘聲聞修行所得四種果位之第一果，梵文 srotaāpanna 的意譯，該術語音譯為"須陀洹"，早期曾意譯作"溝港"或"道跡"，對該術語，南朝梁代僧祐《出三藏記集》（簡稱《祐錄》）卷一云"舊經溝港道，亦道跡，新經須陀洹"，可見僧祐時"預流"一譯尚未面世，今存《祐錄》前的漢譯佛經中未見"預流"用例。該詞在唐代以來的譯經中大量使用，其中玄奘《大般若波羅蜜多經》即用 4267 次，《大正藏》1—55 冊及第 85 冊共有 6356 次用例。"五蘊"是梵文 pañcaskandha 的意譯，該術語另一常見譯法為"五陰"，《祐錄》卷一云"舊經為五眾，新經為五陰"，足見僧祐時尚無"五蘊"一譯，今存《祐錄》前的漢譯佛經中未見"五蘊"用例。該詞在唐代以來譯經中有較多用例，唐代譯經有三部即以"五蘊"命名：義淨《佛說五蘊皆空經》一卷，玄奘《大乘五蘊論》一卷，地婆訶羅《大乘廣五蘊論》一卷。玄奘《大般若波羅蜜多經》"五蘊"有用例 203 次，《大正藏》第 1—55 冊及第 85 冊共有用例 3948 次。"預流"在《大正藏》中用例總數並不遜色於"溝港道""道跡"或"須陀洹"，"五蘊"在《祐錄》後譯經中用例數也遙遙領先於"五眾"或"五陰"，但是"預流"也好，"五蘊"也好，在佛經流傳過程中都未能"倒灌"入《祐錄》以前的譯經，更談不上在《祐錄》以前的譯經中完全取代相應的舊譯。可見，"預流"和"五蘊"面世之時及面世之後，入藏佛典抄寫時不再有意識地大規模改動現成的用語，更不會把某個成千上萬次出現的常用字改得一個不留。

三　梁武帝以前譯經一直用 "魔" 字

如果梁武帝以前譯經中 Māra 音譯作 "磨"，它就應該在相關文獻中有反映。可是，今存漢魏至齊梁的漢文佛典中，不論是佛經譯文，還是中土佛教撰述，不論是譯出時代及譯人可考的 "有譯經"，還是譯出時代及譯人不可考的 "失譯經"，Māra 的音譯一律作 "魔"，無一作 "磨"。"魔" 字在東漢譯經已有 290 例，其中安世高譯經 9 例，支讖譯經 252 例，康孟詳譯經 29 例。此後，它的用例數量不斷增長，僧祐《出三藏記集》（文中簡稱《祐錄》）以前譯經共計 7000 多例。①

那麼，是否梁武帝以前曾經作為 Māra 音譯的 "磨" 字後來被 "魔" 字取代，並且早期譯經中的 "磨" 無一例外在傳抄過程中都被改寫成了 "魔" 呢？就現有文獻資料來看，答案是否定的。理由有三。

（1）梁武帝以前，漢譯佛經最早的一批譯師就已經視 "魔" 與 "鬼" 為同類，音譯 Māra 時造從鬼的 "魔" 字是很自然的事。

具體表現之一，東漢譯經已出現意思相同的 "魔兵" 和 "鬼兵"，二者同指魔王所領之兵。"魔兵" 在《祐錄》以前的譯經中共有 58 例，東漢、三國、兩晉、北涼、姚秦、劉宋、元魏等各個時期不同地域的譯經都有用例，茲不舉例。"鬼兵" 在《祐錄》以前的譯經中共有 18 例，均與 "魔" "魔王" "魔眾" 相伴出現，酌舉幾例如下。

忍力降魔，鬼兵退散。（東漢·竺大力共康孟詳《修行本起經》卷下，T3/471b）

鬼兵退散，不能得近，魔王自前。（三國吳·支謙《佛說太子瑞應本起經》卷上，T3/477b）

于時魔王……召諸鬼兵，興軍聚眾。（西晉·竺法護《佛說月光童子經》，T14/816a）

---

① 梁武帝在位時間較長（502—549），湛然未指明其間何年造 "魔" 字。為了便於操作，本文考察梁武帝以前譯經中 "魔" 字的使用情況時，以僧祐在梁武帝期間所成佛經目錄《出三藏記集》（518 年成書）著錄的今存早期譯經為准。

魔王顧視夜叉，告令諸鬼："今者鬼兵既已雲集，瞿曇善人，或能知咒，當興四兵。"（東晉・佛陀跋陀羅《佛説觀佛三昧海經》卷二，T15/651b）

菩提樹下，破萬八千億鬼兵魔眾已。（姚秦・鳩摩羅什《大智度論》卷四，T25/91b）

魔王……即自念言："我當將諸鬼兵往壞彼眾。"（姚秦・佛馱耶舍《長阿含經》卷十二，T1/81b）

與諸魔眾八萬億千，一一鬼兵作百億變狀。（姚秦・鳩摩羅什《佛説千佛因緣經》，T14/68c）

具體表現之二，《祐録》以前譯經多次出現"魔鬼""鬼魔""魅魔""魔魅"等連用形式。

魔鬼在心，遠離佛心。（西晉・竺法護《漸備一切智德經》卷一，T10/467a）

為一切人故，降伏諸魔鬼。（姚秦・佛陀耶舍共竺佛念等《四分律》卷一，T22/568b）

諸鬼魔輩即當破散馳走而去。（東晉・帛尸梨蜜多羅《佛説灌頂塚墓因緣四方神咒經》卷六，T21/514c）

惡鬼魔民常逐，伺便令墮惡處。（姚秦・鳩摩羅什《大智度論》卷六十五，T25/516a）

為諸魔魅之所傷犯。（東晉・帛尸梨蜜多羅《佛説灌頂咒宮宅神王守鎮左右經》卷五，T21/511b）

攘諸魅魔，使不得便。（東晉・帛尸梨蜜多羅《佛説灌頂十二萬神王護比丘尼經》卷二，T21/500b）

（2）梁武帝以前的漢譯佛經中，"魔"字不光用來記寫 Māra 的音譯，它還出現在一些別的音譯詞中，展示了"魔"字作為音譯用字"以記音為已任"的特點。

如佛典中常見的人名 Aṅguli—māla，意譯為"指鬘"，其中 māla 意為"花鬘"。梁武帝以前的譯經中,"指鬘"在竺法護、曇摩難提、竺佛念、浮陀跋摩、求那跋陀羅、慧覺等6人譯經共使用69次,足見其意思已廣為人知。其音譯形式使用情況為:央掘魔161次,央掘魔羅276次,鴦崛魔5次,鴦崛魔羅1次,鴦掘魔羅5次,鴦仇魔羅1次,央掘利魔羅1次。

早期漢譯佛典中"魔"字還用來記寫以下音譯詞:

鉢者:一參婆鉢,二烏迦斯魔鉢,三優迦吒耶鉢,四多祇耶鉢,五鐵鉢,六致葉尼鉢,七畢荔偷鉢。(東晉·佛陀跋陀羅共法顯《摩訶僧祇律》卷十,T22/314c)

第一優婆夷弟子名舍彌夫人,第二優婆夷弟子魔捷提女,名阿瓮波磨。(東晉·佛陀跋陀羅共法顯《摩訶僧祇律》卷十三,T22/334a)

南方有八天女,一名賴車魔帝,二名施師魔帝,三名名稱,四名名稱持,五名好覺,六名好家,七名好力,八名非斷,常護世間。有天王名毘留茶俱魔茶鬼神王,共護汝等,得利早還。(東晉·佛陀跋陀羅共法顯《摩訶僧祇律》卷三十四,T22/501a)

神名魔呵留羅迦利區和,神名舍洹陀越阿耨三菩,神名迦三耶魔呵阿輪。(東晉·帛尸梨蜜多羅《佛說灌頂咒宮宅神王守鎮左右經》卷五,T21/511a)

持印之法:右手擎之,右手捉牛卷,驅魔之杖長七尺,頭戴赤色呾魔怛慪神帽,去病者七步。(東晉·帛尸梨蜜多羅《佛說灌頂伏魔封印大神咒經》卷七,T21/515c)

(音譯陀羅尼)……阿跋伽婆婆斯賴那婆提賴魔波提闍那婆提……(北涼·曇無讖《悲華經》卷一,T3/170a)

或有奉事魔醯首羅,隨作其形而為說法。(北涼·曇無讖《悲華經》卷六,T3/208c)

爾時,一切天、龍、鬼神、乾闥婆、阿修羅、迦樓羅、緊那羅、摩睺羅伽、羅刹、健陀、憂摩陀、阿婆魔羅、人、非人等，悉共同聲唱如是言："善哉，善哉！無上天尊，多所利益。"（北涼·曇無讖《大般涅槃經》卷十一，T12/430b）

又世尊言："尊者魔樓子說，是命是身見諦，是我所修梵行，云何身異命異耶？"（符秦·僧伽跋澄等《尊婆須蜜菩薩所集論》卷六，T28/766c）

彼有不忍者，此邊見斷滅所攝，苦諦所斷，所謂此見，阿羅漢失不淨，其形像精魔迦夷天，阿羅漢失不淨汙床褥，無作言作。（符秦·僧伽提婆共竺佛念《阿毗曇八犍度論》卷十，T26/819b）

諸忉利天、須夜魔天王等，諸夜魔天、刪兜率陀天王等……各與無數百千億諸天，俱來在會中。（後秦·鳩摩羅什《大智度論》卷五十四，T25/442b）

聞虛空神天、四天王天、三十三天、炎魔天、兜率陀天、化樂天、他化自在天輾轉傳唱。（劉宋·求那跋陀羅《雜阿含經》卷十五，T2/104a）

有魔瞿婆羅門來詣佛所，與世尊面相問訊慰勞已，退坐一面。（劉宋·求那跋陀羅《雜阿含經》卷四十二，T2/309a）

時醯魔波低天神即與五百眷屬，往詣娑多耆利天神所。（劉宋·求那跋陀羅《雜阿含經》卷五十，T2/365c）

梁武帝以前譯經中許多不同的音譯詞中出現"魔"字，它當然不可能是梁武新創而來。退而言之，即使真的有過把作為 Māra 音譯的"磨"無一遺漏地改成"魔"這樣的事件，那也一定是為了強化表示 Māra 與"鬼"相類之意，改動時當不至於把早期譯經中與 Māra 無關的音譯詞大量改成用"魔"來記寫。只有承認梁武帝以前已有"魔"字並廣行於世，才能解釋早期譯經中"魔"字參與記寫多個不同的音譯詞這種現象。

（3）歷史上，古籍在傳抄中遭到改動的事例確實很不少，但是，改動總會留下遺跡，或有相關線索的確切記錄，哪怕是隻言片語。梁武帝以前的佛經翻譯活動，歷時長，地域廣，人數多，產量大。時間方面，可以確考的最早譯人安世高於東漢桓、靈之際開展翻譯活動，此後歷經三國、西晉、東晉十六國、宋、齊至梁，歷時幾近 4 個世紀。地域方面，洛陽、建業（建康）、武昌、長安、廬山、江陵等各地先後有譯經活動，產生的翻譯佛典也流傳在全國各地。譯經人數方面，單計今存漢譯佛典的主譯者，就有以安世高、支讖、康孟詳、支謙、康僧會、竺法護、法炬、法顯、僧伽提婆、竺佛念、鳩摩羅什、佛陀耶舍、曇無讖、求那跋陀羅等為代表的數十人，其中不乏學識精深而富有創造力的學者，他們新造了不少專門用來記寫音譯詞的新漢字，未必就要等到梁武帝才創造出受到大眾認可的"魔"字。譯經數量方面，單是《祐錄》有著錄且保存至今的漢譯佛典就有 500 多部、千餘卷、上千萬字，它們內容既有聯繫，又各有側重，且隨翻譯的時、地、人而面貌各異。如此之多的漢譯佛典，如果它們音譯 Māra 時本來都用"磨"而不用"魔"，等到梁武帝創"魔"字後，再來一番徹底的改動，不但未留一點遺跡，而且未留下任何切實的記錄，現實操作中是絕難做到的。

四　"魔"並非由雙音詞"魔羅"簡省而來

關於"魔"字，今人或謂"魔，原作魔羅，又作末羅、魔羅耶"（史有為，2004，185 頁），或謂"初譯磨羅"（郝恩美，1997，第 63 頁），或謂"'魔'字為梵語 Māra 音譯'磨羅'的節文"（馮天瑜，2003，第 84 頁），認為有"摩羅耶、末羅、磨羅——魔"這樣的省略過程（顏洽茂，2002，第 78 頁），這種說法也是沒有根據的。

《大正藏》第 1—32 冊專收歷代漢譯佛經，這些漢譯佛經中"魔羅"字樣共出現 781 次，其中有 652 例"魔羅"字樣與 Māra 無關，是別的用法。只有 129 次為 Māra 的音譯，它們全部出現在東晉十六國以來所譯經文中。

唐以前譯經共 36 次：姚秦·鳩摩羅什 1 次，元魏·瞿曇般若流支 4 次，北齊·那連提耶舍 1 次，隋·闍那崛多 30 次；

唐人譯經共 55 次：玄奘 18 次，阿地瞿多 2 次，義淨 2 次，菩提流志 3

次，金剛智 5 次，不空 25 次；

宋人譯經共 35 次：天息災 12 次，法賢 2 次，法天 13 次，施護 4 次，法護 1 次，日稱 1 次，智吉祥 2 次；

元人沙囉巴譯經 3 次。

以上 129 次"魔羅"用例中，真正屬於梁武帝以前的僅鳩摩羅什譯經 1 次，此前已有漢魏兩晉大量的漢譯佛經，其中單音詞"魔"有著數以千計的用例。可見 Māra 一開始就音譯作"魔"，它不是從雙音節的"魔羅"簡省而來。

《大正藏》第 1—32 册所載漢譯佛經中與 Māra 無關的"魔羅"字樣另外 652 例分別為：

梵文 Yama-rāja 的音譯 303 次，共有 4 種音譯形式：閻魔羅 253 次，琰魔羅 24 次，焰魔羅 25 次，炎魔羅 1 次，意為"閻王"；

梵文 Aṅguli-māla 的音譯 298 次，共有 7 種音譯形式：央掘魔羅 277 次，鴦掘魔羅 14 次，鴦崛魔羅 2 次，鴦仇魔羅 1 次，殃掘魔羅 1 次，央掘利魔羅 2 次，鴦瞿離魔羅 1 次，此乃人名，意為"指鬘"；

梵文 Śiśumāra 的音譯 3 次，有 2 種音譯形式：室首魔羅 2 次，輸牧魔羅 1 次（"牧"疑當作"收"），此為鱷魚類海獸名；

梵文 Apasmāra 的音譯 4 次，有 2 種音譯形式：阿波魔羅 2 次，阿婆魔羅 2 次，此為鬼名；

梵文 Kumāra 的音譯 2 次，有 2 種音譯形式：鳩魔羅 1 次，俱魔羅 1 次，此為天名；

另有魔羅迦耶 2 次，阿波悉魔羅 5 次，二者各為鬼名；魔羅鳩多耶 1 次，經藏名；音譯陀羅尼中出現 5 次，因無從切分，兹不列舉。還有一處作"飛行大魔羅刹鬼神"，為"魔"與"羅刹"連用，而非音譯詞"魔羅"。

此外，"魔羅網"出現 28 次，它由"魔"加"羅網"而成，並不是"魔羅"加網。因為：（1）如上文所述，《祐錄》前譯經中單用的"魔羅"僅較晚的鳩摩羅什譯經有一處可以確認為 Māra 的音譯，而單用的"魔"則數以千計；（2）《祐錄》前譯經中"羅網"單用 297 次，兹不舉例；（3）"魔羅網"往往伴隨單用的"魔"出現，下面略舉數例以明之。

是輩菩薩摩訶薩聞 魔 所語心歡欣，自謂審然。便行形調人，輕易同學人，自貢高。彼菩薩用受是字故，便失其本行，墮 魔羅網 。（東漢·支讖《道行般若經》卷七，T8/460c）

便起 魔 事，遠離真知識，墮 魔羅網 。（西晉·無羅叉《放光般若經》卷十四，T8/96b）

降伏眾 魔 ，力化墮見人，滅盡一切塵勞，裂壞一切 魔羅網 ，志於法品，令一切立不退轉地。（西晉·竺法護《佛說方等般泥洹經》卷上，T12/919a）

降伏外道，壞 魔羅網 ，諸天侍衛，進趣道場，莊嚴佛樹。乃至滅度，終不舍離。云何為十，於是族姓子，先當降 魔 。（姚秦·竺佛念《菩薩瓔珞經》卷一，T16/8c）。

以梵文 Māra 為參照，"魔"是節譯形式，"魔羅"是全譯形式。二者相較，節譯形式出現在先，全譯形式出現在後，鳩摩羅什以後為了盡可能與梵文發音相合才偶作"魔羅"（梁武帝以前譯經僅此一例），但多數時候仍沿用通行的"魔"。文獻資料表明，漢文佛典中同一個音譯詞的節譯形式總是比相應的全譯形式先產生，對此，顧滿林（2006）有專文詳述。

也有人主張"魔"是在"末羅""磨羅""摩羅""摩羅耶""魔羅耶"等音譯形式的基礎上簡縮而成，此類說法同樣與文獻實例相違。《大正藏》第1—32冊中，此五者出現情況如下。

"末羅"字樣出現252次，其中單用成詞的"末羅"81次，均為梵語 Malla 的音譯，Malla 屬於剎帝利種，乃古代印度十六大種族之一，其國亦以此為名。此外，"末羅"字樣還參與記寫幾十個不同的音譯詞，它們均與 Māra 無關，出現次數各不相同，如：末羅耶2次（Malaya 山名），遮末羅10次（Cāmara 贍部大洲的二中洲之一），都末羅19次（人名），末羅羯多12次（marakata 綠色寶），茲不一一列舉。音譯咒語中也常有"末羅"

字樣，例略。

"磨羅"字樣出現19次，只和別的音節組合起來記寫音譯詞，沒有單用成詞的。①

"摩羅"字樣出現1948次，作為Māra音譯的僅19次，全部出現于隋代闍那崛多譯經：《起世經》2次，《大集譬喻王經》2次，《觀察諸法行經》15次。其餘"摩羅"字樣只用來記寫與Māra無關的音譯詞，如：摩羅（Malla 力士），鳩摩羅什（Kumārajīva 人名），鴦掘摩羅（Aṅguli-māla 人名），閻摩羅（Yama-rāja 閻王），庵摩羅（amala 第九識），毗摩羅詰（Vimalakīrti 人名），茲不一一列舉。音譯咒語中也常有"摩羅"字樣，例略。

"摩羅耶"字樣出現46次，其中單用41次，均為山名，乃梵文Malaya 的音譯。②

此外，"魔羅耶"字樣在《大正藏》1—32冊所載翻譯佛典中實無用例，僅北宋初年成書的《宗鏡錄》卷三十二有1例"是身不如魔羅耶同"（T48/604b），此乃Malaya的音譯。

五　結語

本文對有關材料的調查表明，"古譯經論魔字從石"純屬臆測，"梁武改磨為魔"實為誤傳，梵文Māra在漢譯佛典中"原作魔羅""初譯磨羅"等說法也是沒有根據的。事實上，Māra在漢譯佛典中最初的音譯形式就是"魔"。

---

① "磨羅"字樣參與記寫音譯詞的情況為：涅磨羅他2次/涅磨羅那提1次（Nirmāṇarati，天名），耶舍鳩磨羅時婆1次/耶舍鳩磨羅時彼1次（Yaśa-Kumārajīva，人名），輸收磨羅1次（Śiśumāra，海獸名），曇磨羅1次（藥名），修修磨羅1次（水蟲名），毗磨羅1次（意思不詳）；三磨羅缽羅、達磨羅惹、磨羅賽你也、三磨耶磨羅闍三磨提、醯磨羅若竭捫、磨羅磨羅者羅者羅，此六者各1次（其中"磨羅"共出現7次），均為咒語片段，見於不同的咒語；另有3次見於"缽豆磨羅剎女""答磨羅剎女""蘇磨羅剎女"，其中"羅剎女"為一整體，"磨羅"二字僅碰巧前後相連。

② "摩羅耶"字樣在不單用時參與記寫音譯詞的情況為：奢摩羅耶那1次（人名），舍喜摩羅耶1（國名），三摩羅耶那吒2次（咒語片段），唵薩婆菩陀哆棉耶摩羅耶1次（咒語片段）。

徵引文獻

［日］高楠順次郎等：《大正新脩大藏經》，大正一切經刊行會1922—1934年版。

任繼愈等：《中華大藏經（漢文部分）》，中華書局1984—1996年版。

中華電子佛典協會（CBETA）：《大正藏》電子版2010年版。

參考文獻

辭海編纂委員會編：《辭海》，上海辭書出版社1989年版。

慈怡主編：《佛光大辭典》，佛光出版社1989年版。

丁福保主編：《佛學大辭典》，文物出版社1984年版。

馮天瑜：《漢譯佛教詞語的確立》，《湖北大學學報》（哲學社會科學版）2003年第2期。

高觀廬主編：《實用佛學辭典》，上海佛學書局（上海古籍出版社1994年影印）1934年版。

顧滿林：《漢文佛典音譯詞的節譯形式和全譯形式》，《漢語史研究集刊》第九輯，巴蜀書社2006年版。

郝恩美：《漢譯佛經中新造字的啟示》，《中國文化研究》1997年（總第17期）秋之卷。

藍吉富主編：《中華佛教百科全書》，中華佛教百科文獻基金會1994年版。

李富華、何梅：《漢文佛教大藏經研究》，宗教文化出版社2003年版。

李緒洙：《漢語佛教詞語淺析》，《山東大學學報》（哲學社會科學版）1995年第3期。

梁曉虹：《佛教詞語的構造與漢語辭彙的發展》，北京語言學院出版社1994年版。

林尹、高明主編：《中文大辭典》，中國文化學院出版部1979年版。

日本大辭典刊行會：《日本國語大辭典》（第18卷，全20卷），小學館1972—1976年版。

史有為：《外來詞——異文化的使者》，上海辭書出版社2004年版。

［日］松本文三郎：《佛教史雜考》，許詳主譯，華宇出版社1984年版。

顏洽茂：《中古佛經借詞略說》，《浙江大學學報》（人文社會科學版）2002年第3期。

俞理明：《佛經文獻語言》，巴蜀書社1993年版。

（清）張玉書等：《康熙字典》，成都古籍書店1980年版。

（明）張自烈：《正字通》，《續修四庫全書》第235册，上海古籍出版社2002年版。

［日］中村元：《佛教語大辭典》，東京書籍社（1983年縮刷版）1975年版。

（原載《漢語史學報》第十三輯）

漢文佛典中 Kapila‐vastu 一詞的音譯形式考察

一 Kapila‐vastu 音譯用字統計

釋迦牟尼的降生地梵文名稱為 Kapila‐vastu，又名 Kapilapura，亦可稱 Kapila‐nagara，巴利語稱 Kapila‐vatthu。歷代漢譯佛典所據底本情況比較複雜，原典語文往往並不單純，要一一確認實非易事。本文以 Kapila‐vastu 一形為主要參照，考察該地名在漢文佛典中的音譯形式，並借此探討漢文佛典音譯詞的一些特點。

漢文佛典中，Kapila‐vastu 的 65 種音譯形式共用了 49 個不同的漢字，以梵文為參照，這些音譯用字在讀音上既顯示出一定的規律，又有一些例外。

為了便於操作，我們根據 Kapila‐vastu 在漢文佛典中的音譯形式的特點，析之為 ka, pi, la, va, s, tu 等 6 個部分，一一考察它們在歷代漢文佛典中的對音情況。除 ka 之外，其餘 5 個部分都可能被省去不譯（或某些時期翻譯所據原典用語本已缺失某些語音成分）。

下面列出每個音譯用字的以下信息：（1）首次用來音譯 Kapila‐vastu 的時代，（2）上古及中古音韻地位及擬音（據郭錫良《漢字古音手冊》），（3）該字參與記寫 Kapila‐vastu 不同音譯形式的個數以及這些音譯形式在《大正藏》中使用的總次數[1]。

---

[1] 以"加"為例，該字從漢代以來共參與記寫"加羅衛""加維羅衛""加鞞羅衛""加毘羅"等 4 個音譯形式，它們在《大正藏》中總共使用 10 次。

1.1　ka——有 5 個不同的字曾用來記寫該音節

加：漢（見歌 ka，古牙 kɑ）4/10

迦：漢（見歌 ka，古牙 kɑ）44/1382

伽：姚秦（群歌 gǐa，求迦 gǐa）5/8

柯：隋（見歌 ka，古俄 kɑ）1/2

劫：唐（見葉 kǐap，居怯 kǐɛp）10/239

特點："迦""加"同音，"迦"乃東漢新造字，"劫"入聲字（與下一音節 pi 的影響有關）。除"伽"為濁聲母字外，都是用清聲母字，總的來説該音節的對音清濁分明。

1.2　pi——有 11 個不同的字曾用來記寫該音節。漢以來或者缺略（用⊙表示）

⊙：漢 2/9

維：漢（余微ʎiwəʌ，以追 jwi）10/351

夷：漢（余脂ʎǐei，以脂 ji）5/108

為：三國（匣歌ɣǐwa，薳支 jǐwe）2/2

惟：西晉（余微ʎiwəʌ，以追 jwi）5/12

比：東晉（幫之 pǐə，方美 pi）14/244

鞞：東晉（幫質 pǐĕt，卑吉 pǐĕt）1/1

毘：東晉（並脂 bǐei，房脂 bi）21/910

隨：南朝（邪歌 zǐwa，旬為 zǐwe）1/1

箄：隋（幫質 pǐĕt，卑吉 pǐĕt）1/2

畢：唐（幫質 pǐĕt，卑吉 pǐĕt）2/2

尾：唐（明微 mǐwəi，無匪 mǐwəi）2/2

要點：早期只用喻母字，東晉開始使用唇音字；並母字"毘"用例最多，這是典型的以濁音對清音；邪母字"隨"可能是傳寫致訛，微母字"尾"例少很特殊，入聲字"畢""鞞""箄"總共僅 2 次。

1.3　la——有 3 個同音字曾用來記寫該音節。漢以來或者缺略（用⊙表示）

⊙：漢 7/194

羅：漢（來歌 lɑ，魯何 lɑ）55/1444

囉：隋（來歌 lɑ，魯何 lɑ）1/1

攞：唐（來歌 lɑ，魯何 lɑ）1/1

要點：對音情況最簡單，表現穩定。

1.4 va（t）——有 13 個字曾被用來記寫該音節。漢以來多數情況下缺略（用⊙表示）

⊙：漢 14/990

衛：漢（匣月 ɣĭwāt，於歲 jĭwɐi）14/439

越：漢（匣月 ɣĭwǎt，王伐 jĭwɐt）5/58

拔：三國（並月 boǎt，蒲八 bwæt）2/2

閱：東晉（餘月 λĭwǎt，弋雪 jĭwɐt）2/3

婆：東晉（並歌 bua，薄波 buɑ）7/85

斾：東晉（並月 bāt，蒲蓋 bɑi）2/15

跋：姚秦（並月 buǎt，蒲撥 buɑt）4/4

波：南朝（幫歌 pua，博禾 puɑ）1/1

伐：唐（並月 bĭwǎt，房越 biwɐt）4/21

筏：唐（並月 bĭwǎt，房越 biwɐt）4/11

縛：唐（並鐸 bĭwǎk，符钁 bĭwak）2/2

皤：唐（並歌 bua，薄波 buɑ）2/2

竭：姚秦（群月 gĭat，其謁 gĭɐt）1/7

要點：早期喻母字為主，東晉以後唇音字流行，並母、奉母字尤其多，近一半是入聲字。

1.5 s——有 7 個漢字曾被用來記寫該音節。漢以來多數情況下缺略（用⊙表示）

⊙：漢 47/1557

修：南朝（心幽 sĭəu，息流 sĭəu）1/1

私：南朝（心脂 sĭei，息夷 si）1/1

須：隋（心侯 sĭwo，相俞 sĭu）1/1

蘇：隋（心魚 sɑ，素姑 su）1/33

沙：唐（山歌 sea，所加 sa）1/1

窣：唐（心没 sut，蘇骨 sut）11/35

娑：唐（心歌 sa，素何 sɑ）1/1

要點：南朝以來該音素始有明確記錄，以心母字為主，唐以後入聲字"窣"用得較多。

1.6 tu——有 10 個漢字曾被用來記寫該音節。漢以來多數情況下缺略（用⊙表示）

⊙：漢 34/1544

兜：三（端侯 to，當侯 təu）10/20

坻：三國（端脂 tiei，都禮 tiei）1/1

柢：南朝（端脂 tiei，都禮 tiei）1/1

斗：南朝（端侯 to，當口 təu）1/1

臭：南朝（昌幽 tʻĭəu，尺救 tɕʻĭəu）2/2

都：隋（端魚 tuɑ，當孤 tu）4/36

堵：唐（端魚 tɑ，當古 tu）3/13

睹：唐（端魚 tɑ，當古 tu）4/18

觀：唐（端魚 tɑ，當古 tu）2/2

多：唐（端歌 ta，得何 tɑ）2/2

要點："臭"是例外，疑為"兜"之誤，另外 9 個字都是端母字，用來對 tu 順理成章。

1.7 音譯詞形與讀音模式

在《大正藏》全文中，Kapila－vastu 擁有 65 個不同的音譯詞形，這些音譯詞形的音節數量從二個至六個不等，音節數相同的，彼此至少有一個字形不一樣；但是音節數相同而書寫形式不同的音譯詞形可能有著相同的讀音模式，Kapila－vastu 的所有音譯詞形可以歸納為 41 個不同的讀音模式。

本文不以考察音譯用字或相關聲、韻的具體音值為目標，故一般不區分從漢魏至唐宋期間漢語語音的差異。歸納音譯模式時，聲母只分發音部位和清濁，韻母只分是否入聲，大致區分即可。

ka 對應音節 3 種：ka（迦迦柯），ga（伽），kɑp（劫）。

pi 對應音節 6 種：wi（夷維惟為），pi（比），pit（鞞箄畢），bi（毘），mi（尾），ziue（隨?）。

la 對應音節祇 1 種：la（羅囉擺）。

va（t）對應音節 6 種：jǐwɐi（衛），jǐwɐt（越閱），ba（婆幡），bak（縛），bat（拔跋伐筏），pa（旃波），giɐt（竭?）。

s 對應音節 2 種：su（修私須蘇沙娑），sut（窣）。

tu 對應音節 2 種：tu（兜坻柢斗都堵睹覩多），tɕ'ɣəu（臭）。

二 Kapila‑vastu 的 65 個音譯形式的產生和沿用

Kapila‑vastu 眾多的音譯形式產生於不同的時期，每個時期都使用多個不同的音譯詞形，不同的音譯詞形可能共用相同的讀音模式，也可能分屬不同的讀音模式；反之，一種讀音模式可能只包含一个音譯詞形，也可能包含多个音譯詞形。從三國起，几乎每個時期都有新創的音譯模式（下文以小寫字母 abcde 等編號），也有沿用的音譯模式（下文以大寫字母 ABCDE 等編號）。总的来说，历代漢文佛典中 Kapila‑vastu 的音譯形式使用情況可分三類：

第一類，新創音譯詞形，同時產生新的讀音模式。

第二類，新創音譯詞形，但其讀音模式为沿用。

第三類，沿用舊有音譯詞形，其讀音模式自然为沿用。

2.1 東漢（譯人簡稱：讖＝支讖，曜＝支曜，詳＝康孟詳）

2.1.1 音譯詞形。

音譯模式 5 種（其中 ab 兩類各生兩種詞形），全屬新創。每種模式後來都得到沿用。

音譯詞形 7 個，全屬新創。這 7 個詞形本期共使用 14 次，全藏共 416 次。僅"加羅衛"不被沿用。

漢 a：kawi/梵 kapi：（詳）迦夷 1/92，（詳）迦維 1/55[①]

漢 b：kawiwa/梵 kapi‑va：（詳）迦夷衛 1/5，（詳）迦維衛 1/15

---

① 每個音譯形式前小括號內注明該形式的首創人，音譯形式後標出本時期使用總次數（不限於首創者本人譯撰）；如果是新創形式，則在斜線後標出形式在整個《大正藏》（第 1—55 冊及第 85 冊）中的使用總次數；如果斜線前後數字相同，則表明該詞形在後代不被沿用。

漢 c：kalawa/梵 kala-va：（讖）加羅衛 1/1①
漢 d：kawilawa/梵 kapila-va：（曜）迦維羅衛 8/238
漢 e：kawilawat/梵 kapila-vat：（詳）迦維羅越 1/10②

2.1.2 用字情況。

音譯用字 7 個：加 ka←ka，迦 ka←ka，維 jwi←pi，夷 ji←pi，羅 lɑ←la，衛 jĭwei←va，越 jĭwɐt←vat。其中"迦"是專為翻譯佛典而新造的音譯用字，最早見於東漢安世高譯經。

2.1.3 本期特點。

第一，儘管音有缺略，Kapila-vastu 的 kapila 和 vastu 兩個部分均在音譯形式中得到反映。

第二，與梵文 Kapila-vastu 相比，第二個音節 pi 和第四個音節 va（t）都對喻母字，兩者都不用唇音字對。

第三，後三個音素 stu 僅 t 似有似無，s 和 u 都不見蹤跡③。

2.2 三國

此期共見 4 種模式，4 個詞形，共使用 20 次。新加入 4 個音譯用字。

2.2.1 新增詞形。

新增音譯模式 2 種，其中模式 b 得到沿用。

新增詞形 2 個，全藏僅此期使用 2 次，未得到沿用。

三國 a：kawilawatu/梵 kapila-vatu：（支謙）迦維羅衛兜 1/1④
三國 b：kawibattu/梵 kapi-vatu：（支謙）迦為拔抵 1/1⑤

---

① "加羅衛"見支讖《般舟三昧經》卷上（T13/903/a10），宋、元、明三本作"迦"，《中華大藏經》用金藏廣勝寺本仍作"加"（中 11—421—2），但"迦"字在支讖譯經中更常見。二字讀音相同，本文姑從"加"。

② "迦羅越"見康孟詳《中本起經》卷上（T4/154/a27），宋、元、明三本作"衛"，《中華大藏經》用金藏廣勝寺本仍作"越"（中 33—943—2）。本文從"越"。

③ "衛"對應的梵文原文是 va 而不是 vas。奧德里古爾（1954）認為上古漢語去聲源於一 s 尾，學界有人反對有人支持，本文不取其說。

④ "迦維羅衛兜"見於支謙《釋摩男本四子經》（T1/848/b06），各本無異文。

⑤ "迦為拔抵"在支謙《佛說阿彌陀三耶三佛薩樓佛檀過度人道經》卷上以人名形式出現："佛在羅閱祇耆闍崛山中，時有摩訶比丘僧萬二千人……賢者迦為拔抵，賢者憂為迦葉，賢者那履迦葉，賢者那翼迦葉。"（T12/300/a）南朝梁寶唱《翻梵語》卷二則以地名釋之："迦為拔抵，應云迦毘羅衛兜。譯者曰：國名也。"（T54/1000/c）二者在《大正藏》中均無異文。今按，該人名可能是直接借用了地名。

2.2.2 沿用詞形。

沿用2個詞形，分屬2種音譯模式，共使用18次。

三國 A（漢 a）：kawi/梵 kapi：（詳）迦夷 2

三國 B（漢 d）：kawilawa/梵 kapila－va：（曜）迦維羅衛 16

2.2.3 用字情況。

新用字4個：為 ɣiue←pi，拔 buɑt←vat，兜 tu←tu，坻 tei←tu。

2.2.4 本期特點。

第一，"拔"字顯然對應 vat，這是漢文佛典中第一次用唇音字對應該音節，但僅有孤例。

第二，與梵文 Kapila－vastu 相比，"兜""坻"二字顯然對應 tu，這是 tu 在漢文佛典中第一次明確出現。

2.3 西晉（譯人簡稱：護＝竺法護，炬＝法炬）

此期共見6種模式，8個詞形，共使用39次。新加入2個音譯用字。

2.3.1 新增詞形。

新增音譯模式2種，此後不被沿用。

新增詞形4個（其中2個沿用漢代模式），此期共使用5次，全藏共使用11次。

新增詞形只有"迦惟羅衛""迦夷羅衛"被沿用，此二者均依漢代模式產生。

西晉 a：kawiwat/梵 kapi－vat：（護）迦維越 2/2

西晉 b：kawilaba/梵 kapila－va：（炬）迦惟羅婆 1/1①

西晉 A（漢 d）：kawilawa/梵 kapila－va：（護）迦惟羅衛 1/5、（護）迦夷羅衛 1/3

2.3.2 沿用詞形。

沿用4個詞形，分屬3種音譯模式，共使用34次。

西晉 B（漢 a）：kawi/梵 kapi：（詳）迦夷 4，（詳）迦維 3

---

① "迦惟羅婆"見西晉法炬《佛説苦陰因事經》（T1/849/b27），《大正藏》各本無異文，《中華大藏經》據金藏亦無異文（中34—7—2）。又，此經《祐錄》已著錄為西晉法炬譯。

西晉 C（漢 b）：kawiwa/梵 kapi-va：（詳）迦夷衛 1

西晉 D（漢 d）：kawilawa/梵 kapila-va：（曜）迦維羅衛 26

2.3.3　用字情況。

新用字 2 個：婆 buɑ←va，惟 jwi←pi。

2.3.4　本期特點。

與梵文 Kapila-vastu 相比，"婆"字顯然對應 va，這是漢文佛典中第二次用唇音字對應該音節。

2.4　東晉（譯人簡稱：顯＝法顯，婆＝僧伽提婆）

東晉與十六國南北並峙，此期譯人甚多，譯經規模空前，不少譯人在南北皆有譯經活動，既可歸東晉，又可歸十六國，本文姑分而述之。

此期（東晉）共見 9 種模式，12 個詞形，共使用 110 次。新加入 6 個音譯用字。

2.4.1　新增詞形。

新增音譯模式 6 種，前 5 種均長期被沿用。

新增詞形 10 個（其中 3 個沿用 2 種漢代模式），此期共使用 63 次，全藏共使用 851 次。

新增詞形中有 7 個被沿用。

東晉 a：kabi/梵 kapi：（婆）迦毘 1/24

東晉 b：kabila/梵 kapila：（婆）迦毘羅 16/576

東晉 c：kabilawat/梵 kapila-vat：（婆）迦毘羅越 24/40

東晉 d：kabilawa/梵 kapila-va：（婆）加鞞羅衛 1/1，（佛陀跋陀羅）迦毘羅衛 15/155

東晉 e：kabilaba/梵 kapila-va：（佛陀跋陀羅）迦毘羅婆 1/47

東晉 f：kapilabatu/梵 kapila-vatu：（顯）迦比羅旆兜 1/2①

---

①　"迦比羅旆兜"見於三卷本《大般涅槃經》卷中（T1/199/c4），《大正藏》各本無異文，《中華大藏經》據金藏亦無異文（中 33—477—3）。又，關於三卷本《大般涅槃經》，梁僧祐《出三藏記集》卷二之"新集條解異出經錄"云"釋法顯出《大般泥洹經》六卷、《方等泥洹經》二卷"（T55/14/a5），唐智昇《開元釋教錄》云"《大般涅槃經》三卷（或二卷），東晉平陽沙門釋法顯譯"（T55/611/a3），二者基本一致，僅卷數不牟。

東晉 A（漢 d）：kawilawa/梵 kapila–va：（婆）加維羅衛 2/2

東晉 B（漢 e）：kawilawat/梵 kapila–vat：（迦留陀伽）迦惟羅閱 1/1，（迦留陀伽）迦惟羅越 1/4

2.4.2 沿用詞形。

沿用 2 個詞形，分屬 2 種音譯模式，共使用 47 次。

東晉 C（漢 a）：kawi/梵 kapi：（詳）迦夷 1

東晉 D（漢 d）：kawilawa/梵 kapila–va：（曜）迦維羅衛 46

2.4.3 用字情況。

新用字 6 個：毘 bi←pi，比 pi←pi，鞞 pit←pi，旆 bɑi←va，閱 iuɛt←vat，兜 tu←tu

2.4.4 本期特點。

第一，與梵文 Kapila–vastu 相比，"毘""鞞"顯然對應 pi，這是漢文佛典中第一次用唇音字對應該音節。

第二，"旆"和此前出現的"拔""婆"一起，明確了 va 在譯經者眼中的唇音地位。

第三，"兜"的用例增加一次，再一次明確譯經所用原典中該詞語 tu 的存在。

第四，此期材料同下文十六國的材料一起，表明其時原典中該詞接近 Kapila–vatu 形式，這和該詞語的巴利文形式 Kapila–vatthu 已相當吻合。

2.5 十六國（譯人簡稱：念 = 竺佛念，什 = 鳩摩羅什）

此期共見 16 種模式，21 個詞形，共使用 180 次。新加入 3 個音譯用字。

2.5.1 此期與東晉相同的詞形 5 個（分屬 5 種模式），共使用 90 次：迦毘 1，迦毘羅 35，迦毘羅衛 27，迦惟羅越 3，迦毘羅婆 24。

2.5.2 新增詞形。

新增音譯模式 7 種，其中前 3 種得到沿用，後 4 種不被沿用。

新增詞形 10 個（其中 2 個沿用 2 種舊模式），此期共使用 18 次，全藏共使用 51 次。

新增詞形中有 5 個後來被沿用。

十六國 a：kawila/梵 kapila：（念）迦惟羅 1/1，（念）迦維羅 1/17，（什）迦夷羅 1/6

十六國 b：kawilagat/梵 kapila-vat?：（念）迦維羅竭 4/7①

十六國 c：kabilabatu/梵 kapila-vatu：（念）迦毘羅婆兜 1/1

十六國 d：gabilabatu/梵 kapila-vatu：（念）伽毘羅婆兜 1/1

十六國 e：gabilabattu/梵 kapila-vatu：（念）伽毘羅跋兜 1/1

十六國 f：gawilawa/梵 kapila-va：（什）伽維羅衛 2/2

十六國 g：kapi/梵 kapi：（念）迦比 1/1②

十六國 A（漢 c）：kalawa/梵 kala-va：（什）迦羅衛 3/8

十六國 B（東晉 b）：kabila/梵 kapila：（什）加毘羅 2/6

2.5.3 沿用詞形。

沿用 5 個詞形，分屬 3 種音譯模式，共使用 72 次。

十六國 C（漢 a）：kawi/梵 kapi：（詳）迦夷 22

十六國 D（漢 d）：kawilawa/梵 kapila-va：（曜）迦維羅衛 41，（護）迦惟羅衛 1，（護）迦夷羅衛 1

十六國 E（漢 e）：kawilawat/梵 kapila-vat：（詳）迦維羅越 7

2.5.4 用字情況。

新用字 3 個：伽 ga←ka，跋 buɑt←vat，竭 giat←vat?。

2.5.5 本期特點。

第一，與梵文 Kapila-vastu 相比，濁聲母字"伽"第一次用來對應本為清輔音的 ka。

---

① "迦維羅竭"在姚秦竺佛念譯《出曜經》卷二十四出現 3 次、卷二十五出現 1 次，梁僧祐撰《釋迦譜》卷二出現 2 次，梁寶唱等集《經律異相》卷七出現 1 次，總共 7 次用例，《大正藏》均未載異文，看來不像是傳抄訛誤。從位置來看，"竭"（giat）最有可能對應 vat，此中原因待考。也許有一種可能的解釋：梵文 Kapila-vastu 又名 Kapilapura，亦可稱 Kapila-nagara，"迦維羅竭"或許依據的是 Kapila-nagara，"竭"對應 nagara 的中間音節。又，辛島靜志《長阿含經原語之研究》（21 頁）針對人名"尼求羅"，懷疑其原典語言或許有"-p-＞-v-＞-g-"這樣的音變規律，但不能確認真的有過"Nipura→Nigura"這樣的演變。從發音部位及與梵文的對應關係來看，"竭"、"求"似乎處在相同的疑問之中。

② "迦比"一譯僅見於竺佛念《出曜經》卷二十五："閻浮利內，迦比國界，釋迦文佛，神力弟子，名曰目連。"（4—742—a）

第二，同上文東晉的材料一起，表明其時原典中該詞語接近 kapila-vatu 形式，這和巴利文 Kapila-vatthu 已相當吻合。

第三，此期譯者甚眾，但祇有竺佛念和鳩摩羅什二人創制了新的音譯形式，餘皆沿用舊形①。

第四，東晉十六國是一個分水嶺。pi 和 va（t）兩個音節早期都使用喻母字，此期開始這兩個音節新的音譯用字則全部是唇音字。

2.6　南北朝（譯撰人簡稱：唱＝寶唱，求那＝求那跋陀羅）

此期共見 21 種模式，28 個詞形，共使用 220 次。新加入 8 個音譯用字。

2.6.1　新增詞形。

新增音譯模式 8 種，每種模式僅產生 1 個詞形；有 7 種模式限於此期使用，僅 1 種得到沿用。

新增詞形 12 個（其中 4 個沿用 3 種舊模式），共使用 24 次，全藏使用 27 次。

新增詞形中僅有 3 個後來被沿用。

南北朝 a：kabilapa／梵 kapila-va：（唱）迦毘羅波 1/1②

南北朝 b：ka zwilapa／梵 kapila-va：（唱）迦隨羅衛 1/1③

南北朝 c：kabilabattu／梵 kapila-vatu：（唱）迦毘羅拔兜 1/1

南北朝 d：kapilabattu／梵 kapila-vatu：（唱）迦比羅跋兜 1/1

南北朝 e：kapilabasutu／梵 Kapila-vastu：（梁僧伽婆羅）迦比羅婆修斗 1/1

南北朝 f：kapilawa／梵 kapila-va：（吉迦夜）迦比羅衛 1/2

---

①　十六國時期 6 種新創模式大致可視為姚秦新創，因其出於竺佛念、鳩摩羅什二人之手，竺佛念在苻秦和姚秦都有譯經活動，而鳩摩羅什為姚秦譯經僧。

②　"迦毘羅波"僅見於《翻梵語》卷九："迦毘羅波仙人林，應云迦毘羅跋私臭。譯曰迦毘羅者，蒼；跋私臭者，住處。"（T54/1046/3）各本無異文。接下來的"溫樓頻螺樹林"條目下注明此二條目采自《大智度論》卷四十四。按，今本《大智度論》有 17 例"迦毘羅婆"，但並無"迦毘羅波"。

③　"迦隨羅衛"僅見於《翻梵語》卷九："迦隨羅衛樹，應云迦比羅跋臭。譯者曰：迦比羅者，仙人名；跋臭，住處。——《義足經》下卷。"（大 54/1048/3）各本無異文。按，今本支謙《佛說義足經》均作"迦維羅衛樹"，無"迦隨羅衛"。

南北朝 g：kapilabat t'ju/梵 kapila‐vatu：（唱）迦比羅跋臭 1/1①

南北朝 h：kabilabat su t'ju/梵 Kapila‐vastu：（唱）迦毘羅跋私臭 1/1

南北朝 A（漢 e）：kawilawat/梵 kapila‐vat：（寶雲）迦夷羅越 1/1，（僧祐）迦維羅閱 1/2

南北朝 B（三國 b）：kawibattu/梵 kapi‐vatu：（唱）迦為拔抵 1/1②

南北朝 C（姚秦 c）：kabilabatu/梵 kapila‐vatu：（求那）迦毘羅旆兜 13/14——求那跋陀《過去現在因果經》7 次用例全作"迦毘羅旆兜"，梁僧祐《釋迦譜》有 4 次誤作"迦毘羅施兜"③，另有 2 次誤作"迦毘羅雞兜"④。另，唐道世《法苑珠林》卷八沿用時誤作"迦毘羅施"。

2.6.2 沿用詞形。

沿用 16 個詞形，分屬 13 種音譯模式，共使用 194 次。

南北朝 D（漢 a）：kawi/梵 kapi：（詳）迦夷 22，（詳）迦維 3

南北朝 E（漢 b）：kawiwa/梵 kapi‐va：（詳）迦夷衛 2，（詳）迦維衛 5

南北朝 F（漢 c）：kalawa/梵 kala‐va：（什）迦羅衛 1/1

南北朝 G（漢 d）：kawilawa/梵 kapila‐va：（曜）迦維羅衛 38，（護）迦惟羅衛 1

南北朝 H（漢 e）：kawilawat/梵 kapila——vat：（詳）迦維羅越 1

南北朝 I（東晉 a）：kabi/梵 kapi：（婆）迦毘 1

---

① 此例及下例"臭"字疑為"兜"字之誤。

② "迦為拔抵"僅見於《翻梵語》卷二釋《阿彌陀經》用語云："迦為拔抵，應云迦毘羅拔兜。譯者曰：國名也。"（T54/1000/3）各本無異文。按，今本支謙《佛說阿彌陀三耶三佛薩樓佛檀過度人道經》卷上作"迦為拔抵"用作人名（T12/300/1），各本無異文。

③ "迦毘羅施兜"4 次用例均見於僧祐《釋迦譜》，如卷一："我於此不久，當下閻浮提，迦羅施兜，白淨王宮生，辭父母親屬，捨轉輪王位，出家行學道，成一切種智。"（T50/14/2）按，此為照錄南朝宋求那跋陀羅譯《過去現在因果經》卷一經文，原文作"迦毘羅旆兜"（T3/624/1）。"旆""施"形近易誤。

④ "迦毘羅雞兜"的 2 次用例均見僧祐《釋迦譜》卷一，如："爾時迦毘羅雞兜城四門之外各有一園，樹木華果，浴池樓觀，種種莊嚴，皆悉無異。"（T50/21/3）此段文字出自南朝宋求那跋陀羅譯《過去現在因果經》卷二，原文作"迦毘羅旆兜"（T3/630/1）。據此可知"雞"乃"旆"之誤。按，二字形義均無聯繫，"迦毘羅雞兜"之成因可能與北魏菩提流支譯《佛說佛名經》有關，該經共出現 8 次"因陀羅雞兜"，如"南無因陀羅雞兜佛""南無因陀羅雞兜幢佛""南無因陀羅雞兜幢王佛""南無因陀羅雞兜幢星宿王佛"等；《釋迦譜》在傳抄過程中有可能碰巧受其影響，"迦毘羅旆兜"被誤作"迦毘羅雞兜"。

南北朝 J（東晉 b）：kabila/梵 kapila：（婆）迦毘羅 38

南北朝 K（東晉 c）：kabilawat/梵 kapila－vat：（婆）迦毘羅越 13

南北朝 L（東晉 d）：kabilawa/梵 kapila－va：（佛陀跋陀羅）迦毘羅衛 62

南北朝 M（東晉 e）：kabilaba/梵 kapila－va：（佛陀跋陀羅）迦毘羅婆 1

南北朝 N（東晉 f）：kapilabatu/梵 kapila－vatu：（顯）迦比羅斾兜 1

南北朝 O（姚秦 a）：kawila/梵 kapila：（念）迦維羅 2

南北朝 P（姚秦 b）：kawilagat/梵 kapila－vat：（念）迦維羅竭 3

2.6.3 用字情況。

新用字 8 個：隨 ziue←pi，波 puɑ←va，斾 bāt←va（t），修 siu←s，私 si←s，斗 tu←tu，臭 tɕ'iu←tu，柢 tei←tu。

2.6.4 本期特點。

第一，此期南朝有僧祐《出三藏記集》《弘明集》《釋迦譜》和寶唱《翻梵語》等中土佛教撰述，新創或保留了不少音譯形式，其中有些僅見於中土撰述，為翻譯佛典所無。如用來對應 pi 的"隨"，用來對應 tu 的"臭"，都是此期中土撰述所獨有的。

第二，這是一個混亂時期，各種音譯形式和讀音模式並存。此期使用 27 個不同的音譯形式，可細分為 21 種不同音譯模式，但是後來得到沿用的很少。

第三，梵文 Kapila－vastu 的 s 一音在漢文佛典中首次得到明確記錄（私、修）。

第四，完整對應梵文 Kapila－vastu 的六音節形式首次出現，其中"迦比羅婆修斗"已十分接近唐人新創形式。

2.7 隋

此期共見 9 種模式，14 個詞形，共使用 230 次。新加入 5 個音譯用字。

2.7.1 新增詞形。

新增音譯模式 2 種，均得到沿用。

新增詞形 3 個，共使用 31 次，全藏共使用 36 次。

新增詞形中有 2 個得到沿用。

隋 a：kapila/梵 kapila：（達摩笈多）柯箄羅 1/2

隋 b：kabilabasutu/梵 Kapila－vastu：（闍那崛多）迦毘羅婆蘇都 29/33，（那連提舍耶）迦毘羅婆須都 1/1

2.7.2 沿用詞形。

沿用 11 個詞形，分屬 7 種音譯模式，共使用 199 次。

隋 A（漢 d）：kawilawa/梵 kapila—va：（曜）迦維羅衛 4，（護）迦夷羅衛 1

隋 B（漢 a）：kawi/梵 kapi：（詳）迦夷 3，（詳）迦維 2

隋 C（東晉 a）：kabi/梵 kapi：（婆）迦毘 7

隋 D（東晉 b）：kabila/梵 kapila：（婆）迦毘羅 159，（什）加毘羅 1

隋 E（東晉 d）：kabilawa/梵 kapila—va：（佛陀跋陀羅）迦毘羅衛 1

隋 F（東晉 e）：kabilaba/梵 kapila—va：（佛陀跋陀羅）迦毘羅婆 16

隋 G（姚秦 a）：kawila/梵 kapila：（念）迦惟羅 3，（什）迦夷羅 2

2.7.3 用字情況。

新用字 5 個：柯 kɑ←ka，箄 pie←pi，蘇 so←su，須 sio←su，都 to←tu。

2.7.4 本期特點。

完整對應梵文 Kapila－vastu 的音譯形式用例大增。新增 2 個六音節形式，其中"迦毘羅婆蘇都"用例達 29 次。

2.8 唐（譯撰人簡稱：奘＝玄奘，淨＝義淨，琳＝慧琳）

此期共見 24 種模式，34 個詞形，共使用 580 次。新加入 16 個音譯用字。

2.8.1 新增詞形。

新增音譯模式 9 種，其中 1 種被沿用。

新增詞形 15 個（其中 1 個沿用舊模式），本期共使用 244 次，全藏共使用 246 次。

新增詞形中僅 2 個得到沿用。

唐 a：gabila/梵 kapila：（道世）伽毘羅 1/2

唐 b：kappila/梵 kapila：（奘）劫比羅 206/206

唐 c：kappilabat suttu/梵 Kapila－vastu：（奘）劫比羅伐窣堵 9/10，（奘）

劫比羅筏窣堵 2/2，（奘）劫比羅筏窣睹 7/7，（淨）劫比羅伐窣睹 9/9

　　唐 d：kappitlabat suttu/梵 Kapila－vastu：（淨）劫畢羅伐窣睹 1/1，（淨）劫畢羅筏窣睹 1/1

　　唐 e：kapbilabat suttu/梵 Kapila－vastu：（道宣）劫毘羅伐窣堵 1/1，（琳）劫毘羅筏窣覩 1/1

　　唐 f：kappilabak suttu/梵 Kapila－vastu：（琳）劫比羅縛窣覩 1/1

　　唐 g：kapilabasuttu/梵 Kapila－vastu：（慧苑）迦比羅幡窣都 1/1

　　唐 h：kamilabak sutu/梵 Kapila－vastu：（禮言）迦尾攞縛娑多 1/1

　　唐 i：kamilasutu/梵 kapila－stu：（僧怛多蘗多）迦尾囉沙多 1/1

　　唐 A（隋 a）kapila/梵 kapila：（淨）迦比羅 1

2.8.2　沿用詞形。

沿用 18 個詞形，分屬 15 種音譯模式，共使用 336 次。

　　唐 B（漢 a）：kawi/梵 kapi：（詳）迦夷 31，（詳）迦維 38

　　唐 C（漢 b）：kawiwa/梵 kapi－va：（詳）迦夷衛 1

　　唐 D（漢 d）：kawilawa/梵 kapila－va：（曜）迦維羅衛 30

　　唐 E（漢 e）：kawilawat/梵 kapila－vat：（詳）迦維羅越 1，（僧祐）迦維羅閱 1

　　唐 F（東晉 a）：kabi/梵 kapi：（婆）迦毘 9

　　唐 G（東晉 b）：kabila/梵 kapila：（婆）迦毘羅 173，（什）加毘羅 1

　　唐 H（東晉 c）：kabilawat/梵 kapila－vat：（婆）迦毘羅越 2

　　唐 I（東晉 d）：kabilawa/梵 kapila－va：（佛陀跋陀羅）迦毘羅衛 35

　　唐 J（東晉 e）：kabilaba/梵 kapila－va：（佛陀跋陀羅）迦毘羅婆 3

　　唐 K（姚秦 a）：kawila/梵 kapila：（念）迦維羅 3，（什）迦夷羅 1

　　唐 L（漢 c）：kalawa/梵 kala－va：（什）迦羅衛 1

　　唐 M（姚秦 c）：kabilabatu/梵 kapila－vatu：（求那）迦毘羅施（兜）1/1①

---

　　①　"迦毘羅施"見於道世《法苑珠林》卷八："我於此不久，當下閻浮提，迦毘羅施國，白淨王宮生，辭父母親屬，捨轉輪王位，出家行學道，成一切智智。"（T53/339/3）"迦毘羅施國"一句在宋本、元本、明本、宮本中作"迦毘羅施兜"。按，此段引自南朝宋求那跋陀羅譯《過去現在因果經》卷二，原文作"迦毘羅旆兜"（T3/630/1）。據此可知，《法苑珠林》"施"實為"旆"之誤。

唐 N（南北 f）：kapilawa/梵 kapila‐va：（吉迦夜）迦比羅衛 1

唐 O（隋 a）：kapila/梵 kapila：（達摩笈多）柯箄囉 1

唐 P（隋 b）：kabilabasutu/梵 Kapila‐vastu：（闍那崛多）迦毘羅婆蘇都 4

2.8.3 用字情況。

新用字 16 個：劫 kiɑp←kap，畢 piět←pil，尾 miəi←pi，攞 lɑ←la，囉 lɑ←la，伐 biɐt←vat，筏 biɐt←vat，縛 biak←va，嶓 buɑ←va，窣 sut←st，娑 sɑ←s，沙 sɑ←s，多 tɑ←tu，堵 to←tu，睹 to←tu，覩 to←tu。

2.8.4 本期特點。

第一，新增用字較多，6 個音節均各有數量不等的新字加入記音，前所未有。

第二，《梵語雜名》和《唐梵兩語雙對集》這樣講究精確對音的工具書用明母字"尾"對 pi，這是絕無僅有的，值得關注。

第三，大量使用入聲字，如"劫畢羅伐窣睹"用了"劫""畢""伐""窣"4 個入聲字，造成了 kappitlabatsuttu 這樣的音譯模式，將"連聲之法"運用到最大限度。①

第四，新增模式絕大多數為六音節"全譯"形式，但是它們的使用次數都很少，真正廣泛使用的是"劫比羅""迦毘羅"等節略形式。

2.9 宋遼

此期共見 10 種模式，11 個詞形，共使用 173 次。沒有新的音譯用字。

2.9.1 新增詞形。

新增詞形 1 個（沿用舊模式），僅使用 1 次，未被沿用。

宋遼 A（隋 b）kabilabasutu↔梵 Kapila‐vastu：（法雲）迦毘羅嶓窣都 1/1

---

① 儲泰松（1995，第 8 頁）說："僧徒譯經，雖然文字工拙有異，但是對音極力求真，用字極為謹慎，以免褻瀆神靈，這是歷代經家一致追求的目標。求真的有效方法，就是將梵文的單輔音前後兼用，也就是說，一個輔音既作為上一音節的韻尾，又作為下一音節的聲母，正如古代譯經家所說：以上字終響作為下字頭響，這在翻譯學上稱之為連聲之法。"這是就書面形式而言。又，唐善無畏共一行譯《大毘盧遮那成佛神變加持經》卷七末尾注文云："凡真言中平聲字，皆稍上聲呼之。若諸語與下字相連，亦可逐便以入聲呼之，如'婆伽梵'呼為'薄伽梵'之類是也。"（T18/55/a2）這表明念誦時可不受書面形式讀音的局限，自由運用"連聲之法"。

2.9.2 沿用詞形。

沿用10個詞形，分屬9種音譯模式，共使用172次。

宋B（漢a）：kawi/梵kapi：（詳）迦夷1，（詳）迦維3

宋C（漢b）：kawiwa/梵kapi-va：（詳）迦維衛7

宋D（漢d）：kawilawa/梵kapila-va：（曜）迦維羅衛5

宋E（東晉a）：kabi/梵kapi：（婆）迦毘4

宋F（東晉b）：kabila/梵kapila：（婆）迦毘羅140

宋G（東晉d）：kabilawa/梵kapila-va：（佛陀跋陀羅）：迦毘羅衛7

宋H（東晉e）：kabilaba/梵kapila-va：（佛陀跋陀羅）迦毘羅婆1

宋I（姚秦a）：kawila/梵kapila：（念）迦維羅3

宋J（唐c）：kappilabatsuttu/梵Kapila-vastu：（奘）劫比羅伐窣堵1

2.9.3 本期特點。

幾乎全為沿用舊形，僅"迦毘羅幡窣都"一例為前代所無。實際上迄至唐代，幾乎所有可能的創新形式都已被用完。

2.10 元明

此期無新創詞形。沿用8個詞形，分屬6種模式，共使用23次。

元明A（漢a）：kawi/梵kapi：（詳）迦夷2，（詳）迦維2

元明B（漢b）：kawiwa/梵kapi-va：（詳）迦維衛1

元明C（漢d）：kawilawa/梵kapila-va：（曜）迦維羅衛4

元明D（東晉b）：kabila/梵kapila：（婆）迦毘羅6

元明E（東晉d）：kabilawa/梵kapila-va：（佛陀跋陀羅）迦毘羅衛2

元明F（姚秦a）：kawila/梵kapila：（念）迦維羅4，（什）迦夷羅2

特點：文獻太少，無從談起。

2.11 其他

失譯及不明時代者、新羅及高麗撰述、《大正藏》第85冊部分未明譯撰時代者，可以認為其中詞形均為沿用。

這部分共見音譯模式10種，詞形13個，共使用50次。

失逸A（漢a）：kawi/梵kapi：（詳）迦夷3，（詳）迦維3

失逸B（漢b）：kawiwa/梵kapi-va：（詳）迦維衛1

失逸 C（漢 d）：kawilawa/梵 kapila－va：（曜）迦維羅衛 20，（護）迦惟羅衛 2

失逸 D（東晉 a）：kabi/梵 kapi：（婆）迦毘 1

失逸 E（東晉 b）：kabila/梵 kapila：（婆）迦毘羅 9，（什）加毘羅 1

失逸 F（東晉 c）：kabilawat/梵 kapila－vat：（婆）迦毘羅越 1

失逸 G（東晉 d）：kabilawa/梵 kapila－va：（佛陀跋陀羅）迦毘羅衛 6

失逸 H（姚秦 a）：kawila/梵 kapila：（念）迦維羅 1

失逸 I（漢 c）：kalawa/梵 kala－va：（什）迦羅衛 1

失逸 J（南北 c）：gabila/梵 kapila：（道世）伽毘羅 1

三　漢文佛典音譯詞的特點

上文以 Kapila－vastu 的音譯形式為例，對漢文佛典中的音譯詞作了一次個案考察，窺一斑而知全豹，此項考察有助於我們認識漢文佛典音譯詞的某些特點。

3.1　音譯形式豐富多樣

考察音譯用字，Kapila－vastu 在漢文佛典中用了 49 個不同的漢字來記音；依據書寫形式，Kapila－vastu 在漢文佛典中擁有 65 個不同的音譯形式；著眼實際讀音，Kapila－vastu 在漢文佛典中具備 41 種不同的音譯模式；僅看音節數目，Kapila－vastu 在漢文佛典中的音譯形式從雙音節、三音節、四音節、五音節直至六音節不等；細考具體音節的音值，對應同一個音節的漢字可能聲有清濁之分、韻有舒促之別。

3.2　語音形式越來越接近梵文，詞形越來越長

早期譯經中，與 pi 對應的音節用"夷""維""惟""為"等喻母字，與 va（t）對應的音節也用"衛""越""閱"等喻母字；東晉十六國以來，這兩個音節的新增音譯形式都用了唇音字。而原詞中的 s 一音直到南北朝以來才得到明確記錄，此後隋唐的新增音譯形式大都專門用一個心母字來記寫。這些現象足以顯示，隨著時間的推移，新增音譯形式在音節數和音值兩方面都越來越接近梵文的讀音。

與此相關的一個現象是，Kapila－vastu 音譯形式的詞形越來越長。試

以各時期漢文佛典中 Kapila‑vastu 的新增音譯形式和讀音模式的音節數為考察對象，列簡表如下（見表1）。

表1

	雙音節 詞形—模式	三音節 詞形—模式	四音節 詞形—模式	五音節 詞形—模式	六音節 詞形—模式	合計 詞形—模式
東漢	2—1	3—2	2—2			7—5
三國			1—1	1—1		2—2
西晉		1—1	3—1			4—2
東晉	1—1	1—1	7—3	1—1		10—6
十六國	1—1	5—2	2—2	3—3		11—7
南北朝			6—3	4—3	2—2	12—8
隋		1—1			2—1	3—2
唐		3—2		1—1	11—6	15—9
宋					1—0	1—0
合計	4—3	14—8	21—12	10—9	16—9	65—41

一方面，漢代最長的為四音節形式，東晉十六國才較多出現五音節形式，南北朝以來六音節形式始露面。另一方面，南北朝以來不再產生新的雙音節形式，隋代以來不再產生新的四音節形式。

有一種流行觀點認為，漢文佛典音譯詞大多經歷了從"全譯"到"節譯"的縮略過程，漢語對大量佛教音譯詞進行了從多音節形式到雙音節形式甚至單音節形式的改造。以上文列舉的材料觀之，至少就 Kapila‑vastu 一詞的音譯形式而言，"從全譯到節譯"之説不可信。

3.3 "沿用"和"求准"是兩大原則

上文顯示，每個時期都會產生新的音譯模式和音譯詞形，其中原因也許可以從不同時期佛典翻譯所用底本的變化、原典語言的差異、譯人誦讀原典時的口音、漢語方言差異、漢文佛典流傳過程中的版本問題等多個角度來加以解釋。不可否認的一點是：每個時期的譯經師都努力追求音譯形式盡可能同原典語言一致，他們的目標是"求准"，在上述諸多因素的影響下，"求准"的動機必然以"求新"的方式表現出來。中土佛教撰述常以"訛""訛略""古譯訛略""舊云××"等語指斥早期譯經用語（尤其是音譯詞），同時以"正梵""正音""正梵音""應云××"的方式隆重推出撰者心目中理想的譯語，這正是"求准"的表現。

與此同時，三國以後每個時期都免不了沿用前代已有的音譯詞形，翻譯佛典和中土撰述都是這樣。不管是可借鑒形式不多的三國支謙還是開創譯經新時代的姚秦鳩摩羅什和唐代玄奘，從南朝梁僧祐、寶唱到唐代道宣、慧琳，新創的音譯形式和沿用的形式幾乎總是各有用武之地。即使唐人言必稱"正梵"，動輒以"訛略"斥舊譯，他們為 Kapila－vastu 一詞創造了不少新的音譯形式，但是細觀唐人譯撰，其中 Kapila－vastu 一詞的音譯仍是新創詞形和沿用詞形平分秋色。原因很簡單：一是文獻傳承的力量，二是早期簡短的音譯形式更適合漢語的特點。

為了直觀反映不同時期 Kapila－vastu 音譯形式的新創與沿用情況，列表統計如下（見表2）。

表2

	創制新形		沿用舊形		合計
	新形個數/被沿用數	使用次數/被沿用數	舊形來歷及個數	舊形來歷及使用次數	詞形個數/使用次數
東漢	7（6）	14（402）	0	0	7/14
三國	2（0）	2（0）	漢2	漢18	4/20
西晉	4（2）	5（6）	漢4	漢34	8/39
東晉	10（7）	63（789）	漢2	漢47	12/110
十六國	11（5）	18（33）	漢3、西2、東5	漢70、西2、東90	21/180
南北朝	12（3）	24（3）	漢6、三1、西1東6、十六3	漢71、三1、西1東116、十六8	29/221
隋	3（2）	31（5）	漢3、西1、東4、十六3	漢9、西1東183、十六6	14/230
唐	15（2）	244（2）	漢5、東5、十六4南北2、隋2	漢101、東222十六6、南北2、隋5	33/580
宋遼	1（0）	1（0）	漢4、東4、十六1、唐1	漢16、東152十六3、唐1	11/173
元明	0	0	漢4、東2、十六2	漢9、東8、十六6	8—23
失逸	0	0	漢4、西1、東4十六3、南北1	漢27、西2、東17十六3、南北1	13/50
合計	65（27）	401（1240）		1240	/1640

有兩個時期最值得關注：一是東漢，二是東晉十六國，此二期所創新詞形生命力最強，被沿用次數最多，達1224詞次，幾乎占沿用詞次總數的百分之九十九。

迄今為止，梵漢對音在漢語語音史研究上的作用已得到相當充分的展示。梵漢對音被分為密咒、譯名、悉曇和音注四種（尉遲治平，2002：11），在實際操作中，密咒的價值得到了充分肯定，術語譯名則似乎讓人有些不放心，儘管早在20世紀80年代左右就有俞敏《後漢三國梵漢對音譜》這樣以譯名為主體材料的典範之作。其中一個重要原因，就是擔心漢文佛典中不少譯名存在沿用現象，不能真實反映漢語語音的變化。

對此，辛島靜志（1994）①、儲泰松（1995）②、尉遲治平（2002）③ 都提到如何減小這個問題的負面影響。如果更嚴格要求，除了音譯形式作為"詞"的沿用，我們還應該重視音譯用字的沿用問題，力求以各時期新加入的音譯用字為核心，這樣才能徹底避免其弊端。

從 Kapila-vastu 的音譯形式來看，術語譯名"沿用"造成的局限固然存在，但這不足以否定漢文佛典中數目龐大的音譯詞在語音史研究中的作用。不過，利用術語譯名的前提是：全面準確把握每個音譯形式的產生和沿用情況，以便必要時區分新譯和沿用。本文正是在音譯詞的材料搜集和整理方面作了一次嘗試。

3.4 譯撰有別

從文獻產生方式看，漢文佛典可分兩大類。一類是《大正藏》第1—32冊那樣的翻譯佛典（含經、律、論三藏），另一類是《大正藏》第33—

---

① 辛島靜志（1994，第11頁）強調作為研究對象的約280條音寫語"可以判斷並非借用《長阿含經》之前現成的音寫語"。

② 儲泰松（1995，第12頁）："研究譯音的材料是術語和密咒，就可搜集的材料現狀而言，無論是研究單個譯主還是整個時代的譯音系統，其主體材料都是密咒（例外很少），這就可以把密咒作為參照物將沿譯分成兩類：一是古今語音相同而沿譯，一是古今語音有別而沿譯，如果與密咒反映的譯音系統相同，則可視為非沿譯，只是碰巧用了同一形式而已；如果與密咒的體系不同，這才是真正的沿譯，在整理材料時徑行將其剔除，否則就會影響結論的可靠性。"

③ 尉遲治平（2002，第12頁）指出："譯名的使用應該慎重，首先必須進行甄別，弄清是初譯還是後譯，是舊譯還是新譯，性質不明的寧缺毋濫，只有確信能忠實反映當時漢語的實際語音時，方能使用。但譯名用字的字種比較廣泛，可濟梵咒之窮，補充其不足。"

55冊那樣的中土佛教撰述（如佛經目錄、經疏、史傳、音義等）①。

漢文佛典中Kapila-vastu一詞的65個音譯形式在這兩類材料中的使用有明顯差異。從每個音譯形式的首次用例來看，由翻譯佛典新創的有48個，由中土撰述新創的有17個，翻譯佛典新創的音譯形式約有一半進入了中土撰述，但是中土撰述新創的音譯形式都未能進入翻譯佛典。它們的使用場合可分三種具體情況。

第一種情況是，歷代漢譯佛典新創的音譯形式，有25個在中土撰述中找不到用例，其中大多數限一位譯者使用，有的僅1个用例。此類音譯形式及各自首創者如下。

（讖）加羅衛，（謙）迦維羅衛兜，（謙）迦為拔坻，（護）迦維越，（炬）迦惟羅婆，（護）迦惟羅衛，（婆）加鞞羅衛，（婆）加維羅衛，（迦留陀伽）迦惟羅閱，（迦留陀伽）迦惟羅越，（念）迦比，（念）迦惟羅，（念）迦毘羅婆兜，（念）伽毘羅婆兜，（念）伽毘羅跋兜，（什）伽維羅衛，（僧伽婆羅）迦比羅婆修斗，（寶雲）迦夷羅越，（那連提舍耶）迦毘羅婆須都，（獎）劫比羅筏窣堵，（獎）劫比羅筏窣睹，（淨）劫比羅伐窣睹，（淨）劫畢羅伐窣睹，（淨）劫畢羅筏窣睹，（淨）迦比羅。

第二種情況是，歷代漢譯佛典新創的音譯形式，有23個在中土撰述中也有用例。從數量來說，有的用得較多，有的用得很少，有的可能在中土撰述中僅出現1次。從使用方式來說，有的見於撰者行文中，有的僅限於引述。此類音譯形式及各自首創者如下。

（詳）迦夷，（詳）迦維，（詳）迦夷衛，（詳）迦維衛，（曜）迦維羅衛，（詳）迦維羅越，（護）迦夷羅衛，（婆）迦毘，（婆）迦毘羅，（婆）迦毘羅越，（佛陀跋陀羅）迦毘羅衛，（佛陀跋陀羅）迦毘羅婆，（念）迦維羅，（什）迦夷羅，（念）迦維羅竭，（什）迦羅衛，（什）加毘羅，（吉迦夜）迦比羅衛，（求那）迦毘羅旆兜，（達摩笈多）柯箪羅，（闍那崛多）迦毘羅婆蘇都，（獎）劫比羅，（獎）劫比羅伐窣堵。

第三種情況是，中土撰述新創的音形式17個，它們都沒能進入歷代翻

---

① 《大正藏》第1—32冊共1692號佛典，其中有13號不是翻譯佛典，而是中土佛教撰述；又第33—55冊共492號佛典，其中有19號實為翻譯佛典（顧滿林，2006，第20頁）。

譯佛典，其中大多是撰者拿來與早期"訛略"形式作對比的符合"正梵"的音譯形式。這些"正梵"形式往往具有為梵文立"寫真"的作用，可以保存一些有個性的材料。此類音譯形式及各自首創者如下。

（顯）迦比羅旆兜，（唱）迦毘羅波，（唱）迦隨羅衛，（唱）迦毘羅拔兜，（唱）迦比羅跛兜，（唱）迦比羅跛臭，（唱）迦毘羅跛私臭，（唱）迦為拔柢，（僧祐）迦維羅閱，（道世）伽毘羅，（道宣）劫毘羅伐窣堵，（琳）劫毘羅筏窣覩，（琳）劫比羅縛窣覩，（慧苑）迦比羅皤窣都，（禮言）迦尾攞縛娑多，（僧怛多蘖多等）迦尾囉沙多，（法雲）迦毘羅皤窣都。

最後說一說中土佛教撰述在幫助保存孤例方面的價值。以"柯箄囉"為例，該音譯形式在《大正藏》所有翻譯佛典中僅1次用例，見於隋達摩笈多《起世因本經》卷十：

> 諸比丘，其降怨王子孫相承，于阿踰闍城中治化，有五萬四千王，其最後王名為難勝。諸比丘，其難勝王子孫相承，于波羅奈城中治化，有六萬三千王，彼最後王名難可意。諸比丘，其難可意子孫相承，于柯箄囉城中治化，有八萬四千王，彼最後王，名為梵德。（T1/418/2）

對此，我們也許會懷疑"柯箄囉"的真實性，因為《起世因本經》中該詞還音譯作"迦毘羅""迦毘羅婆蘇都"。不過，唐代慧琳為《起世因本經》卷十所作的音義證明"柯箄囉"確實存在過，只不過"囉"寫成了"羅"。

> 柯箄羅城，梵語訛也，正字云劫比羅，亦名迦毘羅也。（唐慧琳《一切經音義》卷五十三，T54/662/1）

這就讓我們可以比較放心地把"柯箄囉"作為確鑿材料來使用。所以，翻譯佛典和中土佛教撰述的用語固然有別，但二者結合，互相印證，互為補充，是理所應該的。

參考文獻

《大正新脩大藏經》（第1—55冊，第85冊），（臺）新文豐出版公司1979年版。

中華電子佛典協會（CBETA）：《大正藏》電子版1999年版。

《中華藏大藏經》（漢文部分），中華書局1984—1996年版。

僧祐（梁）撰，蘇晉仁、蕭鍊子點校：《出三藏記集》，中華書局1995年版。

玄奘（唐）撰，季羨林校注：《大唐西域記校注》，中華書局2000年版。

呂澂：《新編漢文大藏經目錄》，齊魯書社1981年版。

郭錫良：《漢字古音手冊》，北京大學出版社1986年版。

辛島靜志：《長阿含經の原語の研究—音寫語分析を中心として》，（日）平河出版社1994年版。

儲泰松：《梵漢對音概說》，《古漢語研究》1995年第4期。

俞敏：《俞敏語言學論文集》，商務印書館1999年版。

朱慶之：《佛典與漢語音韻研究——20世紀國內佛教漢語研究回顧之一》，《漢語史研究集刊》第2輯，巴蜀書社2000年版。

尉遲治平：《對音還原法發凡》，《南陽師範學院學報》（社會科學版）2002年第1期。

顧滿林：《漢文佛典用語專題研究》，博士學位論文，四川大學，2006年。

（原載《汉语史研究集刊》第十輯）

附記：竺佛念"迦比"一譯在本文初次發表時未計入，今補。

漢文佛典中"訛略"一語的五種用法[①]

"訛略"一語在佛教典籍中有較多的用例,據現有文獻記錄,該詞產生於隋唐之際,常用於評價早期譯經語言文字及經文文本的優劣得失。在《大正藏》前55冊及第85冊中,"訛略"共出現252次,它的具體使用有以下五種情況:一是指音譯詞與梵文讀音對應不嚴,二是指意譯詞翻譯不準確,三是指佛經譯文書寫用字不夠典範,四是指早期譯經的文本不全,五是指密咒念誦發音不當。其中前四種"訛略"針對的是歷代漢譯佛經,第五種情況針對的是天竺人士念誦經文。

一 "訛略"指音譯詞同梵文讀音對應不嚴

這是"訛略"最常見的一種用法,確切地說,"訛"指對音不嚴,"略"指音有省減。被斥為"訛略"的佛典音譯詞不可一概而論,對音嚴與不嚴,語音省與不省,不同的詞語往往情況各異。事實上,受到"訛略"評價的音譯詞,有的是既訛且略,有的是訛而不略。

1. 既訛且略

> 梵云馞陀,訛略云佛,《涅槃經》云:"佛者名覺,既自覺悟,復能覺他。譬如有人覺知有賊,賊無能為。菩薩能覺無量煩惱,既覺了已,令諸煩惱無所能為,是故名佛。"(唐·窺基撰《大乘法苑義林

[①] 本文獲四川大學"哲學社會科學研究青年基金"資助。

章》卷六，T45/345/3)①

此條"醇陀"與"佛"在梵文中對應的是Buddha。歷史上，"佛"的雙音節形式常見的還有"佛陀""浮屠""浮圖"等。諸多音譯形式產生之時，也許所據底本和源頭語情況各不相同。②但在唐宋人眼中，同梵文形式Buddha相比，"醇陀"纔是準確的翻譯，"佛"這一音譯形式不但對音不准，是"訛"，而且它還少了一個音節，所以是"略"③。

　　梵云伽陀，舊名為偈，此訛略也。訛伽為偈，又略其陀。（唐·法寶撰《俱舍論疏》卷一，T41/465/1）

"伽陀/偈"對應的梵文是gāthā，法寶此處認為"伽陀"才是梵文gāthā對應嚴整的音譯，而"偈"是訛略。同時，他還明確指出了"訛略"兩方面的具體含義：一方面，"伽陀"的"伽"舊名作"偈"，音不准，所以是訛；另一方面，單名"偈"去掉了本該有的"陀"，所以是略。可見，在法寶眼中，訛略就是既訛且略。這實在是對"訛略"一語最全面的理解和最準確的運用。

　　"訛略"指音譯詞和源頭語相比對音不准且有所省略，這種用法首見於隋代闍那崛多所譯經文中的隨文注釋。

---

① 本文引用佛典據《大正藏》，引文後標明譯撰人、著譯題名、卷次、《大正藏》冊數（T）、頁碼、欄次。
② 關於"佛"的多種漢語音譯形式，季羨林（1990）作了專門考察。他認為"浮圖"和"佛"兩個音譯形式有不同的來源，分別對應佛教和佛經從印度傳入中土的不同線路。其中一條傳入線路為"印度→大夏（大月支）→中國"，在此過程中發生的語音變化為"buddha→bodo, boddop, boudo→浮圖"；另一條傳入線路為"印度→中亞新疆小國→中國"，語音變化為"buddha→but→佛"。梵文buddha是"浮圖"和"佛"共同的梵文來源，但二者均非直接譯自buddha，差異早在途經中亞時已經出現，不是在佛經譯為漢文時產生。如果這個結論可信，那麼，就早期漢譯佛經的翻譯過程本身而言，"浮圖"和"佛"都不是訛略，而是準確對應了其各自所據底本的語言形式。
③ 季羨林（1956，306）不贊成用"訛略"來評價早期翻譯佛典中的音譯詞："人們發現這些借字的音和梵文不相符合，於是就武斷地說它是'訛'或者是'訛略'。事實上是既不'訛'，也不'略'，只是來源不同而已。"本文旨在分析佛教典籍所載唐宋人筆下"訛略"一詞的用法，不專門討論音譯詞的來源問題。

蘇偷婆，隋言大聚，舊云塔者，訛略也。（隋·闍那崛多等譯《起世經》卷二，T1/320/2）

"蘇偷婆/塔"對應的梵文是 stūpa，二者相比，"蘇偷婆"比較接近原文發音，"塔"是音譯訛略形式。

在唐代，"訛略"一語使用廣泛，但一般不是用在佛經譯文的隨文注釋中，今存用例主要見於中土佛教撰述。

僧伽囉磨，此云眾園，舊云僧伽藍者，訛略也。（唐·道宣《續高僧傳》卷二，T50/434/3）

咀麗衍尼弗咀羅，唐言滿慈子，舊曰彌多羅尼子，訛略也。（唐·慧立本、彥悰箋《大唐大慈恩寺三藏法師傳》卷二，T50/232/2）

鉢邏犀那恃多王，唐言勝軍。舊曰波斯匿，訛略也。（唐·玄奘《大唐西域記》卷六，T51/899/1，中華書局標點本，第485頁）

如《西域傳》："耆闍崛山者，音訛略也，正言姞栗陀羅矩吒山，唐云鷲峰，又云鷲臺。此山既栖鷲鳥，其形又類高臺，故以名焉。舊云鷲頭，或云鷲嶺，或云靈鷲者，皆一義也。（唐·圓測《仁王經疏》卷上，T33/365/1）

經云"在舍衛國祇樹給孤獨園"。贊曰：第四所化處也，梵云室利羅筏悉底，言舍衛者，音訛略也，此中印度境憍薩羅國之都城名。（唐·窺基《佛說阿彌陀經通贊疏》卷上，T37/333/1）

梵云釋迦提婆因達羅者，釋迦，姓也，此翻為能；提婆，天也；因陀羅，帝也。此正翻云能天帝也。今此經云釋提桓因，梵語訛略，若餘處云天帝釋者，言乃倒耳。（唐·良賁述《仁王護國般若波羅蜜經疏》卷上二，T33/446/3）

此下四地明位，故文來也，于中初地名三摩呬多，此云等引，舊云三摩提，訛略也。（唐·遁倫集撰《瑜伽論記》卷四，T42/378/1）

以上幾條為唐人筆下的"訛略"用例，"僧伽囉磨/僧伽藍"對應的梵文是 saṃghārāma，"咀麗衍尼弗咀羅/彌多羅尼子"對應的梵文是 Pūrṇa‐maitrāyaṇīputra，"鉢邏犀那恃多/波斯匿"對應的梵文是 Prasenajit，"姞栗陀羅矩吒/耆闍崛"對應的梵文是 Gṛdhrakūṭa，"室利羅筏悉底/舍衛"對應的梵文是 Śrāvastī，"釋迦提婆因達羅/釋提桓因"對應的梵文是 Śakra‐devānām‐indra，"三摩呬多/三摩提"對應的梵文是 samāhita。與"鉢邏犀那恃多"等全稱形式相比，"波斯匿"等簡縮形式為訛略。

唐人著作使用"訛略"最多的，是慧琳《一切經音義》，這是由該書的性質決定的，同時也在一定程度上表明了慧琳的偏好。據筆者統計，慧琳《一切經音義》共使用"訛略"達 108 次。

> 戍達羅，梵語也。或云首陀羅，或但云首陀，皆梵音訛略也，即是耕種田疇為業婆羅門，四姓之中最居其下也。（唐·慧琳《一切經音義》卷五，T54/336/2）

> 瞻博迦花，梵語花樹名也，舊云瞻蔔，訛略也。此花芬馥，香聞數里，大如楸，花爛然金色也，亦是香名也。（唐·慧琳《一切經音義》卷八，T54/351/3）

> 拘翼，此言訛略也，姓憍尸迦，即釋提桓同天帝釋同一位名也。（唐·慧琳《一切經音義》卷九，T54/357/2）

> 阿輸迦，此云無憂，或言阿育者，訛略也，是阿闍世王孫。（唐·慧琳《一切經音義》卷二十八，T54/603/2）

> 勤策男，初革反；策，驅也；勤，勞也。梵言室羅末拏伊落迦，此云勞之小者也；亦言息慈，謂息惡行慈義也，舊譯言沙彌者，訛略也。（唐·慧琳《一切經音義》卷四十七，T54/622/3）

上引諸例中，"戍達羅/首陀羅/首陀"對應的梵文是 śūdra，"瞻博迦/瞻蔔"對應的梵文是 campaka，"憍尸迦/拘翼"對應的梵文是 Kauśika，"阿輸迦/阿育"對應的梵文是 Aśoka，"室羅末拏伊落迦/沙彌"對應的梵文是 śrāmaṇeraka。

下面來看宋人筆下的"訛略"。

> 梵語設利羅,今訛略稱舍利,華言骨身。(宋·道誠《釋氏要覽》卷下,T54/309/1)

> 檀越,亦云檀那,並訛略也。義淨三藏云:"具云陀那缽底,此翻施主。"(宋·元照《四分律行事鈔資持記》下三,T40/403/3)

> 真諦三藏云:"勿伽羅,此翻胡豆,綠色豆也。上古仙人,好食於此,仍以為姓。"正云摩訶沒特伽羅,新翻采菽氏,菽亦豆也。《西域記》云:"沒特伽羅,舊曰目犍連,訛略也。"(宋·法雲《翻譯名義集》卷一,T54/1063/2)

> 闍黎,或阿祇利。《寄歸傳》云:"梵語阿遮梨耶,唐言軌範。今稱闍梨,訛略。"《菩提資糧論》云:"阿遮梨夜,隋言正行。"(宋·法雲《翻譯名義集》卷七,T54/1174/2)

> 忉利,應法師云:"梵音訛略,正言多羅夜登陵舍,此云三十三。"(宋·法雲《翻譯名義集》卷二,T54/1077/1)

> 軍遲,此云瓶。《寄歸傳》云:"軍持有二,若甆瓦者是淨用,若銅鐵者是觸用。"《西域記》云:"捃稚迦,即澡瓶也,舊云軍持,訛略也。"(宋·法雲《翻譯名義集》卷七,T54/1169/3)

宋人撰述中的"訛略"用例,有不少實為引用唐人著作。宋代人中間使用"訛略"最多的是法雲《翻譯名義集》,此屬工具書性質,所以很注重引用前人說法,如法雲釋"闍黎"即引用唐人義淨《南海寄歸內法傳》的說法。[①]

上述幾條中,"設利羅/舍利"對應的梵文為 śarīra,"陀那缽底/檀越/檀那"對應的梵文為 dāna-pati,"摩訶沒特伽羅/沒特伽羅/目犍連/勿伽羅"對應的梵文是 Mahāmaudgalyāyana,"阿遮梨耶/阿遮梨夜/

[①] 義淨《南海寄歸內法傳》卷三原文作:"阿遮利耶……譯為軌範師,是能教弟子法式之義。先云阿闍梨,訛也。"(T54/222/1)與之相比,法雲所引文字有出入,宋·道誠《釋氏要覽》卷上同引義淨之說:"闍梨,《寄歸傳》云:'梵語阿遮梨耶。唐言軌範。今稱闍梨,蓋梵音訛略也。'《菩提資糧論》云:'阿遮梨夜,隋言正行。'"(T54/260/3)二人所引均非義淨原文,道誠比法雲稍早,法雲引文可能來自道誠。

闍黎/阿衹利"對應的梵文為ācārya，"多羅夜登陵舍/忉利"對應的梵文是Trāyastriṃśa，"捃稚迦/軍遲/軍持"對應的梵文是kuṇḍikā。

遼僧希麟《續一切經音義》也常見"訛略"用例。與法雲不同，希麟較少直接引用前人說法（或較少注明是引用）。

迦濕彌羅，或云迦葉蜜羅。舊云罽賓，訛略也。（遼·希麟《續一切經音義》卷三，T54/946/1）

阿若憍陳如，上烏葛反，次如者反，梵語訛略也，應云阿若多憍陳那。（遼·希麟《續一切經音義》卷四，T54/948/1）

襃灑陀，上保毛反，中沙鮓反，梵語也。舊云布薩，訛略也。此云長淨，謂十五日説戒，增長淨業也。（遼·希麟《續一切經音義》卷八，T54/968/3）

"迦濕彌羅/迦葉蜜羅/罽賓"對應的梵文為Kaśmīra，"阿若多憍陳那/阿若憍陳如"對應的梵文是ājñāta-kauṇḍinya，"襃灑陀/布薩"對應的梵文為poṣadha。

2. 訛而不略

尼者女聲，女有五德名苾芻尼。言比丘尼者，音訛略也。（唐·窺基《觀彌勒上生兜率天經贊》卷上，T38/284/3）

兜率陁，梵語，上方欲界天名，訛略也。正梵音云覩史多，唐云知足。最後身菩薩多作此天王，彌勒菩薩現為天主也。（唐·慧琳《一切經音義》卷十一，T54/374/1）

罽賓，梵語西國名也，或名罽濕彌羅，或名個濕蜜，皆古譯訛略也。正梵音云羯濕弭羅，北印度境也。（唐·慧琳《一切經音義》卷四十一，T54/574/3）

梵曰毘尼，或云鞞泥迦、毘那耶、鼻那夜，此等皆由梵音輕重不同，傳有訛略不得正名。正曰毘奈耶，此云調伏。（唐·澄觀述《大方廣佛華嚴經隨疏演義鈔》卷五，T36/36/3）

薛舍離，梵語或云吠舍離，古云維耶離，亦云毘耶離，皆訛略也。此翻為廣嚴城。（遼·希麟《續一切經音義》卷八，T54/967/2）

上引"苾芻尼/比丘尼"對應的梵文是 bhikṣunī，"覩史多/兜率陀"對應的梵文是 Tuṣita，"羯濕弭羅/罽濕彌羅"對應的梵文是 Kaśmīra，"毘奈耶/毘那耶/鼻那夜"對應的梵文是 vinaya，"薛舍離/吠舍離/維耶離/毘耶離"對應的梵文是 Vaiśālī。上述幾對音譯詞在唐宋人眼中，也許"比丘尼""兜率陀""罽濕彌羅""毘那耶/鼻那夜""吠舍離/維耶離/毘耶離"等音譯形式確實不如相應的"苾芻尼""覩史多""羯濕弭羅""毘奈耶""薛舍離"等音譯形式那麼準確，稱之為"訛"也無可厚非。但是，無論如何，上述被稱作"訛略"的音譯形式與被稱作"正梵音"的音譯形式相比，或者與相應的梵文原形相比，並沒有發生讀音的省減。事實上，這些所謂的"訛略"形式根本談不上什麼"略"。

若言伴談，或言伴題，此云禮拜。舊云和南，訛略也。（唐·窺基撰《法華經玄贊》卷四末，T34/729/3—730/1）

此條所言"伴談""伴題""和南"乃同一詞的不同音譯形式。其中"和南"最初見於東漢康孟詳譯《中本起經》卷上："爾時眾人，見佛及僧，足步其地，仰觀足跡，處在空中，於上稍下，正至迎次，與人頭齊，剛強靡伏，歸命和南。唯有調達獨興惡念：'子行學道，但作幻術，惑人如是，吾亦當復作術，廣化眾人。'"（T04/155/1）唐·義淨《金光明最勝王經疏》卷四云："虔誠頂拜，名為敬禮，梵男聲呼云伴談，女聲呼云伴底，此云敬禮，訛云和南。"（T39/266/2）窺基《大乘法苑義林章》卷四："諸教或云稽首者，藉身業之稽首，申三業之敬禮，體唯一物，未可依俗。古云南牟，即是敬禮，應言納慕或納莫，故不別釋。歸依者，歸敬依投之義，非此所明。若云伴談，或云伴題，此云稽首，亦云禮拜，亦非敬禮，訛名和南。"（T45/316/2）對同一個詞語"和南"，義淨但云"訛"，窺基則有時稱為"訛"，有時稱為"訛略"；而且，同"伴談""伴題"一樣，

"和南"也是雙音節詞；可見，此"訛略"是"訛"而不略。在這裏，窺基筆下的"訛略"可視為偏義複詞，義同"訛"。①

上舉各例除希麟一個用例外，均為唐代用例。筆者搜集到的此類用例絕大多數都出自唐人著作。這從一個側面表明，和其他時期相比，唐代人更加喜歡用"訛略"來指責前代譯經的用語，這種指責本身有時並不客觀。

二 "訛略"指意譯詞翻譯不準確

"訛略"在佛教典籍中用來評價意譯詞，這一點無人提及，可能是因為這種用法比較少見，通檢《大正藏》第1—55冊及第85冊，只發現4例。

龍樹，依傳云，佛去世後七百年內出現於世。依奘法師傳云，西梵正音名為龍猛，舊翻訛略，故曰龍樹。（唐·道世撰《法苑珠林》卷五十三，53/681/3）

此句中"龍猛""龍樹"為同一個人名的兩種不同譯法，二語皆意譯，該人名梵文為 Nāgārjuna，音譯為"那伽閼剌樹那"。道世引玄奘之說，視"龍樹"一譯為"訛略"。②

玄奘原文見《大唐西域記》卷八："那伽閼剌樹那菩薩，唐言龍猛，

---

① "和南""伴談""伴題"對應的梵文為 vandana。事實上，同梵文相比，vandana 譯作"和南""伴談"或"伴題"均已略去最後一個元音 a；但在義淨、窺基眼中，雙音節的"伴談""伴題"並不為"略"，那麼，他們不至於把同為雙音節的"和南"稱作"略"。本文此處旨在考察古人筆下"訛略"的用法，不是討論梵文同音譯詞的對應關係，故處理有關材料時，直接將古人的說法作為客觀事實對待，至於其認識正確與否，可另作考論。

② 在漢譯佛典中，Nāgārjuna 譯作"龍樹"始于姚秦鳩摩羅什譯《龍樹菩薩傳》："是時有一小乘法師，常懷忿疾，龍樹將去此世，而問之曰：'汝樂我久住此世不？'答言：'實所不願也。'退入閑室，經日不出；弟子破戶看之，遂蟬蛻而去。去此世已來至今，始過百歲。南天竺諸國為其立廟，敬奉如佛。其母樹下生之，因字阿周陀那，阿周陀那樹名也；以龍成其道，故以龍配字，號曰龍樹也。"（T50/185/2）Nāgārjuna 譯作"龍猛"則始于玄奘所譯《瑜珈師地論》："佛涅盤後，魔事紛起，部執競興，多著有見。龍猛菩薩證極喜地，採集大乘無相空教，造《中論》等，究暢真要，除彼有見。"（T30/883/3）

舊譯曰龍樹，非也。"（中華書局標點本 644 頁，T51/912/3）玄奘此說後來又為宋僧法雲所著《翻譯名義集》引用。①

須臾，上相逾反，下喻朱反，西國時分名也。古譯訛略也，正梵音曰謨護票多。即《俱舍》中"須臾"也。《論》云："臘縛者，此翻為刻，二刻為一須臾，三十須臾為一晝夜，常分為六十刻，冬夏二至極長短之時，互侵八刻，即三十八刻、二十二刻也，亦如此國曆，經晝夜百刻，互侵即六十、四十之例也，若以子丑等十二時約之，每辰五刻，二辰十刻，共五須臾者也。（唐·慧琳《一切經音義》卷三，T54/327/2）

須臾，梵語也，古譯訛略也，正梵音云謨護律多。《俱舍論》說一日一夜有三十須臾，共分為六十刻是也。（唐·慧琳《一切經音義》卷五，T54/339/1）

"須臾"與"須臾"實同一詞，為梵文 muhūrta 的意譯，"謨護律多""謨護票多"為其音譯。②"須臾"一詞，漢語古已有之。《荀子·勸學》："吾嘗終日而思矣，不如須臾之所學也。"Muhūrta 讀音同"須臾""須臾"並無任何關係，且"須臾"實上古漢語已有的詞語；慧琳稱"須臾""須臾"為訛略，自非指其音之訛略，而是指"須臾"之意與 muhūrta 本不是一回事，因為 muhūrta 在佛典中有確切長度（五牟呼栗多為一時），而中土本有的"須臾"只是極言時間之短而無確切的長度。

況復搏——搏食也，譯之訛略，應云段食。財（錢帛）、妻子

---

① 季羨林等《大唐西域記校注》（第 647 頁）認為 Nāgārjuna 之龍猛、龍樹二譯"似以龍樹較正確"。

② "謨護票多"之"票"乃"栗"形近而訛，當作"謨護栗多"，梵文 muhūrta。唐人譯經及撰述多作"牟呼栗多"。玄奘譯《大般若波羅蜜多經》卷五百七十二："畢自壽量，晝夜三十牟呼栗多，相續不斷。"（T7/957/3）《大唐西域記》卷二："時極短者，謂剎那也。百二十剎那為一呾剎那，六十呾剎那為一臘縛，三十臘縛為一牟呼栗多，五牟呼栗多為一時，六時合成一日一夜。"（T51/875/3）

（最親）、眷屬、僕從，對前身命之難，故言"況復"。（唐·宗密述《大方廣圓覺修多羅了義經略疏》卷下二，39/568/3）

此句為經疏，注疏對象是"況復摶"三字，原文見唐代僧人佛陀多羅所譯《大方廣圓覺修多羅了義經》："末世眾生，見如是人，應當供養，不惜身命。彼善知識，四威儀中，常現清淨，乃至示現種種過患，心無憍慢。況復摶、財、妻子、眷屬，若善男子于彼善友不起惡念，即能究竟成就正覺，心花發明照十方刹。"（17/920/2）經文中"摶"指凡人的日常飲食，常以"摶飯""摶食"的形式出現。"摶飯"最早見於東漢安世高所譯《長阿含十報法經》卷上："第三四法，可識四飯：摶飯，樂飯，念飯，識飯。"（T1/234/1）又三國吳支謙譯《梵摩渝經》："以缽受飯，飯不汙缽；摶飯入口，嚼飯之時，三轉即止；飯粒皆碎，無在齒間者；若干種味，味味皆知。"（T1/884/1）"摶食"在西晉譯經中已產生。① 如聶道真譯《無垢施菩薩應辯會》（今《大寶積經卷》第一百卷）："諸大德，我等宜還，不須入舍衛城乞食。所以者何？無垢施女所說即是智者法食，我等今日樂於法食，不須摶食。"（T11/560/1）② 又如竺法護譯《文殊師利現寶藏經》卷下："文殊師利現威神之變，令諸化比丘缽食常滿，摶食在口，噎不得咽，手食向口，手齊口止，而皆躃地不能自安。"（T14/459/1）

"搏食"之"搏"字實為"摶"字形訛而致，經中亦常見"搏食"。③ 唐·慧琳《一切經音義》對"摶食""搏食"所作注音和解釋是一致的，該書卷七十七云："搏食，上斷欒反，初食地味，未有匕箸而食之，故名摶食。從手，專聲。"（T54/805/3）又同書卷十九照錄玄應音義云："摶

---

① 佛典中另有"搏食"表示"掠取而食"，指金翅鳥掠食諸龍。如後秦佛陀耶舍共竺佛念譯《長阿含經》卷十九："若胎生金翅鳥欲搏食卵生龍時，從樹東枝飛下，以翅搏大海水，海水兩披二百由旬，取卵生龍食之，自在隨意。"（T1/127/3）
② 《無垢施菩薩應辯會》原名《無垢施菩薩分別應辯經》，南朝梁代僧祐《出三藏記集》列為"失譯"，隋代費長房《歷代三寶記》著錄為西晉聶道真譯。
③ "搏食"最早見於西晉竺法護所譯《密跡金剛力士經》："若菩薩行善修法身，斯諸菩薩則是法身。示以飲食充實斯體，不服搏食以安其身；以斷眾饉，潛傷眾生而現復食；不以飯食入於體裏，不著身中。"（今《大寶積經》卷八"密跡金剛力士會"，T11/45/3）僧祐《出三藏記集》以前譯經共有 145 次用例。

食，徒官反，顧野王云'搏之令相合著也'，《禮記》'無搏飯也'，《說文》'從手專聲'。"（T54/425/1）

"搏食（摶食）""段食"為同一術語的不同譯法，二者皆意譯。宋·法雲《翻譯名義集》卷七："言段食者，段謂形段。以香味觸三塵為體，入腹變壞，資益諸根，故言段食。"（T54/1172/2）同卷又云："古譯經律皆名搏食……《熏聞》云：'其義則局，如漿飲等，不可搏故。'於是後譯皆云段食。"（T54/1172/2）該術語梵文為 kavaḍīkārāhāra 或 kavaḍīkāra-bhakṣa，譯作"搏食（摶食）"也有充足的理據。但在宗密等人眼中，正確的譯法應是"段食"，"搏食（摶食）"不可取，所以稱之為"訛略"。

三 "訛略"指佛經譯文用字不夠典範

"訛略"一語評價用字現象，除遼僧希麟《續一切經音義》一例之外，集中見於唐代慧琳《一切經音義》，該書注重指出佛教經籍用字不夠典範的一面。慧琳一般依《說文》等字書指出佛典用字存在的筆畫變形、字符省簡等現象，有時以小篆為正體來省視漢字隸變造成的形體和筆畫變化，有時稱某些字為"俗""俗字"，有時不明確提及隸變或俗字，直接指出漢字在使用過程中構字部件的缺省以及單純的筆畫變形現象。

1. 漢字隸變引起的"訛略"

> 紺青……下"青"字《說文》從生從丹，今隸書訛略也。（唐·慧琳《一切經音義》卷四，T54/329/2）

此條認為隸變後的"青"字與小篆形體不合，是"訛略"。《說文·青部》："青，東方色也，木生火，從生丹，丹青之信言象然。"段玉裁注作"丹青之信言必然"。

> 繖蓋：上桑懶反。《玉篇》云："繖即蓋也。"《通俗文》曰："以帛避雨曰繖，從糸（音覓）散聲也。"又"散"字本作"㪔"，從林，枰拜反，林分散也。今隸書相傳作"散"，訛略也。經中或作"傘"，

俗字也。下岡愛反，蓋亦傘也。案繖、蓋者，一物也。《說文》蓋從草從盍，音合，經文從羊作盖，因草書訛謬也。（唐·慧琳《一切經音義》卷十一，T54/373/1）

此條認為"繖盍"二字中"繖"的聲符本作"㪔"，現行聲符"散"中的部件"卄"是"㪔"字部件"林"變形所致，與小篆相比，是"訛略"。按《說文·肉部》："散，雜肉也，從肉㪔聲。"段玉裁注："從㪔者，會意也。㪔，分離也。引伸凡㪔皆作散，散行而㪔廢矣。"①

俸祿，上縫用反，《考聲》云："俸，袟也，奉也。"《古今正字》："從人，奉聲。""奉"字《說文》從丯從手，今隸書訛略也，丯音峯也。（唐·慧琳《一切經音義》卷十九，T54/423/1）

此條認為"俸"的聲符是隸變後才變成現有形體"奉"，所以稱"訛略"。按《說文·収部》："奉，承也。從手，從収，丯聲。"②

衣飴……《白虎通》云："衣，隱也，隱身形也。"《說文》："衣，依也。上曰衣，下曰裳。從入，象覆二人形也。"隸書作"衣"，訛略也。（唐·慧琳《一切經音義》卷三十三，T54/531/2）

此條以古文字為參照，認為隸變而成的"衣"是訛略。按《說文·衣部》："衣，依也。上曰衣，下曰裳。象覆二人之形。"段玉裁注："玉裁謂……則知古文從二人也，今人作'卒'字亦從二人。"

讁罰……下煩鞊反，《說文》從刀從詈，詈字從网從言也，從四

---

① 《故訓匯纂》第967頁載《說文·林部》"㪔，分離也。從攴，從林，林，分㪔之意也。"今大徐本《說文解字》無"㪔"字。
② 此條《說文》從丯從手"一語同今存大徐本《說文·収部》"奉"字條"從手從収丯聲"不一致，可能是慧琳當時所見版本異於今本，也可能是慧琳引文不確。

者訛略也。（唐·慧琳《一切經音義》卷三十八，T54/555/3）

此條分析"罰"字形體時，認為其中所含部件"詈"字本由"网""言"組成，而當世字形卻把"网"寫得像"四"，故稱"訛略"。小篆從"网"之字，隸變後往往變形，如：罩、罾、罪、罟、羅。按《説文·網部》："詈，罵也。從网從言。"

能剌，上奴登反，《廣雅》："能，任也。"《博雅》："堪任其事也。"《説文》："能，熊屬也。足似鹿，故從二匕，從肉㠯聲也。"㠯，古以字也，今隸書因草省為以，不但訛略非也。經作能，草書謬，亦非也。（唐·慧琳《一切經音義》卷四，54/328/2）

此條指出，通行的"能"字形中"厶"乃隸書草寫"訛略"而來，原應作㠯。按《説文·能部》："能，熊屬，足似鹿，從肉㠯聲。"①

2. 俗字之"訛略"

趾步，之爾反。杜預注《左傳》云："趾，足也。"《爾雅》亦同。下步字，《説文》："步，行也，從止從㐄（他未反）相背。"重書即步字，今俗用止下從少，訛略也。（唐·慧琳《一切經音義》卷十一，T54/371/2）

此條"今俗用止下從少"描述"步"的俗字形"歩"，慧琳視後一字形為"訛略"。

淳備，上常倫反，孔注《尚書》云："淳一之行也。"《方言》："好也。"下皮媚反，《説文》："具也，從人葡（音被）聲也。"今經作俻，

---

① 今大徐本《説文·能部》徐鉉注曰："㠯非聲，疑皆象形。奴登切。"段玉裁注："奴登切。古者在一部，由之而入於咍，則為奴來切，由一部而入於六部則為奴登切。其義則一也。"

俗字訛略也。（唐·慧琳《一切經音義》卷十二，T54/378/3）①

此條指出"備"俗字作"俻"，是訛略。

  衒賣……下買敗反。《說文》云："出物也，從出買聲也。"今經從土，從四，俗用訛略也，買字《說文》從网也。（唐·慧琳《一切經音義》卷十四，T54/394/3）

  販賣，上反萬反，賤買貴賣也。下埋敗反，正體從出從買，今俗用從土，訛略也。（唐·慧琳《一切經音義》卷七十八，T54/813/3）

此二條指出通行字體"賣"字乃原字形中"出""网"兩個部件訛略成"土""四"而成。按，今本《說文·出部》："賣，出物貨也，從出從買。"又《說文·貝部》："買，市也，從网貝。"

  髠頭，上窟昆反，《考聲》："髠謂去其髮也。"《說文》："大人曰髠，小兒曰剃。"從髟兀聲也。經作刐，俗字訛略，非也。（唐·慧琳《一切經音義》卷四十四，T54/600/3）

此條指出刐為俗字，乃"髠"訛略而成。《說文·髟部》："髠，剔髮也，從髟兀聲。"又同部："鬀，剔髮也，從髟弟聲。大人曰髠，小人曰鬀，盡及身毛曰剔。"段注作"小兒曰鬀"。

  之䵾，勅知反，《廣疋》："䵾，黏也。"《古今正字》："有樹脂黏著可捕鳥者為䵾樹也，從黍離聲。"論文作𪌨，俗字訛略也。（唐·慧琳《一切經音義》卷一百，T54/930/2）②

---

① 今本《說文·人部》及段注皆云："備，慎也。從人𤰇聲。"與慧琳所引"具也"之釋不同。段注"備"字下云："或疑備訓慎未盡其義，不知用部曰'𤰇，具也'，此今之俻字，備行而𤰇廢矣。𤰇廢而備訓具，尟知其古訓慎者，今義行而古義廢矣。"
② 此條提及之"論"指北齊僧稠禪師撰所《寶法義論》。

此條指出"穊"為俗字,乃"穲"訛略而成。

纏裹,上直連反,《考聲》云:"繞也,束也。"《說文》云:"纏,約也。從糸,廛聲。"下光火反,《考聲》云:"包也。"《說文》云:"裹,纏也。從衣果聲也。"俗作㒫,訛略字也。(遼·希麟《續一切經音義》卷三,T54/947/1)

此條指出"裹"字俗作"㒫",是訛略。

3. 構字部件缺省導致"訛略"

屎尿,上音始,《字指》云:"糞,屎也。"經從米,俗字也,《說文》從尾矢聲也。下泥帛反,《考聲》云:"腹中水也。"《說文》從尾從水,經從尸,訛略也,並形聲字。(唐·慧琳《一切經音義》卷二,T54/318/1)

此條指出:通行字體"屎"本"從尾矢聲",而經文字形從米;"尿"本亦從"尾",經文用字從"尸",是"訛略"。按《說文·尾部》:"尿,人小便也。從尾水。"

靜薜……《說文》薜字從艹(音草)從屮(丑列反)從阜(音負)從辛作薜,今相傳去屮作薛,訛略不俻也。(唐·慧琳《一切經音義》卷十一,T54/370/2)

此條認為,與《說文》相比,今"薛"字形體乃缺省一"屮"而成。

生蟲,逐融反,《爾雅》云:"有足曰蟲。"經文作虫,訛略也,借用字本音毀也。(唐·慧琳《一切經音義》卷十三,T54/387/3)

此條指出"蟲"省形作"虫"乃"訛略"。

4. 單純筆畫變異之"訛略"

澗落……下即各反,《說文》云:"草木澗裹也,從艹(艹音草),洛聲也。"經從兩點作落,草書訛略也。(唐·慧琳《一切經音義》卷六,T54/339/3)①

等為……爲字上從爪,經作為,訛略也。(唐·慧琳《一切經音義》卷一,T54/313/3)

上二條指出"落"草書作"落"是訛略,而"爲"在經文中被寫作"為"也是訛略。

癰疽……下七餘反,《說文》云:"久癰為疽,從疒且聲。"且音子餘反,且,《說文》從几、二,從一;經從且,訛略之也。(唐·慧琳《一切經音義》卷二,T54/322/2)

此條認為"疽"字的聲符本由"几""二""一"構成,今形"且"為訛略。按《說文·且部》:"且,薦也,從几,足有二橫,一其下地也。"段玉裁注作"所以薦也"。

據慠……下吾告反,孔注《尚書》云:"慠,慢也。"《廣雅》:"蕩也。"《說文》:"倨也,從心敖聲,或從人作傲字。"《說文》從出從放,今經文從土作傲,漸訛略也。(唐·慧琳《一切經音義》卷四,T54/329/1)②

此條指出,"慠"的聲符"敖"本由"出"和"放"構成,而經文用字將"出"變成了"土",是訛略。按《說文·放部》:"敖,出遊也,從出從放。"又《說文·出部》:"敖,遊也,從出從放。"段注認為後者為誤

---

① 此條"落"的注音"即各反"有誤,當作"郎各反",即、郎形近易混。
② 今本《說文》及段注有"傲"字無"慠"字。《說文·人部》:"傲,倨也,從人敖聲"。

增，當刪之。

蚩貴，上齒之反，《廣雅》："蚩，輕也，亂也。"《釋名》："癡也。"《聲類》："駿也。"《考聲》："醜惡也。"《說文》："蚩，笑也，蟲名也。從虫（音毀）從屮（古之字也），屮亦聲也。"經中作蚩，訛略也。（唐·慧琳《一切經音義》卷十三，T54/387/2）

此條指出"蚩"在經文中被寫作"蚩"，是訛略。按，今本《說文·虫部》："蚩，蟲也，從虫屮聲。"段玉裁注："蚩，蚩蟲也，從虫屮聲……謂有蟲名蚩也。"

慘毒……下同鹿反，孔注《尚書》云："毒，害也。"《考聲》："痛也，恨也，惡也。"《說文》："害人之草也，從屮從毐。"經中作毒，訛略也，毐音哀改反，從土從毋，母音無也。（唐·慧琳《一切經音義》卷二十四，T54/458/3）

此條指出通行字體"毒"乃原字形上部的"屮"變形而成，是訛略。今本《說文·屮部》："毒，厚也，害人之草，往往而生，從屮從毐。"段玉裁注作"從屮毐聲"並云："毐在一部，毒在三部，合韻至近也。"

八十朵，當果反，《考聲》云："木垂皃也。"《說文》："樹木垂朵朵，從木象形，垂下皃，與垂同意。"亦非字，俗用從刀，訛略也，失也。（唐·慧琳《一切經音義》卷三十八，T54/557/2）

此條指出"朵"（一作"朶"）上面部件俗寫作"刀"，是訛略。今本《說文·木部》："朵，樹木垂朵朵也，從木象形，此與采同意。"

蠅蚤……下遭老反，蜜蝨人而跳也。《說文》從虫從叉，叉音爪，

經文作登，訛略也。（唐·慧琳《一切經音義》卷五十三，T54/663/3）

輒述，上陟業反，《漢書》："輒，專也。"《說文》從車從耴，律文從取作輙，訛略不正也。（唐·慧琳《一切經音義》卷六十四，T54/735/2）

瘦𪔀……下樹勇反，又樹用反，《韻英》云："足病腫也。"《韻詮》云："不能行也。"《說文》："脛氣足腫也。"從疒（女厄反）從童作瘇，今經文從重作𪔀，訛略也。（唐·慧琳《一切經音義》卷十二，T54/376/3）

以上文字筆畫差異造成的"訛略"，有時只是體現了不同的書寫習慣，如"疸"的聲符所含筆畫"几"變形為"冂"，實無差別；"朵（朶）"的象形部分作"乃"作"刀"亦然。有的筆畫變形改變了構字部件，如"輙"的聲符"耴"變成了"取"，"瘇"的聲符"童"變成了"重"，但這類筆畫變異一般不會造成整個字與別的字相混淆。

從"訛"和"略"兩個角度來考察，上述相關字形的變異實際上有三種情況。

第一類，既訛且略，如：青（從生從丹），繖（部件"丑"本作"林"），奉（從手從丌丰聲），詈字（從网從言），能（從匕匕從肉目聲），備（俗作俻），賣（"网"變為"四"），髡（俗省去"彡"），黐（俗作"𥻦"），裏（俗作𧘇），爲（俗作"為"），尿（本從尾今從尸），薛（略去"屮"而成），蟲（省作虫），落（去一點作"落"），蛗（去中間一橫作"𧑓"）。其中尿、薛、蟲、落、蛗主要是"略"的問題，不過簡略字形與原字形已不相同，所以稱為"訛"也無妨。

第二類，訛而不略，如：衣（下部本從二"人"字），且（本從几二從一），敖（從出從放），毒（從屮從毐），朵/朶（俗用從刀），瘇（原從童作"瘇"）。這些字變形後並沒有發生筆畫的省略，只能說是"訛"而不能說是"略"。

第三類，不略反增，如：步（俗作步），蚤（變形作"蚤"），輒（變形作"輙"）。這幾個字的變化不是"略"，而是"畫蛇添足"。

可見，用來指出字形變異的"訛略"一語本身的使用並非完全客觀，有時它僅等同於"訛"。慧琳、希麟關於字形"訛略"的評價體現了作者深厚的文字學修養、敏銳的眼光以及苛刻的批評態度。在他們眼中，只有完全保留小篆結體和筆形的用字才是正體，即使隸變以後也應符合這一要求，否則就是"訛略"。其中有些評價近乎吹毛求疵，如果所有的字都要以小篆為參照，隸變以後的漢字大多會被視為"訛略"，這種評價有時意義不大，因為小篆並不是最早的漢字形態，它本身也不是無懈可擊的完美系統。

當然，慧琳等人嚴謹細緻的學風值得尊重，其漢字形體辨析工作自有獨特的作用。一方面，它將不同時期不同形體的文字聯繫起來，有助於認識不斷產生的新字形，準確把握有關字形的音和義；另一方面，在慧琳等人的著作中，此類字形辨析同詞語疏解是結為一體的，二者結合，為人們更好地閱讀理解相關典籍提供了很多方便。

四　"訛略"指早期譯經的文本缺陷

1. 翻譯造成的單純的文本殘缺

佛經翻譯史上出現過不少"重譯"或"同本異譯"的現象，一些經典的全部或部分，在不同的時代有不同的譯本產生。一般情況下，後出的譯本內容比較全，篇幅比較大。早出的譯本則因底本、受眾、翻譯力量等諸多因素的局限，往往比較短小，因而被人們稱作"訛略"。此種用法之"訛略"重點當在"略"。

　　第四十一，彌勒菩薩問八法會，元魏三藏菩提流志譯，第二譯，勘同編入——右舊譯重本名《彌勒菩薩所問經》，與《大乘方等要慧經》同本異譯，當第一百十一卷中。此《八法會》有譯論五卷，其《要慧經》，文少訛略耳。（唐·圓照《貞元新定釋教目錄》卷二十，T55/914/3）

此為《貞元錄》對《大寶積經》第四十一會（第一百一十一卷中）

"彌勒菩薩問八法會"（簡稱"八法會"）的著錄之補充說明。此條指出，《八法會》已是第二譯，該部分經文舊時稱《彌勒菩薩所問經》，此前已有《大乘方等要慧經》為其同本異譯。和《彌勒菩薩所問經》相比，因為《大乘方等要慧經》"文少"，所以稱"訛略"。這裏所謂"文少"，是指該經內容不全，文本殘缺。①

這裏有必要略述《彌勒菩薩所問經》和《大乘方等要慧經》翻譯時代及譯人的著錄情況。二經之中，《大乘方等要慧經》先譯出，南朝梁僧祐《出三藏記集》歸之為失譯，該書卷四《新集續撰失譯雜經錄》曰："《大乘方等要慧經》一卷，或云《方等慧經》，或云《要慧經》。"隋費長房《歷代三寶紀》卷四《譯經·後漢》歸之為安世高譯，此後《開元釋教錄》《大唐內典錄》等因之，皆著錄為安世高譯。

《彌勒菩薩所問經》譯出時代較晚，隋法經《眾經目錄》卷一云："《大乘要慧經》一卷，《彌勒菩薩所問經》一卷（後魏世留支譯）。右二經同本異譯。"（T55/118/1）《歷代三寶紀》卷九云："《彌勒菩薩所問經》一卷，與《大乘要慧經》同本別出，於趙欣宅譯，覺意筆受。"（T49/86/1）後世經錄皆從之。

關於二經部頭大小，唐代道宣《大唐內典錄》卷六云："《大乘方等要慧經》一紙，《彌勒菩薩所問經》四紙，上二經同本別譯。"（T55/292/2）"一紙""四紙"分別指兩部經文書寫所用標準紙的數量。道宣的記錄表明，早出的《大乘方等要慧經》的確是"文少訛略"，晚出的《彌勒菩薩所問經》則要完備得多。二經現均入《大正藏》，《大乘方等要慧經》（今題前有"佛說"二字）在《大正藏》第12冊，編號348，全經僅306字；《彌勒菩薩所問經》在《大正藏》第11冊，即今《大寶積經》（編號310）第四十一會"彌勒菩薩問八法會"（第一百一十一卷中），該部分經文約1570字。

2. 譯經文本整體上的缺失

文本整體上的缺失包括底本選擇、譯文的語言文字、思想內容等多方

---

① 儘管早出的《大乘方等要慧經》可能同樣存在前文所述的詞語和文字形體方面的"訛略"，但顯而易見，《貞元錄》此處的著眼點重在文本的完整性，而不是具體的語言文字問題。

面的缺失。此種用法之"訛略"當是"訛"與"略"並重。

奘生洛州偃師陳氏，隋季出家具戒，博貫經籍。每慨前代譯經多所訛略，志遊西土，訪求異本，以參訂焉。（元·念常集《佛祖歷代通載》卷十一，T49/569/1）

這裏談到玄奘西行求法取經的動機。在玄奘眼中，"前代譯經多所訛略"，此處"訛略"包括翻譯中出現語言文字上的錯誤和省略，但更主要的是指經典文本和思想未能保持全貌。對此，唐·慧立本《大慈恩寺三藏法師傳》卷一云："法師既遍謁眾師，備餐其說，詳考其理，各擅宗塗；驗之聖典，亦隱顯有異，莫知適從；乃誓遊西方，以問所惑。"（T50/222/3）既言"備餐其說，詳考其理，各擅宗塗"，則"驗之聖典，亦隱顯有異"非指單純的語言文字問題，而是指經典在義理方面各有取捨，在文本方面各有缺失。

爰令集京城義學大德良賁等，翰林學士常袞等，於大明宮南桃園，詳譯《護國般若》畢，並更寫定《密嚴》等經。握槧含毫，研精賾邃，曩者訛略，刊定較然；昔之沈隱，鉤索煥矣。（唐代宗《大唐新翻〈護國仁王般若經〉序》，T8/834/2）

此為唐代宗為不空譯《仁王護國般若波羅蜜多經》（全二卷）作的序，此經入《大正藏》第 8 冊，編號 246，全文 15000 多字。其異譯本有後秦鳩摩羅什譯《佛說仁王般若波羅蜜經》，入《大正藏》第 8 冊，編號 245，全文 13000 多字。"曩者訛略""昔之沉隱"指出舊譯本存在省略現象。而"訛略"同時又指翻譯中詞語的節略，如常見的 prajñā-pāramitā 一語，羅什譯本作"般若波羅蜜"，不空譯本作"般若波羅蜜多"。

此下三咒，西京興善寺大唐翻經僧玄摸法師於波頗三藏及餘大德婆羅門所，口決正得。諸經先無正本，舊依婆羅門所翻得，為文訛

略，不依正梵，故更譯之。（唐・道世撰《法苑珠林》卷六十之"雜咒部"，T53/739/2）

此為道世對《大般若咒》《滅罪招福咒》《禮佛滅罪咒》（亦名《佛母咒》）等三咒的介紹，原文有"不依正梵"，可知"為文訛略"既指咒語文字不全（略），又指咒語有訛誤（訛）。《法苑珠林》同卷列出新譯的咒語全文，並在《大般若咒》全文後指出："此咒功德，諸經具説受法。別傳咒句二十七，字六十二。今譯得一百七十一字，字有加減，不須驚怪。西方大德具正斯文。"（T53/739/2）由此可知，新翻咒語全文字數（171字）幾乎是"別傳咒"字數（62字）的三倍。

3. 佛經底本和譯本的雙重不規範

　　羅睺羅，此翻覆障。真諦云："羅睺本名修羅，能手障日月，翻此應云障月。佛言：'我法如月，此兒障我；不即出家，世世障我；我世世能舍，故言覆障。'"新云羅怙羅，此翻執日。所以新舊語殊者，皆由五天之境，方土不同。梵莱傳來，方今有異。例如此土後漢都於洛陽，東晉遷於建業；儻漢籍先傳於身毒，必以北音為正；晉人後往於竺乾，必以南語為正；故於所説不無矛盾。以此明之，古來梵語，未必盡訛略也。（宋・智圓述《請觀音經疏闡義鈔》卷二，T39/986/2）①

這段話在講解人名"羅睺羅"含義及其不同譯法的基礎上，分析了同一人名在漢譯佛典中產生不同譯名的原因，認為"新舊語殊"緣於"五天之境方土不同"。其中"古來梵語未必盡訛略"似可理解為：舊時譯經所

---

① 智圓此處所引關於羅睺羅的説解在今存真諦譯經或撰述中未見原文。但此段文字在隋智者大師和宋代元照的撰述中都有大致相同的引述。隋・智顗《妙法蓮華經文句》卷第二上引作："真諦三藏云：羅睺本名修羅，能手障日月，翻此應言障月。佛言：'我法如月，此兒障我；不即出家，世世障我；我世世能舍，故言覆障。'"（T34/18/3）宋・元照《阿彌陀經義疏》引作"真諦云：羅睺本言修羅，能手障日月，應言障月。佛言：'我法如月，此兒障我，不即出家；世世能舍，故言覆障。'"（T37/358/3）智顗、智圓、元照所引大意無別，主要差別是元照引文在"不即出家"後略去"世世障我"四字。

據底本的語文可能與標準梵文不一致，舊時漢譯佛典中的部分詞句可能與後來人們見到的梵文寫本不相符，但那主要是方言差別，不算"訛略"①。智圓此處所謂"訛略"，當是同時針對底本和譯本而言。

五　"訛略"指密咒念誦發音不當

此種用法的"訛略"均出自佛經譯文的正文，而非佛經注疏或音義之類中土撰述，故其"發言人"只能出於經文產生地——天竺，所論現象自然與漢譯佛典無關。

> 持誦行人若不依法，又不清淨於諸供養，曾無虔潔於其所誦，真言文字或有闕剩，至於呼吸<u>訛略</u>不正。是以種種悉地而不現前，不獲成就，亦復如是。又如興雲降其雨澤，隨眾生福而有多少；隨持誦人所施功勤，獲得成就亦復如是。（宋‧法天《妙臂菩薩所問經》卷二，T18/751/1）

> 若是行人請召之時，不依儀則，於法有闕；或所誦真言文字<u>訛略</u>，或是闕剩；又或不具正信，不讀大乘經法；或不陳供養，設有供養隨於處所，不求清淨之地；或時童子頭面眼目或手或足，及諸身分無端嚴相。若如是者彼諸行人，雖復勤勞而缽天不下，非唯召請不來，而亦返得不吉祥事。（宋‧法天《妙臂菩薩所問經》卷三，T18/754/2）

以上二條出自同一經，此經主要內容為"金剛手菩薩"和"妙臂菩薩"之間的問答，指出"持誦行人"若不依正法、不依儀則，所誦真言不完整不規範，就會"不獲成就""返得不吉祥事"。二菩薩所論內容本身不可能涉及漢譯佛經，則經中"持誦行人"種種情形與漢譯佛經無關，故"呼吸訛略不正"和"所誦真言文字訛略"都不是指漢譯佛經的現象，其"訛略"與翻譯無關。

---

① 承認早期譯經與晚期譯經用語不同的原因之一是西土方言差異造成的不同底本，而不隨意斥之為"訛略"，這是智圓在認識上高於前人的地方。

彼真言法所用文字音聲，皆具真實之義；善法嚴持彼真言，行人或求成就。用音聲相作成就法，依彼五音，離諸訛略不正言音。若得言音具足，方為圓滿，乃得相應成就。（宋・天息災《大方廣菩薩藏文殊師利根本儀軌經》卷十九，T20/900/2）

要當悉知，乃至下品一切世間，所有人及非人，一切部多等，嫉妒之者，所説真言文字一二三數，或種種邊地之語及中國語，各如本行，結自語聲。各各所説有百千種，或一四句。偈頌文義有定體式，及定伽陀句義亦然，各隨本義，互相依用而得為上。或缺少文字，是為聲義闕；或訛略不正，是為不分明闕；或文字不全，是為點畫闕；彼諸智者當須遠離。（宋・天息災《大方廣菩薩藏文殊師利根本儀軌經》卷十九，T20/900/2）

此二段出自同一部經文，第一段指出，真言"所用文字音聲"並非隨意而成，實"皆具真實之義"，因而念誦之時，應當"依彼五音"而"離諸訛略不正言音"，如此"乃得相應成就"。第二條還指出"偈頌文義有定體式，及定伽陀句義亦然"，但是誦讀經文時可能出現"聲義闕""不分明闕""點畫闕"，智者應遠離這些毛病。兩段文字所謂"訛略不正言音"及"訛略不正"當指念誦真言時的發音準確與否，與佛典漢譯無關。儘管第二段有"種種邊地之語及中國語"一句，但此處提到的"邊地""中國"均就印度本土而言，與華夏無關。[1] 該"中國"指印度中部地區而不是我們所處的漢地。漢譯佛典中，"中國"還常與"邊國"對舉。[2] 早先釋迦

---

[1] 漢譯佛典中，"中國"和"邊地"對舉的早期用例如東晉佛陀跋陀羅共法顯所譯《摩訶僧祇律》卷四："若比丘以中國語向邊地説，若以邊地語向中國説，若中國語向中國説，若邊地語向邊地説，若説義不説味，得偷蘭罪。"（T22/261/3）又如後秦弗若多羅共鳩摩羅什譯《十誦律》卷一："若中國語向邊地人不相解者，若邊地語向中國人不相解者。"（T23/2/2）

[2] 漢譯佛典"中國""邊國"對舉的用例如東晉佛馱跋陀羅譯《大方廣佛華嚴經》卷二十八："菩薩摩訶薩於無量無數不可説不可説佛刹、微塵數世界眾生音聲語言，悉能了知。所謂中國言音、邊國言音、天言音、龍言音、夜叉言音、乾闥婆言音、阿修羅言音、迦樓羅言音、緊那羅言音、摩睺羅伽言音、人言音、非人言音，如是等不可説不可説種種眾生言音不同，菩薩摩訶薩悉能了知。"（T09/579/1）又如南朝宋佛陀什共竺道生等譯《五分律》卷二十六："爾時釋種沙門貪利養故，與白衣説法，夢見水中央濁四邊清者，爾時佛法中國先滅，邊國反盛。"（T22/172/3）

布道期間也好，後來佛典結集期間也好，說教者和誦經者都不可能以漢地為"中國"。①

此節所舉"訛略"的 4 處用例均見於宋人譯經。如前文所述，唐人主要在中土佛教撰述中使用"訛略"，其評價對象是前代翻譯漢文佛典的語言文字。其影響所及，竟使宋人在翻譯經文時就用上了"訛略"一語。此點足見唐人"訛略"觀念的強大力量。

以上分類列舉了"訛略"在漢文佛教典籍中的使用情況，足見其用法不是單一的。《漢語大詞典》"訛略"詞條列有兩個義項，義項一"謂音譯的訛誤和省略"，書證引用唐道宣《續高僧傳·譯經·闍那崛多》："本國有寺，名曰大林，遂往歸投，因蒙度脫，其郁波弟耶？此云常近受持者，今所謂和上，此乃於闐之訛略也。"義項二"錯誤和漏略"，書證引元李好文《〈太常集禮稿〉序》："遂暨一二同志蒐羅比校，訪殘脫，究訛略，其不敢遽易者，亦皆論疏其下。"

驗以漢文佛教典籍中"訛略"的諸多用例，《漢語大詞典》"訛略"詞條的釋義和引文都有問題。要對該詞作出準確的解釋，應該注意以下 4 点。

第一，"訛略"評價的對象除音譯詞外，還有意譯詞、漢字形體構造、佛經底本和譯本、口頭念誦。

第二，"訛略"評價的對象可以是既"訛"且"略"，也可以是"訛"而不"略"，還可以是"略"而不"訛"。

第三，義項二"錯誤和漏略"所引書證偏晚，如上文所示，唐代已有多個"訛略"用的正是這個意思。

第四，《漢語大詞典》首見例引文文意殘缺，又"其郁波弟耶"後所用問號可商，蓋"耶"字或被誤為表疑問的句末語氣詞。事實上，該段文字是平實的敘述，並未發出疑問，而"郁波弟耶"是"和上"的另一音譯

---

① 王邦維（2005：99）介紹："在印度，也有一個稱作'中國'的地方。古代印度，大分為五個部分，稱為'五印度'，或者稱為'五天竺國'。其中央的一部分，稱作 Madhyadesa，譯成漢文，也是'中國'。但這是印度之'中國'，而非中國之'中國'。"

形式（儲泰松，2002）。道宣原文應作："本國有寺，名曰大林，遂往歸投，因蒙度脫。其郁波弟耶（此云常近受持者，今所謂和上，此乃于闐之訛略也），名曰嗜那耶舍（此云勝名），專修宴坐，妙窮定業。其阿遮利耶（此云傳授，或云正行，即所謂阿闍梨也，亦近國之訛略耳），名曰闍若那跋達囉（此云智賢），遍通三學，偏明律藏。"（T50/433/2）。

參考文獻

［日］荻原雲來：《漢譯對照梵和大辭典》，（臺）新文豐出版公司 1979 年版。

（東漢）許慎：《說文解字》，天津市古籍書店 1994 年版。

（清）段玉裁：《說文解字注》，上海古籍出版社 1997 年版。

羅竹鳳主編：《漢語大詞典》，漢語大詞典出版社 1986—1993 年版。

宗福邦、陳世鐃、蕭海波主編：《故訓匯纂》，商務印書館 2004 年版。

季羨林：《吐火羅語的發現與考證及其在中印文化交流中的作用》，《語言研究》1956 年第 1 期。

季羨林：《再談浮屠與佛》，《歷史研究》1990 年第 2 期。

儲泰松：《"和尚"的語源及其形義的演變》，《語言研究》2002 年第 1 期。

王邦維：《"洛州無影"與"天下之中"》，《四川大學學報》（哲學社會科學版）2005 年第 4 期。

（原載《漢語史研究集刊》第十一輯）

肆

翻譯色彩:
本語詞的詞義和用法

東漢佛經中的數詞及與數有關的表達方式

漢文佛經中有不少數詞及與數有關的表達方式，它們在組織經文、渲染氣氛方面有獨特的作用，是佛經語言的重要組成部分。東漢佛經中數詞及與數有關的表達方式比較靈活，其中有的符合常規，有的不符合常規；既有源自中土的成分，也有借自外語的成分，總體風格與中土文獻迥異。

一　數的常規表達

東漢佛經的數詞在一般情況下遵循漢語的表達習慣，符合數詞的使用規則。如：四痛、五陰、十二因緣、三十七品經、百味之食、五百賢士、一千二百五十人、八萬四千歲、六百八十萬夫人采女、二百億菩薩、六百三十億佛國。

這些數從表達方式看都是確數，但真正確有所指、從形式到內容都是名副其實的"確數"只占一小部分，比如"四痛""二十八天"等，佛經中有明確的説法，這類數的數值都比較小。至於大一些的數，就只是形式上的確數，實際上所指數目並不確切，如"六百三十億佛國"，形式上規範，內容上則帶有強烈的誇張色彩，是虛指。

二　不確定的大數：十、百、千、萬、億以多種方式組合。

十、百、千、萬、億是數位名稱，同時它們本身又是具體的數字。佛經中這幾個數字的使用頻率很高，在上述常規表達中它們必不可少；此外，它們還被用於更具特色的表達，概括地説，它們可以組合起來表示不確定的大數，其組合方式是多種多樣的。

1. 按大小順序組合。

這也是一種比較規範的表達方式，從佛經中的用例來看，有雙音節的，也有三音節的，其順序都是小的數在前，大的數在後。計有五組：十百、百千、千萬、百千萬、千萬億。下面各舉一例。

（1）水類之鳥，數十百種。（《修行本起經》卷上，3/465，a15）①

（2）欲知佛身，不用一事成，用數百千事。（《道行般若經》卷十，8/476，c9）

（3）賢者欲知過去當來今現在諸佛，皆從數千萬事各各有因緣而生。（《道行般若經》卷十，8/477，a25）

（4）在彼間上，若百歲若百千歲，若百千萬歲正使復過是，不知是遠離法。（《道行般若經》卷七，8/461，b12）

（5）諸天心念言："雖有羅漢數千萬億豪尊，不如供養發意菩薩也。"（《遺日摩尼寶經》，12/191，c3）

這類概數表示法，此前此後的中土文獻也使用，只不過佛典中更爲常見。

2. 不按大小順序組合。

大致有三種情況：A. 不相鄰的數字直接組合；B. 數字順序被打亂，或首尾都是小的數字而中間是大的數字，或首尾都是大數字而中間是小的數字；C. 同一數字重疊，重疊形式可單用，也可再參與組合。

A類（6—9）：千億　千巨億　百千億　億百

B類（10—15）：千億萬　千巨億萬　百千億萬　千百千　億百千　億千萬

C類（16—18）：億億　億億百千　億億萬　億億百千萬

---

① 東漢佛經篇目根據俞理明先生《佛經文獻語言》，巴蜀書社 1993 年版。引例據《大正藏》，經文題目及卷數後的數碼依次爲：《大正藏》册數/頁碼/欄數（abc 三欄）/行數。

(6) 身有三十二相，紫磨金色，身有千億光燿炎出。①（《道行般若經》卷九，8/473，b22）

(7) 是時數千巨億天人，共來到曇無竭菩薩所聽經。（《道行般若經》卷十，8/476，a15）

(8) 先世已供養百千億佛已。（《成具光明定意經》，15/453，a19）

(9) 衆梵諸天億百皆往禮侍。（《修行本起經》卷下，3/470，c17）

(10) 於屋下，便有千億萬座。（《成具光明定意經》，15/452，b17）

(11) 有羅漢數千巨億萬人，不在佛計中，無一菩薩。佛雖有爾所羅漢，不具足爲佛子也。（《遺日摩尼寶經》，12/191，b19）

(12) 如彈指頃，即有百千億萬人飯具，而皆足畢。（《成具光明定意經》，15/452，b19）

(13) 其一泥犁中有若干千百千菩薩化作是。（《道行般若經》卷六，8/454，c23）

(14) 有若干百菩薩，若干千菩薩，若干億菩薩，若干億百千菩薩，大會如是。（《阿閦佛國經》，11/468，a28）

(15) 若干百千歲，若干億千萬歲，當更若干泥犁中具受諸毒痛不可言。（《道行般若經》卷三，8/441，b9）

(16) 各各與若干億億百千天子，俱來到佛所。（《般舟三昧經》卷上，13/903，a18）

(17) 樹上生百種億億枝，枝生億億萬葉，枝枝生億億萬實，一實當復轉生一樹。（《五十校計經》，13/403，a4）

(18) 各與若干阿羞倫民億億百千萬俱來到佛所。（《般舟三昧經》卷上，13/903，a23）

這類組合看起來雜亂無章，如果不拘泥於百、千、萬、億等在數值上的具體差異，就可以認爲在表示模糊的"大數"這一點上，幾個詞的作用

---

① 從該句內容及佛典慣例來看，此處"千億"不是數位序列"十億""百億""千億"的用法，而只是"千""億"兩個數位連用，極言其多。

差不多，那么"百千億"和"億億百千萬"之類說法也許和佛典中常見的同義連文形成的多字組在本質上類似。①

3. "億萬"是十分常見的一個組合，它可以單獨出現，也可以參與上述種種組合，還可以被"巨""若干"修飾。參與組合的用例見上文例（11）（12）（16），單用及前加修飾語的舉例如下。

（19）三者事已行，當從後悔計，億萬劫不復作也。（《大安般守意經》卷上，15/164，a20）

（20）菩薩已生阿閦佛刹者，便見若干百佛，若干千佛，若干億萬佛。（《阿閦佛國經》，11/758，c13）

（21）比我所說法，百倍千倍萬倍億萬倍不在計中。（《阿閦佛國經》，11/758，b4）

（22）是福德善本行具足，百倍千倍萬倍巨億萬倍不與等。（《阿閦佛國經》，11/758，c22）

（23）其佛刹女人德，欲比玉女寶者，玉女寶不及其佛刹女人，百倍千倍萬倍億倍巨億萬倍不與等。（《阿閦佛國經》，11/758，a1）

（24）……百倍千倍萬倍億倍若干巨億萬倍，不如勸助之功德。（《道行般若經》卷三，8/440，b12）

上文例（20）至例（24）五例都按從小到大的順序排列數位，其具體順序爲：

百→千→億萬（20）

百→千→萬→億萬（21）

百→千→萬→巨億萬（22）

百→千→萬→億→巨億萬（23）

百→千→萬→億→若干巨億萬（24）

---

① 漢譯佛典中同義連文的多字組有多種形式，如：曹等輩，音聲響，已畢竟，破壞碎，憂惱患，歡喜悅，覺知解（1+1+1式）；諷誦講說，曉了知見，觀視省察（1+1+1+1式）；卻後當來，妄言綺語，完健平復，一時三月（2+2式）。

可以看出，"億萬"雖然和百、千、萬、億按順序排列，它卻並不是一個有明確數值的數（或數位名稱），它只是一個模糊的大數。這樣"巨億萬""若干巨億萬"在數值上並不等於若干個"億萬"，它們實際上與"億萬"沒有差別。但是，佛經中仍有以下用例，"億萬"儼然是一個有明確數值的數位：

（25）復有明士八十億萬二千人詣如來所。稽首於地儼然恭住。（《成具光明定意經》，15/451，b14）

（26）凡八百億萬人皆飛來至佛所。稽首於地列住空中。（《成具光明定意經》，15/451，b18）

但這些數都只是形式上的確數，內容上當為虛指。

4. 上述種種組合似乎都可被看成一個個可數的單位，再以表不定多數的"若干""數"來修飾。以"若干"為修飾的，已見於上引例（13）（14）（15）（17）（24），以"數"為修飾的見上引例（1）（2）（3）（5）（7），此處各舉一例。

（27）為若干百人若干千人若干百千人解之。（《阿閦佛國經》，11/763，b20）

（28）懸幢幡音樂之聲，數千百種日日不絕。（《道行般若經》卷九，8/471，c18）

例（27）中"若干百""若干千""若干百千"並舉，更可見"百千"被當作一個單位。但事實上"百千"只是一個模糊數位，不像單用的"百""千"那樣有明確的數值。

此外，這類組合還可以和表無窮大數的語言單位結合使用。詳見下文［例（37）—（41），例（46）—（49）］。

三　無窮大數的表示

1. 在與"計數""計算"義有關的詞前面加否定詞，表示數目之大超

192 | 肆 翻譯色彩：本語詞的詞義和用法

出了人們的認識範圍。常見的如：不可計、不可數、不可計數、不可稱說、不可思議、無央數、無數、無量。

（29）是事都盧不可計，正使計倍復倍。（《道行般若經》卷一，8/430，c6）

（30）阿惟越致菩薩行勸人助其歡欣，其福不可數。（《道行般若經》卷八，8/465，c27）

（31）其價不可計數。（《文殊師利問菩薩署經》，14/437，b13）

（32）阿閦菩薩摩訶薩不但有功德，不獨大目如來授其決，如是不可稱說無央數功德，得度無極。（《阿閦佛國經》，11/753，c19）

（33）我為欺是諸佛世尊，諸不可計無央數不可思議無量世界中，諸佛天中天今現在說法者。（《阿閦佛國經》，11/752，a14）

（34）善男子善女人，從法中得福極多，不可復計，不可復議，不可復稱，不可復量，不可復極。（《道行般若經》卷二，8/433，b2）

（35）一身死壞，復受一身，生死無量。（《修行本起經》卷上，3/461，b6）

（36）佛告善明：乃往昔無數劫時，有佛名尊伏欲王。（《成具光明定意經》，15/454，c29）

這些表述方式又可以結合使用，如例（32）（33）。它們還可以同上述十、百、千、萬、億的種種組合再次結合，位置可前可後；它們位置居前時，似乎是把後面的不定大數看作一個計數單位，意思是有無窮多個這樣的單位，它們位置居後時，與前面的不定大數是並列關係。如以下各例。

（37）菩薩摩訶薩夢中與若干百弟子，共會在中央坐，不可數千弟子，不可數百千弟子，共會聚在中央坐說經。（《道行般若經》卷七，8/459，b10）

（38）菩薩如是逮得三昧者，見不可復計百千佛。（《般舟三昧

經》,13/906,c3)

(39) 與諸忳真陀羅無央數千……而俱來說是瑞應。(《忳真陀羅所問如來三昧經》卷上,15/351,c3)

(40) 能分一身,化百作千,至億萬無數,復合為一。(《修行本起經》卷下,3/471,b28)

(41) 一世十世,百千億萬無數世事……能知十劫百劫至千萬億無數劫中……內外姓字。(《修行本起經》卷下,3/471,c12)

2. 音譯詞:阿僧祇,那術。

阿僧祇,梵文 asaṃkhya 的譯音,指無窮大數,一說十的五十九次方;該詞意譯為無數、無央數。佛經中"阿僧祇"出現頻率很高。

(42) 十方阿僧祇剎現在諸佛,無不知者。(《道行般若經》卷七,8/460,a6)

(43) 卻後無數不勝數阿僧祇劫,汝當作佛,號字釋迦文。(《道行般若經》卷二,8/431,a9)

(44) 不可計復言阿僧祇,有何等異?佛言:阿僧祇者,其數不可盡極也;不可計者,為不可量計之,了不可得邊涯;爾故為不可計阿僧祇。(《道行般若經》卷六,8/456,c4)

(45) 菩薩勤苦,經歷三阿僧祇劫,劫垂欲盡,潛傷一切。(《修行本起經》卷上,3/463,a19)

音譯詞的意思不容易理解,譯經者就把音譯和意譯形式放在一起,如例(43);還在經文中加以說明,如例(44)[①]。

那術,梵文 nayuta 的譯音,指極大數,或說指千萬、千億,無定論。該詞用例要少一些,且多與上述各種表不定大數、無窮大數的語詞合用。

[①] 依照其解說,"阿僧祇"是從客觀角度表述無窮大數,"不可計"等語則是從主觀角度說明人們不可能數清楚(也可理解為有無數個"阿僧祇",極言其數"了不可得邊涯")。

（46）無央數那術億百千諸天人，於虛空住。(《阿閦佛國經》，11/755，b11)

（47）當為無央數百千人，無央數百千億人，無央數億那術百千人說法。(《阿閦佛國經》，11/758，c15)

（48）為若干百人若干億百千那術人解說之，當令若干億那術百千人積累德本。(《阿閦佛國經》，11/763，a8b)

（49）菩薩已生阿閦佛剎者，便見若干百佛，若干千佛，若干億萬佛。若干億那術百千佛。(《阿閦佛國經》，11/758，c14)

這兩個音譯主要見於支讖所譯的經文。
3. 比喻性說法：恒沙（恒中沙、洹河邊沙、恒河沙）。

恒沙，本指恒河的泥沙。恒河為南亞大河，梵語 ganga，發源於喜瑪拉雅山南麓，流經印度、孟加拉入海，印度人視為聖河。恒河的泥沙是無法數清的，恒沙用來表示無窮大數，是比喻性說法。

（50）設令世界如恒沙，滿中珍寶用布施。(《般舟三昧經》卷下，13/919，b4)

（51）若復有菩薩壽如恒中沙劫，布施如前，持戒具足。(《道行般若經》卷六，8/456，b21)

（52）可知洹河邊沙，一沙為一佛土，盡索滿中星宿。(《伅真陀羅所問如來三昧經》卷上，15/352，c26)

（53）佛言："百倍恒邊沙佛國中薩和薩，皆起七寶塔，不在計中；千倍不在計中，百千倍不在計中，萬億倍不在計中，無數倍不在般若波羅蜜供養計中。"(《道行般若經》卷二，8/433，b9)

表示無窮大數的單位，還可以用倍數來修飾，這是佛經表數方式的一大特色，如例（45）的"三阿僧祇"、例（53）的"百倍恒邊沙"。

四　結語

從上文的描寫可以看出佛經中數的表達方式有三個顯著的特點：一是

大量堆砌數字，二是它們的組合方式十分靈活，三是表示不定大數、無窮大數的語言單位可以再被當作計數單位而可以有倍數或被"若干"等語修飾。這些表達方式雖不夠規範，卻能有效地強化"佛法無邊"的思想，是一種有效的語言運用手段。

實際上，"千百""千萬""億萬""億兆""億垓""兆億"等用來表示不確定的大數，早已見於先秦文獻，漢代及以後中土文獻也有類似用法。但是，這些文獻中十、百、千、萬、億、兆、垓的組合方式遠遠不如佛經中那樣靈活多樣。與之對照，更能顯示出佛經在表示不確定的大數時的鮮明特色，即高度的模糊性和強烈的誇張性。現代漢語也有類似的用法，如"千百萬""千千萬萬""萬萬千千"等，但其多樣性遠遠不如佛經。

作為翻譯文獻，漢文佛典中形形色色表示大數和無窮大數的方式十分特殊，明顯不符合漢語表數的習慣，這在一定程度上是受到了佛經原典語言的影響。正因為它不是規範的漢語表達方式，所以像"億億百千萬"之類的說法往往僅限於佛經譯文，沒有大規模擴散到中土文獻。①

（原載《漢語史研究集刊》第七輯）

---

① 張延成先生《中古漢語稱數法研究》（博士學位論文，南京大學，2001年）對東漢佛經的稱數法作了考察，認為："佛經中的稱數法當然不可避免地要受到佛典原本的影響，不一定與上古漢語的稱數一脈相承。但是鑒於語言在表達較大的模糊數量關係時有範疇上的相似性，加之佛經譯文漢語化程度較高，我們仍認為佛經中極大數目的不定數表達法與上古漢語有聯繫。"（打印本第95頁腳註）"與同期或稍後的其他類型的語料相比，東漢佛經較能反映漢語稱數法的最新發展動向。"（打印本第99頁）

佛經文獻中"國界"詞義考①

"國界"是歷代文獻用例較多的一個詞語,至今常用,多種詞典給它作了解釋。《現代漢語詞典》的解釋是:"相鄰國家領土的分界線。"《漢語大詞典》的解釋是:"國與國的分界;國家的疆界。"前兩個書證一為《漢書·匡衡傳》:"轉國政,領計簿,知郡實,正國界。"一為《宋書·夷蠻傳·訶羅陁國》:"伏承聖主,信重三寶,興立塔寺,周滿國界。"《辭海》的解釋是:"又稱'邊界'或'疆界',是國家實施其主權的界限。"

以上工具書解釋了"國界"最常用的一個意思,其書證還可以追溯到《史記·高祖功臣侯者年表》:"四年,侯指坐出國界,有罪,國除。"此中"國界"一語指封國或郡國的疆界。漢代中土文獻中,"國界"可以指國土,如《論衡·恢國》:"唐虞國界,吳為荒服。"可以指國家、國內,如《太平經》卷一一六:"地氣大悅不戰怒,令王者壽,奸猾盜賊兵革消,國界興善。"② 據初步統計,漢魏六朝中土文獻"國界"出現約20次,均與領土有關。

東漢以來的佛經文獻中,"國界"含義與中土文獻的"國界"有同有異,有的與領土有關,也有的與領土無關。

---

① 本文曾提交"第三屆中國俗文化國際研討會暨項楚教授七十華誕學術研討會"(2009年7月,四川成都),在分組討論時承董志翹先生、方一新先生、汪維輝先生、朱慶之先生提出中肯的修改意見,謹致謝忱。文中存在的失誤由作者本人負責。

② 胡敕瑞(2002,第173頁)指出:"'國界'本謂'邊疆'、'疆界',引申則有'國家'的意思。同期其他文獻也見,如《潛夫論·務本》:'今工好造雕琢之器,巧偽飾之以欺民取賄,雖於奸工有利,而國界愈病矣。'"

一　與領土有關的"國界"

1. "國界"指疆界

東漢至西晉的佛經文獻中"國界"出現 66 次，均不指疆界。東晉十六國以來的佛經中少量用例可以理解為"疆界"。

（1）始到國界，王出奉迎，為佛作禮。（東晉·佛陀跋陀羅譯《佛說觀佛三昧海經》卷七，15/679c）①

（2）北方國界雪山側有釋種子，生處豪族，父母真正，有三十二大人之相。（姚秦·佛陀耶舍譯《四分律》卷三十一，22/779b）

（3）爾時阿闍世王國界邊，有小國反。（姚秦·鳩摩羅什等譯《十誦律》卷四十五，23/323b）

有的用例既可理解為"疆界"，也可理解為"國土"。最典型的有約 20 例"出+國界"，例略。

2. "國界"指國境之內、國土

佛經中很多"國界"用例理解為國土、國內、國家均可，這種含義的"國界"在東漢以來的佛經譯文中出現次數很多，遠遠超出中土世俗文獻。

（4）佛告瓶沙："宿福為王，今復增益，使王國界人民忠孝，富樂無憂，福護有德，吉無不利。"（東漢·曇果共康孟詳譯《中本起經》卷上，4/152b）

（5）王即與道人私出案行國界，見數十童女，年皆五六十，衣服弊壞，呼嗟而行。（三國吳·支謙譯《佛說孛經抄》，17/734b）

（6）小畜貪生，寄命國界，卒逢獵者。（三國吳·康僧會譯《六度集經》卷三，3/12c）

（7）爾時諸小王持國界奉上，轉輪王案行北方諸國，於其中止

---

① 本文引用佛經據《大正藏》，括弧中依次標明時代、譯者、經名、卷次，並用數碼標出引文在《大正藏》中的冊數/頁碼/欄次（abc 三欄）。

頓。(西晉・法立共法炬譯《大樓炭經》卷一，1/281b)

(8) 今世有佛，在拘留國界尼連禪水邊。(西晉・竺法護譯《普曜經》卷七，3/526b)

(9) 於是國師梵志案行國界，見國人民轉就衰減，不復增益。(東晉・僧伽提婆譯《中阿含經》卷十五，1/521c)

(10) 臣受王教，即出巡行國界，得五百盲人，將詣庭內。(姚秦・竺佛念譯《菩薩處胎經》卷三，12/1026b)

國境之內有數量一定的國土、人眾等各類事物。以上"國界"均偏重指國土，即國境之內的地域。也有的"國界"側重指國境之內的人眾。

3. "國界"指國人

(11) 十方諸佛佛國嚴淨，及十方佛在所說法，皆現於寶蓋中悉遙見聞，一切魔眾得未曾有，禮佛而立。國界若干莫不目見。童子寶事即於佛前以偈讚曰："……眾覩希有皆歎佛，稽首極尊大智現。"(三國吳・支謙譯《佛說維摩詰經》卷上，14/519c)

(12) 即敕國界，散出財寶，賑給貧困，恣民所欲。(三國吳・康僧會譯《六度集經》卷一，3/3c)

(13) 爾時佛告諸比丘："汝等集此，為何論說？"眾多比丘白世尊言："我等在此論波斯匿王主行非法，犯聖律教；十二年中閉識比丘尼，在深宮內，接待以色；又得道之人行過三界，然王亦不事佛、法及眾僧，無篤信之心向阿羅漢；已無此心，則無此心於三尊。我等宜遠遊，不須住此；所以然者，王行非法時，臣佐人民亦復行惡，又觀世間風化之法。"爾時世尊告曰："汝等勿論國界之事，當自剋己，思惟內省，挍計分別。言此論者不合至理，亦復不令人得修梵行，滅盡無為涅槃之處，當自修己，熾然法行，自歸最尊。"(苻秦・曇摩難提譯《增壹阿含經》卷四十三，2/783a)

(14) 王告大臣，普令國界："其有遊獵殺害鹿者，當取誅戮。"(姚秦・竺佛念譯《出曜經》卷十四，4/685c)

(15) 王與群臣復不能辯，復募國界，無能解者。（元魏·吉迦夜等譯《雜寶藏經》卷一，4/449b）

上引諸例"國界"無論如何都不可能指邊界，也不可能指國土；有的"國界"似乎理解為國內或國人均可，但理解為國人更合文意。例（11）的散文部分"國界若干莫不目見"對應偈頌部分"眾覩稀有皆歎佛"，"國界若干"即"眾"，指國人大眾；例（12）受救者當是國人，唯有人可行"散出財寶賑給貧困"之事；例（13）"汝等勿論國界之事"的"國界"指波斯匿王及其臣佐人民，即國中世俗之人，與出家人相對；例（14）"普令國界"指宣令國人，而非宣令國土；例（15）"募"的對象也是人，而非他物。

又，例（11）出自支謙所譯《佛說維摩詰經》，此經有多種異譯本，保存至今的三個譯本分別出自支謙、鳩摩羅什、玄奘之手。後兩個譯本與例（11）相對應的文字如下。

(16) 又十方諸佛、諸佛說法亦現於寶蓋中。爾時一切大眾，覩佛神力歎未曾有，合掌禮佛瞻仰尊顏目不暫捨。於是長者子寶積即於佛前以偈頌曰："……眾覩希有皆歎佛，今我稽首三界尊，大聖法王眾所歸，淨心觀佛靡不欣……"（姚秦·鳩摩羅什譯《維摩詰所說經》卷上，14/537c）

(17) 又十方界諸佛如來所說正法皆如響應，於此蓋內無不見聞。時諸大眾覩佛神力，歡喜踊躍，歎未曾有，合掌禮佛，瞻仰尊顏，目不暫捨，默然而住。爾時寶性即於佛前右膝著地，合掌恭敬，以妙伽他而讚佛曰："……眾覩驚歎未曾有，故禮十力大智見，眾會瞻仰大牟尼，靡不心生清淨信……"（唐·玄奘譯《說無垢稱經》卷一，14/558b）

三個譯本都是散句接偈頌，其中文字對應關係明顯。偈頌部分，支謙"眾覩稀有皆歎佛"一句同鳩摩羅什"眾覩稀有皆歎佛"、玄奘"眾覩驚歎未曾有"對應，"眾"即在會眾人；散句部分，支謙譯文作"國界若干"，羅什譯文作"一切大眾"，玄奘譯文作"諸大眾"。"國界若干"之"國界"無疑指國人。

二 與領土無關的"國界"

1. "國界"義同佛教用語"世界"

佛經文獻中"國界"往往義同"世界"。佛經常見"三千大千世界"，有時也說成"三千大千國界"。還有"世界"與"國界"交替出現的例子。

(18) 佛語阿難："我般泥洹後，都盧三千大千國界，其中人民汝悉教入經法中，悉令成就得阿羅漢道。"（東漢・支讖譯《道行般若經》卷十，8/478a）

(19) 爾時一時之頃，三千大千國界其地所有，皆成為寶。（西晉・無羅叉等譯《放光般若經》卷一，8/2b）

(20) 過未來世須彌山微塵等劫，成等正覺。所住世界同名寶光，國界莊嚴。（東晉・佛馱跋陀羅譯《大方廣佛華嚴經》卷五十五，9/749b）

(21) 爾時世界名槃頭摩，人民熾盛，不可稱計；爾時如來遊彼國界，將十六萬八千比丘眾，前後圍繞，而為說法。（符秦・曇摩難提譯《增壹阿含經》卷五十，2/823c）

(22) 又其國界諸天宮殿，乃至梵宮六種震動，大光普照遍滿世界，勝諸天光。（姚秦・鳩摩羅什譯《妙法蓮華經》卷三，9/23a）

2. "國界"指某種力量所及的區域

最典型的情況有兩種，一是佛的影響範圍，二是魔的影響範圍。

(23) 時諸佛國界名大山須彌山，其有幽冥之處悉為開闢。（東漢・支讖譯《般舟三昧經》卷上，13/905a）

(24) 其人壽命終盡，即往生阿彌陀佛國，不能得前至阿彌陀佛所，便道見阿彌陀佛國界邊自然七寶城中，心便大歡喜。（三國吳·支謙譯《佛說阿彌陀經》卷下，12/310b）

(25) 以是德本修此事故，住一佛土，普見一切諸佛國界。（西晉·竺法護譯《佛說文殊悔過經》，14/447a）

(26) 佛即尋時捨缽于地，缽即下沒，遊諸佛土；諸佛正覺今現在者，各各見缽降其足下。在於下方過七十二江河沙等諸佛國土，至光明王如來國界，界號炤燿，缽住於彼，處于虛空。（西晉·竺法護譯《文殊支利普超三昧經》卷上，15/411b）

(27) 復見異方諸佛世尊遣化菩薩，請說名號國界遠近清淨之行。（姚秦·竺佛念譯《十住斷結經》卷九，10/1035a）

(28) 彼佛國界，具如是等種種眾妙，福德莊嚴。（姚秦·鳩摩羅什譯《佛說華手經》卷九，16/196b）

以上"國界"指佛的力量影響所及的區域，"國界"也可指魔影響的區域。

(29) 此岸者，波旬國界也；彼岸者，如來之境界也。（苻秦·曇摩難提譯《增壹阿含經》卷二十三，2/670a）

(30) 是時弊魔波旬尋告國界人民之類，無令施彼沙門瞿曇之食。（苻秦·曇摩難提譯《增壹阿含經》卷四十一，2/772a）

(31) 汝若能如是行者，則能過一切諸魔國界。（北涼·曇無讖譯《大方等大集經》卷十八，13/123c）

3. "國界"指區域、地區

(32) 爾時佛在曠野國界，時六群比丘作新雜野蠶綿臥具。彼索未成綿，或索已成綿，或索已染未染，或索新者，或索故者。至養蠶家語言："我等須綿。"（姚秦·佛陀耶舍譯《四分律》卷七，22/

613c）

（33）終不生於八不閑處，所遊國界而得自在，聞其所説輒得度脱。（姚秦·竺佛念譯《十住斷結經》卷二，10/979b）

（34）舍利弗，今現在十方諸國界中諸佛亦行是般若波羅蜜，得阿耨多羅三藐三菩提。（姚秦·鳩摩羅什譯《大智度論》卷五十三，25/441a）

佛教認為須彌山四方有四個大洲，東弗于逮，南閻浮提，西拘耶尼，北鬱單越。四大洲本非領土劃分，但在佛經中也可稱"國界"。

（35）王適生意，便舉七寶四種兵俱飛行入鬱單曰國界，遙見地正青如翠羽色。王問邊臣言："汝曹寧見是地正青如翠羽色不？"邊臣對言："唯然，見之。"王言："是故鬱單曰天下也。"（北涼·曇無讖譯《佛說文陀竭王經》，1/824/c）

（36）爾時天子既至天宫，向餘天衆説如是言："我至閻浮提見其國界，其地平正，園林花池，柔軟可愛。"時諸天子聞其所説，或乘白象，或乘孔雀，種種騎乘，或身乘空，悉遍觀察須彌山已，次第而下，至閻浮提。（元魏·般若流支譯《正法念處經》卷三十一，17/183/c）

例（35）"鬱單曰國界""鬱單曰天下"相繼出現，二者所指正同。

三 佛經中"國界"新義的同義語

與領土無關的"國界"，在歷代翻譯佛經中有較多的同義語，有雙音節的，也有單音節的。這些同義語往往出現在相似甚至相同的語境，主要的出現方式有兩種：一是"國界"與同義語在上下文中交替出現，含義相同；二是"國界"與同義語出現在相同的組合中，含義相同。

1."國界"同義語在上下文中交替出現

"國界"常與它的同義語在同一段話中交替出現。上文例（20）、例

(21)、例（22）都有"世界"與"國界"交替出現，含義相同；例（26）"土""國土""國界""界"形雖有別，而義實同；例（29）"波旬國界"與"如來之境界"對舉，"國界"義同"境界"；例（35）"鬱單曰國界""鬱單曰天下"相繼出現，二者所指正同。以上諸例涉及"國界"的同義語 6 個：土、界、國土、境界、天下、世界。此類例子佛經中並不鮮見。

（37）不廢宿命行，功德遂具成；世界名清淨，得佛號無量；國界平夷易，豐樂多上人。（失譯附後漢錄《後出阿彌陀佛偈》，12/364b）

（38）其佛國土純白銀色，百億萬光，光有千色，莊嚴國界，極令清淨。（東晉·佛陀跋陀羅譯《佛說觀佛三昧海經》卷十，15/694b）

（39）此賢劫中百佛過去，當有佛出，號師子威……國土名號如今無異，時彼土境，國界神妙。（姚秦·竺佛念譯《十住斷結經》卷三，10/983c）

（40）復自思惟："所典境界無量無限，天女娛樂，樂豈過是？設我成佛，與此國界正等無異。"（姚秦·竺佛念譯《菩薩處胎經》卷四，12/1035a）

（41）長老阿難，我能安住於此世界，以淨天眼見於北方除怨國界，從此佛土過三萬剎，有一眾生，於法疑惑。（南朝宋·功德直譯《菩薩念佛三昧經》卷二，13/802c）

2. "國界"與同義語出現在相同的組合中

"佛剎"和"三千大千世界"是佛教常用語，在佛經文獻中二者都有很多同義的表述方式；前者又可稱"佛國界"，如例（23）至例（28）；後者又可稱"三千大千國界"，如例（18）、例（19）。佛經用語靈活多樣，還有很多"佛～"和"三千大千～"是它們的同義語。

（1）"佛剎"的同義表述方式

有佛的一方區域通常稱"佛剎"，或稱"佛土"，也作"佛剎土"，三者在佛經中常見。今各舉三例。

(42) 是輩菩薩於他方佛剎供養佛，復從彼來生是間。（東漢·支讖譯《道行般若經》卷六，8/451b）

(43) 五色光從口出，照滿佛剎，還繞身，從頂上入。（三國吳·支謙譯《佛說七女經》，14/909a）

(44) 遊諸佛剎，供養諸佛。（西晉·無羅叉等譯《放光般若經》卷十七，8/124c）

(45) 當佛現此佛土嚴淨之時，八萬四千人發無上正真道意。（三國吳·支謙譯《佛說維摩詰經》卷上，14/520c）

(46) 行菩薩道已，便饒益眾生；饒益眾生已，便淨佛土；淨佛土已，便逮薩云若。（西晉·無羅叉等譯《放光般若經》卷十六，8/115b）

(47) 一一佛土，四方之域，上至他化自在天宮。（西晉·竺法護譯《漸備一切智德經》卷五，10/495a）

(48) 菩薩摩訶薩以學阿閦菩薩行者，不久亦當即取佛剎土，當復成無上正真道最正覺也。（東漢·支讖譯《阿閦佛國經》卷上，11/753a）

(49) 當知菩薩空，當知佛剎土空，當知道空。（西晉·無羅叉等譯《放光般若經》卷十八，8/127c）

(50) 其族姓子為在何方何佛剎土？其土如來所號為何？（西晉·竺法護譯《諸佛要集經》卷下，17/767a）

"佛剎"是純音譯形式，"佛剎土"加上了意譯成分，"佛土"則是一半音譯一半意譯。相同的意思，例（23）至例（28）用"佛國界"來表述，是純意譯形式。

此外，該術語的同義表述方式還有"佛國""佛界""佛國土""佛世界""佛境界""佛境域""佛境土"。

(51) 如恒邊沙佛國人，善男子善女人，皆令持十戒。（東漢・支讖譯《道行般若經》卷二，8/436c）

(52) 諸天衣皆行列，覆一佛界中。（東漢・支讖譯《道行般若經》卷十，8/477b）

(53) 復如一恒邊沙佛國土，一一薩和薩悉起作七寶塔。（東漢・支讖譯《道行般若經》卷二，8/433a）

(54) 一佛境界尚可稱知斤兩，阿闍浮菩薩行勸人助其歡欣，其福無有科限。（東漢・支讖譯《道行般若經》卷八，8/465c）

(55) 能悉現我，諸佛世界，所有好惡。（三國吳・支謙譯《佛說菩薩本業經》，10/446c）

(56) 其佛境域，悉生蓮華，斯諸蓮華，悉以寶成。（西晉・竺法護譯《持心梵天所問經》卷二，15/13b）

(57) 入佛境土，不煩擾人，應其所乏，各令得所。（西晉・竺法護譯《阿差末菩薩經》卷五，13/601c）

(2) "三千大千世界"的同義表述方式

東漢支讖譯經開始使用"三千大千世界"，此語後來流行很廣。除"三千大千國界"外，佛經中還有"三千大千國土""三千大千剎""三千大千剎土""三千大千天下""三千大千境界""三千大千界""三千大千土""三千大千國"等眾多同義形式，這些組合中出現的"世界""國界""國土""天下""境界""剎土""剎""界""土""國"等詞語同義。

(58) 當是時，三千大千國土中弊魔，一切心中皆愁毒，欲共壞亂是菩薩摩訶薩。（東漢・支讖譯《道行般若經》卷八，8/463c）

(59) 是三千大千剎六反震動，眾冥悉開闢而悉明。（東漢・支讖譯《佛說阿闍世王經》卷下，15/406b）

(60) 應時天地大動，三千大千剎土莫不大明。（東漢・竺大力共康孟詳譯《修行本起經》卷上，3/463c）

(61) 復至三千大千天下，復至億那術剎土，復至阿僧祇剎土。（西晉·竺法護譯《等目菩薩所問三昧經》卷中，10/583b）

(62) 身放無數百千之光，遍照三千大千境界，普悉晃明。（西晉·竺法護譯《佛說弘道廣顯三昧經》卷二，15/494c）

(63) 三千大千界，周遍虛空中，諸天阿須倫，天下皆稽首。（西晉·竺法護譯《普曜經》卷七，3/530a）

(64) 菩薩大士，現三千大千土。（西晉·竺法護譯《等目菩薩所問三昧經》卷上，10/577c）

(65) 如是等無量，三千大千國。（東晉·佛馱跋陀羅譯《大方廣佛華嚴經》卷二十六，9/570c）

以上"佛～"和"三千大千～"兩類表述中，共出現與領土無關的"國界"同義語11個，雙音節的7個（"境界""世界""國土""土境""境域""天下""剎土"），單音節的4個（"國""土""界""剎"）。

四 佛經中"國界"新義的來源

上文列舉了漢文佛典使用"國界"的幾種不同含義，其中前兩種是佛經漢譯之前本土文獻原有的舊義，其餘則屬佛經文獻中產生的新義。現將"國界"諸義項簡況列表如下。

	義項	產生時代和最早書證
與領土有關	"國界"指疆界	西漢（司馬遷《史記》）
	"國界"指國土	東漢（王充《論衡》）
	"國界"指國人	三國（支謙《佛說維摩詰經》）
與領土無關	"國界"義同佛教用語"世界"	東漢（支讖《道行般若經》）
	"國界"指某種力量所及的區域	東漢（支讖《般舟三昧經》）
	"國界"指地區、區域	東晉十六國（佛陀耶舍《四分律》）

"國界"的這些義項都是如何產生的呢？

"國界"與領土有關的三個義項，可以從詞義引申的角度來認識。"國界"最初的意思是"國之界"①，指封國或郡國所轄領土的疆界，《史記·高祖功臣侯者年表》"坐出國界"的"國界"可作此解；引申而指疆界之內的國土，《論衡·恢國》"唐虞國界"的"國界"可作此解②；再引申指生活在國土之上的國人，例（11）支謙譯《佛說維摩詰經》"國界若干莫不目見"的"國界"可作此解。

"國界"與領土無關的三個義項，也許同樣可以在其"疆界"義的基礎上輾轉引申而來；這種認識似乎不算太牽強，甚至好像順理成章。但是，"國界"與領土無關的義項有些特殊，不能單單在上述引申關係的基礎上來考察。關於這個問題，以下語言事實需要特別關注。

第一，東漢三國西晉的翻譯佛經中"國界"出現 66 次，都不指疆界。

第二，東漢支讖翻譯的佛經中已有"三千大千國界"和"佛國界"的說法。

第三，東漢支讖譯經中"三千大千世界"出現 42 次，"佛剎"出現近 300 次。

第四，東漢支讖譯經中"佛國"出現 30 次，"佛界"出現 12 次，均與"佛剎"同義。

"三千大千世界"是梵文 trisāhasra–mahāsāhasra–lokadhātu 的純意譯形式，"世界"對應梵文 lokadhātu；譯作"三千大千國界"時，"國界"是 lokadhātu 的純意譯形式。

"佛剎"是梵文 buddha–kṣetra 的純音譯形式，"剎"對應梵文 kṣetra；譯作"佛國界"時，"國界"是 kṣetra 的純意譯形式。

辛嶋靜志《妙法蓮華經詞典》以梵文本同姚秦鳩摩羅什譯本對勘，書中有"國界"條目，該詞條對應梵文 kṣetra 和 buddha–kṣetra 的例句舉了三個：

---

① 《說文·田部》："界，境也。從田介聲。"段玉裁改作"界，竟也。"注云："樂曲盡為竟，引申為凡邊竟之稱。界之言介也，介者畫也，畫者介也，象田四界，聿所以畫之。"

② 《漢語大詞典》"國界"條只立一個義項："國與國的分界；國家的疆界。"第二個書證《宋書·夷蠻傳·訶羅陁國》："伏承聖主，信重三寶，興立塔寺，周滿國界。"與釋義不合，"周滿國界"的"國界"不指分界、疆界，而指國土、國內。

(66) 以何因緣而有此瑞神通之相，放大光明，照于東方萬八千土，悉見彼佛國界莊嚴？（姚秦·鳩摩羅什譯《妙法蓮華經》卷一，9/2c）

(67) 又見佛子，造諸塔廟，無數恒沙，嚴飾國界，寶塔高妙，五千由旬，縱廣正等，二千由旬。（姚秦·鳩摩羅什譯《妙法蓮華經》卷一，9/3b）

(68) 摩訶迦葉……得成為佛……國名光德……國界嚴飾，無諸穢惡、瓦礫、荊棘、便利、不淨。（姚秦·鳩摩羅什譯《妙法蓮華經》卷三，9/20c）

"國界"詞條對應梵文 loka 和 lokadhātu 的例句舉了兩個：

(69) 佛放一光，我及眾會，見此國界，種種殊妙。（姚秦·鳩摩羅什譯《妙法蓮華經》卷一，9/3b）

(70) 又其國界諸天宮殿乃至梵宮六種震動。（姚秦·鳩摩羅什譯《妙法蓮華經》卷三，9/23a）①

再來看看梵英詞典的解釋，Monier-Williams 所著 *A Sanskrit-English Dictionary* 對 Kṣetra 和 Lokadhātu 的解釋是（節引）：

Kṣetra：landed property, land, soil; a field, place, region, country.

Lokadhātu：a region or part of the world; name of a particular division of the world.

上述詞典的解釋表明，當"國界"作為 kṣetra 和 lokadhātu 的意譯詞時，其詞義大體上與領土疆界沒有什麼關係。②

為了表達佛經原典中 kṣetra 和 lokadhātu 的意思，東漢以來的佛經翻譯

---

① 該例句及其下文為："又其國界諸天宮殿乃至梵宮六種震動，大光普照，遍滿世界。"文中"國界""世界"交替出現。

② 《妙法蓮華經詞典》"國界"條的英文釋義為"realm, territory"，強調"國界"原意與領土疆界有關。

者們先後使用了十餘個不同的詞語。其中既有單音節詞"國""土""界""刹",又有雙音節詞"國土""國界""境界""世界""土境""境域""天下""刹土";既有利用舊形的,也有"世界"這樣全新的形式;既有音譯形式"刹"和含音譯成分的"刹土",又有"國界"等純意譯形式。

可以認為,佛經中"國界"與領土無關的那些新義項,或多或少受了梵文 kṣetra 和 lokadhātu 詞義的影響,不宜視作純粹的漢語詞義引申。

參考文獻

(東漢)許慎:《說文解字》,天津市古籍書店 1994 年版。
(清)段玉裁:《說文解字注》,上海古籍出版社 1997 年版。
羅竹鳳主編:《漢語大詞典》,漢語大詞典出版社 1986—1993 年版。
[日]辛嶋靜志:《妙法蓮華經詞典》,創價大學國際佛教學高等研究所 2001 年版。
胡敕瑞:《〈論衡〉與東漢佛典詞語比較研究》,巴蜀書社 2002 年版。
Monier—Williams, *A Sanskrit—English Dictionary*, Oxford: Oxford University Press, 1899.

(原載《項楚教授欣開八秩頌壽文集》,中華書局 2012 年版)

竺法護譯經中表"曉悟"義的複音詞

一 竺法護譯經中表"曉悟"義的複音詞概述

竺法護（Dharmaraksa，曇摩羅剎）為西晉譯經僧，他所翻譯的佛經數量超越此前任何一位譯師，這些譯經的價值不僅體現在佛學方面；在語言學研究方面，它們也是珍貴的語料。竺法護譯經中的同義詞群相當多，其中不少詞群擁有的個體數量令人歎為觀止。竺法護譯經非常講究語言的變化，用詞十分靈活，顯得很有文彩。同樣的意思，往往根據不同的對象使用不同的詞語來表達；有時即使對象性質完全相同，也會選用不同的詞語。比如：

> 復有八事總持莊嚴：一曰<u>曉了</u>諸天所言，二曰<u>解識</u>諸龍音聲，三曰<u>明察</u>鬼神言響，四曰<u>分別</u>揵沓和語，五曰<u>解</u>阿須倫所詠，六曰<u>達</u>加留羅醘，七曰<u>暢</u>真陀羅所言，八曰<u>識</u>摩睺勒及諸眾生口之所宣。（《大哀經》卷二，T13/417/3）①

此段詳述"八事總持莊嚴"，一一指出要懂得"天龍八部"的不同語言，從而知道他們表達的意思。八句話所涉及的對象都是語言，完全可以用同一個動詞來表達，甚至可以凝縮成一個句子。但是，譯者在這裏用了8個不同的詞語：曉了、解識、明察、分別、解、達、暢、識。其中雙音詞和單音詞各4個，涉及不同的語素10個。又如：

---

① 本文引用佛經據《大正藏》，標注經文題名、卷次、《大正藏》冊數（T表示）、頁碼、欄次。由於文中所引均為竺法護譯經，故不再標注譯者。

若有菩薩分別五陰，曉了諸種，解達六入，以能暢知十二緣，剖判四意止、五根八道，能覺世俗，度世之業，明知有為無為之事；以曉了是，逮解一切諸法之無，宣布諸法，所不達得意力勢。解暢一切諸法章句，斷生老死，心不能絕壞，能自究竟無上正真道，成最正覺。（《持人菩薩經》卷四，T14/638/3）

短短一段話，用來表示"曉悟"的複音詞就出現了8個：分別、曉了、解達、暢知、剖判、明知、逮解、解暢。經文大意是：菩薩懂得"五陰""諸種""六入""十二緣""四意止""五根""八道"等所包含的思想，並照此修行，就可"成最正覺"。文中8個表"曉悟"的複音詞意思是一樣的，儘管單獨看字面意思，"分別""剖判"似乎比其他詞語強調分析，"明知"似乎是指"明確地知道"。依照文意，上面8個複音詞可任意交換搭配對象而絲毫不會影響意思的表達，或者全部換成其中某一個詞，意思也不會變。它們在這個具體的語境中是同義詞，意思都可以解釋為"知道""懂得""明白""了解"。

此類現象在竺法護譯經中並非絕無僅有。上文所舉只是竺法護譯經表示"曉悟"義的眾多詞語中很小的一部分，筆者調查所有今存的竺法護譯經，得到表示"曉悟"義的複音詞（或組合）共73個，其中雙音節的45個：別知、暢達、暢解、達了、達識、達知、逮解、分別、解暢、解達、解了、解明、解通、解知、究暢、覺達、覺了、覺悟、開解、開明、開悟、開寤、了達、敏達、明達、明解、明了、明識、明曉、明知、清澈、識別、識解、識知、體解、通暢、曉達、曉逮、曉解、曉練、曉了、曉知、知別、知見、周達；三音節的15個：暢了識、分別辨、分別解、分別覺、分別了、分別曉、分別知、解達知、解了知、覺了知、了解知、曉分別、曉了解、曉了識、曉了知；四音節的13個：分別覺了、分別了知、分別曉了、逮分別解、究暢解達、明了分別、明識解了、曉解分別、曉了分別、曉了達見、曉了解知、曉了解達、曉了審知。

這些詞語涉及27個語素（悟、寤在這裏實應視為同一個語素，因兩個字形參與的組合有差異，故分開統計），大多數語素參與組合時位置比較靈活。其中同素異序的複音詞有3對：暢解—解暢，達了—了達，解明—明解。下面按各個語素在上述複音詞中的活躍程度一一介紹，列出該語素參與組成的複音詞。

以"解"為例，交代的有關信息包括：它參與構成 17 個表示"曉悟"義的複音詞，其中以它開頭的複音詞 6 個，它處中間的複音詞 1 個，它處末尾的複音詞 10 個。

解 17（前 6、中 1、後 10）：解暢、解達、解了、解明、解通、解知，曉解分別，暢解、逮解、開解、明解、識解、體解、曉解、曉了解、分別解、逮分別解。

曉 17（前 13、中 2、後 2）：曉達、曉逮、曉解、曉練、曉了、曉喻、曉知、曉分別、曉了解、曉了識、曉了知、曉解分別、曉了審知，分別曉了、曉了分別，明曉、分別曉。

了 16（前 1、中 7、後 8）：了達，曉了解、曉了審知、曉了識、曉了知、分別了知、曉了分別，達了、解了、覺了、明了、曉了、分別了、分別覺了、分別曉了。

別 15（前 1、中 10、後 4）：別知，分別辯、分別解、分別覺、分別了、分別曉、分別知、分別覺了、分別了知、分別曉了、逮分別解，識別、曉分別、曉解分別、曉了分別。

分 14（前 10、中 4）：分別、分別辯、分別曉、分別解、分別覺了、分別知、分別覺了、分別了知、分別曉了，曉分別、逮分別解、曉解分別、曉了分別。

知 12（前 2、後 10）：知別、知見、別知、達知、解知、明知、識知、曉知、曉了知、曉了審知、分別知、分別了知。

達 11（前 3、後 8）：達了、達識、達知，暢達、解達、覺達、了達、敏達、明達、曉達、周達。

明 8（前 6、後 2）：明達、明解、明了、明識、明曉、明知，解明、開明。

暢 6（前 2、後 4）：暢達、暢解，解暢、究暢、通暢、周暢。

識 6（前 3、後 3）：識別、識解、識知，達識、明識、曉了識。

覺 5（前 3、中 1、後 1）：覺達、覺了、覺悟，分別覺了，分別覺。

開 4（前 4）：開解、開明、開悟、開窹。

逮3（前2、後1）：逮解、逮分別解，曉逮。

通3（前2、後1）：通暢、通利，解通。

悟2（後2）：覺悟、開悟。

周2（前2）：周暢、周達。

辯1（後1）：分別辯。

見1（後1）：知見。

究1（前1）：究暢。

利1（前1）：通利。

練1（前1）：曉練。

敏1（前1）：敏達。

清1（前1）：清澈。

審1（中）：曉了審知。

體1（前1）：體解。

瘖1（後1）：開瘖。

喻1（後1）：曉喻。

二 "分別"一詞表"曉悟"義考察

有兩點需要交待清楚。第一，上述複音詞並不都是只有一個義項，本文並不是要全面考察每一個詞的各種意思，而只關注它們在竺法護譯經中表示"曉悟"義這一用法；第二，有的詞在通常情況下也許並不表示"曉悟"，本文判斷的依據是竺法護譯經中詞語的實際用例，每個詞根據上下文均可以準確判斷其意思。

試以表現最為活躍的"分別"一詞為例，《漢語大詞典》（2冊571頁）共釋6個義項：（1）區別，分辨；（2）分頭，各自；（3）劃分；（4）差別，不同；（5）離別；（6）佛教語，謂凡夫之虛妄計度，亦謂妄加區分。

《漢語大詞典》為第一個義項"區別，分辨"先引《荀子·王制》："兩者分別，則賢不肖不雜，是非不亂。"次引漢王充《論衡·程材》："（猶家人子弟生長宅中，其知曲折愈於賓客也。賓客暫至，）雖孔墨之材，不能分別。"復引宋明文獻等為例證。

214 | 肆　翻譯色彩：本語詞的詞義和用法

《漢語大詞典》為最後一個義項"佛教語"引唐白居易《答次休上人》詩："禪心不合生分別，莫愛餘霞嫌碧雲。"又引宋劉過《水調歌頭》詞："未必古人皆是，未必今人俱錯，世事沐猴冠。老不分別，內外與中間。"

以上六個義項不能解釋竺法護譯經中大量出現的"分別"一詞的許多用例，即使試著用看起來也許差不多的第一個義項或者最後一個義項去解釋，也行不通。該詞有如下用例（本文所舉全為竺法護譯經，所以不再標出譯人信息）：

　　假使比丘，在於閒居，其行寂然，其心清淨，<u>分別</u>空無。（《生經》卷二，T3/82/1）

　　<u>分別</u>本無，逮得法忍，獨步無雙，度脫十方，眾生蒙恩。（《普曜經》卷八，T3/533/2）

　　知元所起，曉了諸法，<u>分別</u>無我，曉了柔和終沒之事，自知其心，了他人心，是謂為慧。彼何謂<u>分別</u>於苦？知苦無所從生，亦無所起，是謂<u>分別</u>苦……何謂<u>分別</u>無我？謂色非常，痛癢思想生死識非常，眼耳鼻舌身心非我所有，色聲香味細滑法非我所有，眼色識，耳聲識，鼻香識，舌味識，身細滑識，意法識，亦非我所有。（《光贊經》卷七，T8/194/3）

　　譬如蓮華，不著泥水，無我無持，亦無所有，等持諸法，常念為之。以慧<u>分別</u>空，隨人所樂，而立其志。（《佛說須真天子經》卷三，T15/108/1）

"空無""本無""無我""苦""空"等都是佛教的重要觀念，每個觀念都是抽象的，它們本身並不像具體事物那樣由幾個部分組成。單就它們當中任何一個而言，也不存在分而別之的問題。上引諸例中，"分別"就是"知道""懂得""明白"並進而信奉。

竺法護譯經中，"分別"經常與其他表示"曉悟"義的詞語交替出現，如本節開頭所引兩段文字，這也有利於準確判斷其詞義。此外，"分別"還經常與"知""曉""了""解""覺"等形成同義連文：分別辨、分別解、分別覺、分別了、分別曉、分別知、曉分別、分別覺了、分別曉了、分別了知、明了分別、曉解分別、曉了分別、逮分別解。

菩薩清淨有十事。何謂為十？……好樂普智，諸通敏慧，所<u>分別辯</u>，巍巍清淨。勇猛皦然，四無所畏。(《度世品經》卷二，T10/628/1)

一念之頃，了平等應，<u>分別解</u>之，成最正覺。(《度世品經》卷二，T10/629/1)

心常存在六波羅蜜行，悉當普學，在所歸慧。學當具足，當<u>分別覺</u>一乘之法，又當曉了不可計從所入音聲。(《光贊經》卷五，T8/180c/3)

菩薩摩訶薩<u>分別了</u>此：所謂菩薩者隨俗假號，欲求人亦不可得，亦無有起；所謂色者但假號耳，所謂痛癢、思想、生死、識者，但假號耳，亦不可得，亦無所起；所謂眼、耳、鼻、舌、身、意，但假號耳，亦不可得，亦無所起；所謂色、聲、香、味、細滑法，但假號耳，亦無可得，亦無所起。(《光贊經》卷六，T8/185/1)

佛法正真，不依仰人，智能如是，於一切字，常曉滅盡，所<u>分別曉</u>，誼無質礙，諮嗟諸佛，無量功德。(《大哀經》卷二，T13/419/2)

諸法無可獲，故曰為無著；蠲去眾顛倒，立心處不惑；<u>分別知</u>法空，可曰為無著；了解知空義，無有諸想著。(《佛說阿惟越致遮經》卷中，T9/209/2)

猶如大海水，諸天華神器；心貪以永除，得立慧道業；選擇諸剎土，住在<u>曉分別</u>；四種之境界，離若干貪利。(《漸備一切智德經》卷四，T10/485/1)

諸明達者，<u>分別覺了</u>，是一切法，悉為本無。(《持人菩薩經》卷三，T14/635/1)

菩薩摩訶薩行般若波羅蜜行，<u>分別曉了</u>一切諸法因緣假號。(《光贊經》卷二，T8/163/3)

菩薩不迴一切諸根，無所障塞，心常堅住。其所修行，莫能廢者，諸根微妙，<u>曉了分別</u>，智度無極。(《度世品經》卷四，T10/638/2)

又其水者，無有想念，獲致諸法，自然之數，而使眾生，別知德本。如斯諸風,則以諸風<u>分別了知</u>三千世界如來至真等正覺者,所以懷來一切德本、成就諸法、積累無上無極之慧。(《佛說如來興顯經》卷一,T10/597/1)

十四若聞粗言不以憂戚,十五性不卒暴而常安詳,十六所住<u>明了分別</u>音響,十七了五陰品四大諸入報應因緣。(《諸佛要集經》卷上,T17/761/3)

賢聖處世,所行治事,現在罪福,當來所習,方可更歷,解乘所趣,不了所趣,<u>曉解分別</u>,方便隨時,常等識知八萬四千,若干品罪,知審所由所趣,彼達諸根柔劣中間,明了之本。(《漸備一切智德經》卷四,T10/486/2)

以曉了心啟受道義,行不可計,是曰精進。<u>逮分別解</u>十二緣起,知因牽連由不覺故,是曰一心;以斯聖明致十種力、四無所畏、十八不共諸佛之法,是曰智能。(《賢劫經》卷五,T14/41/1)

即使單用的"分別",在竺法護譯經中也常常意為"知道""懂得""明白",其用例數以百計,在此再酌舉幾例。

愚癡凡夫不能曉了此賢聖行,吾當開悟使<u>分別</u>此,是故如來于諸眾生而懷大哀。(《大哀經》卷三,T13/422/3)

時舍利弗,嗟歎智慧,最為第一,斷眾狐疑,和解鬥諍,<u>分別</u>道義,無所不通,如冥中有炬火,多所照曜。(《生經》卷三,T3/87/1)

諸所有法,觀念如幻,亦不念戒,亦無所得。不信聲聞辟支佛心,<u>分別</u>微妙智慧,是為菩薩。(《光贊經》卷五,T8/183/2)

須菩提白佛言:"如是世尊,教<u>分別</u>其誼,我分別誼:色無著無縛無脫,痛癢思想生死識無著無縛無脫。"(《光贊經》卷六,T8/188/1)

彼何謂<u>分別</u>諸德三昧?住是定意時,決一切諸法,了眾生三昧,是謂分別諸德三昧。(《光贊經》卷六,T8/192/1)

世尊告曰:"若有明者於過去佛積功累德,心開意達,不見侵欺。所以者何?曉了諸法,譬若幻夢、影響、野馬、水月。所以者何?菩

薩大士分別此慧，則不自侵，殷懃修學如來之法，精進不懈，則不自枉。"（《佛說阿惟越致遮經》卷中，T9/213/3）

又其菩薩住是定者，觀于普智，明了普智，曉解普智，以達普智，分別普智，現于普智。（《等目菩薩經》卷下，T10/588/2）

三曰曉了空慧，四曰分別善權。（《大哀經》卷二，T13/416/2）

初亦善者，視一切人如父如母如身，常等無異；中亦善者，不畏勤苦，在於生死無央數劫，不以為勞；竟亦善者，分別空慧，不見吾我。（《佛說四不可得經》，T17/707/2）

計至七世，父母始元，具足無短。應順章句，了慧且明，諷誦三經，分別往古，而知四典，攷計算術，能知天地災變吉凶。設講經書，字字曉了，無所不博。（《舍頭諫太子二十八宿經》，T21/411/3）

至此，完全可以確認，竺法護譯經中"分別"有"曉悟"義（知道、懂得、明白），這是《漢語大詞典》已釋六個義項之外的又一個義項。①

三 竺法護譯經中表"曉悟"義的詞語舉例

竺法護譯經中，表示"曉悟"義的複音詞用例數各不相同，最少的僅一次，最多的達數百次。為直觀展示竺法護譯經中"曉悟"義表達形式的多樣性，下面為每個複音詞舉一個用例（上文已列舉"分別"條及含"分別"諸詞條，此處不贅）。詞條按音序排列。

別知

王及群臣，國中萬民，爾乃別知優為迦葉是佛弟子。佛告優為迦葉："汝起。"迦葉即起。（《普曜經》卷八，T3/532/3）

---

① 李維琦先生《佛經詞語匯釋》（第118頁）；也對此詞作了準確的解釋，可以參看。本文舉例側重點有所不同，筆者以為，"分別苦""分別空""分別空無""分別本無""分別無我""分別空慧""分別此慧""分別其誼""分別道義""分別普智""分別善權"之類用例最為典型，便於排除可能的歧解；這些組合中，賓語均為表示抽象觀念的詞語，它們既不表示複數，又不是多個事物的集合，並且沒有其他同類事物與之組成序列。

暢達

此乃專修,奉行出家,成菩薩行,不舍眾生。所以者何?能自調已,暢達諸法,爾乃習辯為諸法,眾生不得,眾生亦無諸法。(《文殊師利佛土嚴淨經》卷上,T11/892/1)

暢了識

(偈)……諸佛世界,告舍利弗,安住所說;唯佛具足,解達知彼,最勝導利;悉暢了識,說無上誼,以來久遠;佛今日告,諸聲聞眾,緣覺之乘;如所立處,舍置已逝,入泥曰者;所可開化,各各得度……(《正法華經》卷一,T9/68/3)

暢解

已等眾生,便等諸法;已等諸法,知菩薩心。已知菩薩,則能暢解眾生志操;知眾生已,則知諸法。是名曰習弘等一切眾生之類。(《阿差末菩薩經》卷三,T13/594/2)

達了

佛經平等法,分別人無相;曉了如本無,已故謂往返;所可獲法者,達了一切慧;吾亦當獲是,欲求所住處;未嘗動眾生,及計諸法界;故謂於往來,不近所歸處。(《佛說阿惟越致遮經》卷上,T9/207/1)

達識

爾時能仁如來手受此華,欣然而笑,光從口出,普照十方恒沙無量諸佛世界，便以此華等散恒沙無量諸佛，恒沙無量諸佛亦以光明普洞通徹恒沙世界，一一衆生蒙佛慈光，皆得慧觀達識宿命。(《佛説如來獨證自誓三昧經》，T15/346/3)

達知

莫疑佛法，如來無量，佛眼無限，普施安隱，佛慧無際，達知三世，無所不通，諸法中王。(《佛説寶網經》，T14/82/2)

逮解

菩薩大士若逮解是，皆致得一切諸法殊特玄妙無際之行。(《賢劫經》卷二，T14/12/3)

解暢

如是菩薩曉了道義，以逮如斯，剖判道趣，若斯聖業，解暢真諦，乃曰正定。(《持人菩薩經》卷三，T14/637/3)

解達

其以無數無有若干，解達深妙無上章句，以用法故，化此衆生。(《佛説大方等頂王經》，T17/756/2)

解達知

(偈)……諸佛世界，告舍利弗，安住所説；唯佛具足，解達知彼，最勝導利……(《正法華經》卷一，T9/68/2)

解了

时难陀见佛教诲切至，事不得止，<u>解了</u>本无，弃捐自大，下意作礼，天地大动，众会咸欢。(《普曜经》卷八，T3/536/3)

解了知

此之等类，亦不堪任，诸佛圣明；不可及逮，一切漏尽，非心所念；独佛世尊，能<u>解了知</u>，分别十方。(《正法华经》卷一，T9/68/2)

解明

不以劳故，其心坚固，是则滔哀。其心不退，因入大道，菩萨真意能勤将护，是为大哀。若为诸佛作证<u>解明</u>，亦为自己证明供养，复至大哀。其心清净，所行无异。(《阿差末菩萨经》卷三，T13/599/2)

解通

弃捐居业，一切所有，具一切智，得无量门，御第一义。其于法律，<u>解通</u>空行，则断诤讼，好信佛道，无上誓愿。(《贤劫经》卷一，T14/3/2)

解知

又诸所有入无所有，化无所作入有所作，化有所作入无所作，於无所得说有所得，於有所得说无所得，<u>解知</u>诸法悉无所有。又其菩萨，等心於道，道以平等，<u>解知</u>众生道心无异，心不倒见，所念无失。不随邪疑，所睹平等。(《度世品经》卷二，T10/625/2)

究暢

如來大慧，散去結惱，班宣聖諦，又復能化他心念，咸令可悅。曉了隨時，究暢聖諦，已能得入，一因道義，轉便曉了。(《漸備一切智德經》卷三，T10/473/2)

究暢解達

供養諸佛一切奇珍，篤信微妙清淨之業，法界坦然，志歸空界，究暢解達。於當來際一切無想，無所悕望，令佛道興。(《漸備一切智德經》卷一，T10/462/1)

覺達

汝等當知，吾以曉了於此之法，無不覺達。(《寶女所問經》卷二，T13/462/1)

覺了

佛語賴吒和羅："以是故，聞此法已，當覺了之，棄惡知識，莫與無行者相隨，棄諸貪欲。"(《佛說德光太子經》，T3/418/2)

覺了知

唯善男子，今仁所學，非為道心，非阿惟越致。卿之所學，終不逮阿耨多羅三耶三菩阿惟三佛，如是色像，魔之罪緣，不能觀察，亦不覺了知，是菩薩摩訶薩惡師。(《光贊經》卷四，T8/177/2)

覺悟

于時積而正受，於三世而正受，於本無而<u>覺悟</u>，或於本無見正受，復於本無而忽覺。(《佛説等目菩薩經》卷中，T10/583/3)

開解

如來若此，則以一音隨群生心，依本志性情所慕樂，無量之行，因其所信，各各現教，令得<u>開解</u>。是為第四，為諸菩薩，而得順從如來之音。(《佛説如來興顯經》卷二，T10/602/1)

開明

佛言："若有菩薩學斯定意，十方諸佛皆擁護之，以慧照心，使得<u>開明</u>，不為陰蓋所見覆蔽，逮得神通，所睹無極。"(《賢劫經》卷一，T14/5/3)

開悟

於是指鬘心即<u>開悟</u>，棄劍稽首，自投於地："唯願世尊恕我迷謬，興害集指，念欲見道，僥賴慈化，乞原罪釁，垂哀接濟，得使出家，受成就戒。"佛則授之，即為沙門。(《佛説鴦掘摩經》，T17/756/2)

開寤

若演文字，不猗言辭，棄捐吾我，心已離此諸所依欲。雖在其中，察如臭犬。入于微妙，稍稍<u>開寤</u>，懈廢眾勞，越度諸流，不壞他黨，善進道法而無所著。(《賢劫經》卷一，T14/4/1)

了達

　　如來所說句議旨趣,斯諸正士,悉當了達,而普順從,不為逆亂,所為至誠不為迷惑,悉建正議,志不馳騁。(《持心梵天所問經》卷一,T15/8/1)

了解知

　　蠲去眾顛倒,立心處不惑;分別知法空,可曰為無著;了解知空義,無有諸想著;除去一切顛,號曰為無著。(《佛說阿惟越致遮經》卷中,T9/209/2)

敏達

　　開暢世間度世之慧,名諸通慧,綜練分別,所說周備,一切敏達。(《持心梵天所問經》卷二,T15/15/2)

明達

　　靜一心時,修致慧行,應當所得,已自果之,明達諸法,而如本無,斯謂如來。(《佛說弘道廣顯三昧經》卷一,T15/491/2)

明解

　　離於眾邪,諸所住處,罣礙之事,入於聖慧,普周眾生,入於法慧,明解聖藏義之所歸,了真所入。(《大寶積經‧寶髻菩薩會第四十七》,T11/661/1)

224 | 肆　翻譯色彩:本語詞的詞義和用法

明了

　　此則諸菩薩法要，彼覺此慧，明了普智，無勝踰者。(《等目菩薩所問三昧經》卷上，T10/576/3)

明識解了

　　興顯聖慧而為說法，隨時建立而宣傳之，應時令解，使無缺漏，明識解了三世之慧，其身所行永無所造。(《度世品經》卷六，T10/653/1)

明識

　　審如本際最上第一方便至聖，明識一切文字音響，其所入處，若崇講說言無所毀，辯才無礙莫能制止。(《佛說無言童子經》卷下，T13/531/1)

明曉

　　眾釋啟曰："竊聞雪山有仙梵志，名阿夷頭，耆舊多識，明曉相法。"王大歡喜，因嚴駕白象，欲詣道人。(《普曜經》卷二，T3/495/2)

明知

　　菩薩無罣礙，明知一切行，皆曉知，無想念。以其明慧，一時悉能曉了，現感動三世，亦無罣礙。(《等目菩薩經》卷中，T10/584/3)

清澈

時佛復問文殊師利："以何等眼通暢之行欲見如來，以何等耳清澈諸義，欲聽如來所說經典。"文殊師利默然無言。(《諸佛要集經》卷下，T17/765/1)

識別

比丘聞之，心即覺了，知審如言，識別四大本因緣合，貪身自害，剖判本空，猶如寄居。(《生經》卷四，T3/99/2)

識解

乃往過去久遠世時，波羅奈城有一尊者，名曰所守，是梵志種也，點慧聰明，識解義理，卒對之醉，口言柔美，為王所敬，常可王心。(《生經》卷五，T3/101/1)

識知

一劫百劫千劫無央數劫，悉識知之，無央數劫，能入一劫，又計數無數，計念識之，不可計數。(《漸備一切智德經》卷五，T10/491/2)

體解

曉了善權方便之宜，善學無數菩薩禁誡，入於深要，體解十二緣起合會，行無所造，空無想願不起不生。(《佛說決定總持經》，T17/770/2)

通暢

文殊則問:"何謂菩薩義所歸乎?"佛告文殊:"曉了諸法,靡不通暢,故曰菩薩。"(《佛説如幻三昧經》卷上,T12/143/1)

曉達

所謂正定於一切,定而無所著,則無放逸,明了如慧。曉達定意,不猗定行,而無希念,等消正行。如以是者,無想不想,不想無想,乃曰正定。(《持人菩薩經》卷三,T14/637/2)

曉逮

所度於無極,或現在露精;或在廣欲禪,若積忍辱業;曉逮真諦地,現目見心行;或示入胞胎,于胎成正覺。(《度世品經》卷六,T10/656/1)

曉解

以此報應,使其行之,隨如等滅眾苦之事,曉解諸法,行了如是眾生音聲,已無所住,在諸煩惱而常閒靜。(《佛説弘道廣顯三昧經》卷一,T15/492/2)

曉練

憶念無量垓劫之事,若説經法,曉練眾義,猶如幻化、野馬、水月,夢與影響,若鏡中像,勇猛無侶。(《光贊經》卷一,T8/147/1)

曉了達見

　　假使須菩提，菩薩摩訶薩，其智能尊，猶如金剛，不有不無，亦不無無，是為菩薩摩訶薩，曉了達見一切諸礙及眾塵勞，得薩芸若。（《光贊經》卷八，T8/201/2）

曉了

　　復次舍利弗，菩薩摩訶薩摩訶衍者，曉了內空，不墮顛倒，亦無所求，不有所得。（《光贊經》卷五，T8/184/2）

曉了解

　　佛告溥首童真："何謂菩薩等意分別，游入於色，曉了解色，如水之沫而不可得，不可護持，無有堅固，則為等意，觀無有色，是謂菩薩等游于色。（《佛説普門品經》，T11/778/1）

曉了解知/曉了解達

　　又復修曉罪福之應，又復修觀成相具足，曉了解知具足之善，曉了解達平等之德。（《佛説等目菩薩經》卷中，T10/580/2）

曉了審知

　　無極罪殃，斷截滅除，三藏之珍，曉了審知，入至計常，八萬四千，眾塵勞行，未決罪福善不善義。（《漸備一切智德經》卷四，T10/486/1）

曉了識

以一切行入於一相,逮無量無限之義,<u>曉了識</u>義,四分別辯。(《佛説普門品經》,T11/780/1)

曉了知

佛時頌曰:"諸法無所生,亦無有所滅;<u>曉了知</u>此者,則為無恐畏。"(《佛説滅十方冥經》,T14/105/1)

曉知

譬如賢者,名曰漢林,度眾迷惑,故當<u>曉知</u>菩薩本行,此宿所喻,是曰布施。(《賢劫經》卷三,T14/23/2)

知別

假使三千大千世界滿中芥子,斯數可<u>知別</u>其多少,明網菩薩所開化人,立於佛道,不可計量。(《持心梵天所問經》卷二,T15/13/2)

知見

吾今當成最正覺道,然于來世無央數劫,修菩薩行,自<u>知見</u>之。又睹異學,難化難療,無反復心,不識報恩,欲教此眾,故被德鎧,游在眾生。(《度世品經》卷二,T10/629/3)

周達

如來之慧,不可限量,靡不<u>周達</u>,不可窮極,正覺之智,不可計

會。(《佛説如來興顯經》卷三，T17/756/2)

四　小結

佛教是關於覺悟的宗教，"佛"的本意就是自覺、覺他、覺行圓滿。佛陀最初身為太子，出於對生、老、病、死的感悟而出家，苦行六年不成，後坐菩提樹下得以悟道，其後周遊説法，以求感悟眾生。從傳教説法者的角度來説，所有的努力都是為了讓佛法為人所知曉，讓更多的人得以覺悟；從接受者的角度來説，首先要知道和了解佛法，才可能懂得佛法，並進而以之為指導走向覺悟。可以説，佛教的核心是"悟"，佛法流布的關鍵字也是"曉悟"。正因為如此，佛經中處處有"曉悟"這樣的意思需要表達，而不同場景、不同對象、不同内容的"曉悟"也許會有細微的差異，所以要用不同的詞語去表達，而譯經者善於遣用漢語詞彙素材的高超能力，讓這一切成為現實。

語言形式總是為它所要表達的内容而產生並存在，竺法護譯經中大量表"曉悟"義的複音詞正是這一規律的典型範例。這正如愛斯基摩人的語言可以有好幾十個詞彙來指稱不同的雪，這對生活在赤道附近的民族來説是難以想象的。這正如專業的染色師，憑肉眼就可以辨别上百種不同的色彩。

試想一下，如果經文内容與"悟"無關，那就没有大量表"曉悟"義的詞語產生的可能；如果經文中所有的悟都是一回事，那就没有創制大量表"曉悟"義的詞語的必要；如果譯經者駕馭漢語的能力有限，那麼竺法護譯經中就不可能出現那麼多表示"曉悟"的複音詞。以上三個因素缺一不可。

但是，在今存漢文佛典中，只有竺法護譯經有這麼多表"曉悟"義的複音詞；竺法護在這一點上超越此前的譯經，體現了他豐富的語言經驗和探索精神；而竺法護之後的譯者，並没有完全繼承他創造的表達方式，上述表"曉悟"義的複音詞擴散到中土文獻的也很少。這表明過量的同義詞語其實並不都很必要。一方面，表達内容的需要決定了語言總是豐富多彩的；另一方面，經濟實用是語言的基本規律，所以它會在適當的時候自然淘汰一部分冗餘的表達方式。

參考文獻

《大正新脩大藏經》（第 1—55 册，第 85 册），（臺）新文豐出版公司 1979 年版。

中華電子佛典協會（CBETA）：《大正藏》電子版 1999 年版。

羅竹鳳主編：《漢語大詞典》，漢語大詞典出版社 1986—1993 年版。

李維琦：《佛經詞語匯釋》，湖南師範大學出版社 2004 年版。

顧滿林：《漢文佛典用語專題研究》，博士學位論文，四川大學，2006 年。

［原載《蜀語新聲》（四川省語言學會第十四屆年會論文選），四川辭書出版社 2009 年版］

ps
伍

詞彙新質：
東漢佛經與道經

東漢佛道文獻詞彙新質的概貌[①]

詞彙新質指詞彙中發生新變化的成分，包括詞彙中的新形式和原有詞彙形式的新意義，通常也稱為新詞新義。

東漢時期，由於中國道教興起和佛教傳入，形成了最早的一批道教文獻和漢譯佛經文獻，新的思想內容和新的表達風格，為這批文獻中帶來了一批新的用詞[②]。我們運用描寫詞彙學的手段，對東漢出現的這批佛道文獻作了調查，從中發現 4757 條詞彙新質，[③] 在此基礎上，根據產生時間、使用範圍、長度和形義關係等方面因素，作了綜合統計，合成如下表格，

[①] 本文是教育部人文社會科學研究十五規劃項目（編號01JB740010）"漢代佛道典籍語言研究"和四川省哲學社會科學十五規劃項目"漢語詞彙史·東漢佛道文獻詞彙研究"前期成果，屬本項目成果"東漢佛道詞彙新質研究"結論的一部分。

[②] 本文采用的東漢道經有《太平經》《周易參同契》《老子想爾注》。所選佛經篇目據《出三藏記集》記載，並參考 Jan Nattier（2008，最早的漢譯佛教文獻導論）和其他學者的意見，把它們分為兩個部分，以公認時代確鑿部分的材料作為主證，據以立目，另一部分（加＊號）祇作附證，不據以立目，包括安世高所譯的《長阿含十報經》（T13）、《人本欲生經》（T14）、《一切流攝守因經》（T31）、《四諦經》（T32）、《本相猗致經》（T36）、《是法非法經》（T48）、《漏分布經》（T57）、《普法義經》（T98）、《八正道經》（T112）、《七處三觀經》（T150A）、《九橫經》（T150B）、《陰持入經》（T603）、《道地經》（T607）、《阿含口解十二因緣經》（T1508）、《阿毗曇五法行經》（T1557）、＊《五十校計經》（T397）；支讖所譯《道行般若經》（T224）、＊《般舟三昧經（散句部分）》（T418）、＊《兜沙經》（T280）、＊《遺日摩尼寶經》（T350）、《文殊師利問菩薩署經》（T458）、《內藏百寶經》（T807），安玄所譯《法鏡經》（T322），曇果、康孟詳所譯《中本起經》（T196），＊竺大力、康孟詳所譯《修行本起經》（T184）。

[③] 本文引用佛道文獻標寫說明。《太平經》原書 170 卷分 10 部，今殘存本文 57 卷，另有唐人據全經摘抄的《太平經鈔》，每部 1 卷共 10 卷（其中甲部不是《太平經》本身的內容，實質 9 卷）。引文據《太平經正讀》，屬《太平經》本文的，直接標為《太》，各例後數字表示引例的卷次/篇次和頁碼；屬《太平經鈔》的文字，標為《鈔》，並標明該例所屬的天干分部和頁碼。佛經引文據《大正藏》，各例後標出作者和經文在《大正藏》中的篇次、頁碼（p）、欄次（a/b/c），略去經名。

以方便分析。表中欄目名稱從簡處理，說明如下。

		舊詞新義		新詞新義		老新詞		新新詞			共計
		旁	有	旁	有	旁	有	無	旁	有	
佛	單	200	18	3	2	1	7	29	6	5	271	2360
	譯							(13)	(1)		(14)	
	複	144	16	71	17	12	234	1324	85	186	2089	
	譯						1	(259)		(2)	(261)	
道	單	197	43	—	—	3	6	2	4	4	259	2073
	複	153	20	78	17	13	338	1037	47	111	1814	
佛道	單	41	11	—	—	—	1	—	—	3	56	324
	複	35	12	20	8	—	103	45	13	32	268	
合計		770	120	172	44	29	689	2437	155	341	4757	

"舊詞新義"指東漢以前產生的詞語，在東漢出現了新義。如"白衣"原指平民身份，見於《史記·儒林傳》，在東漢佛經中指俗人、未出家的人：

　　佛教比丘，莫親白衣，戀于家居，道俗異故。（曇果共康孟詳，196p154b）

"新詞新義"指東漢前期產生的詞語，在東漢佛道文獻中有了新義。如"貴女"原指命運高貴的女子，見《漢書·元后傳》，在東漢佛道文獻中指地位尊貴的女兒：

　　欲侍貴女隨菩薩行。（支讖224p473a）
　　帝王尸［乃］上皇天之第一貴子也，皇后乃地之第一貴女也。（《鈔》戊，p250）

"老新詞"指東漢前期產生的新詞，後來在佛道文獻中使用。如《論衡·本性》用"聖師"指聖明的導師、《論衡·道虛》用"人中"指人間，它們在東漢佛道文獻中也使用：

故時時生聖人，生聖師，使傳其事。(《鈔》庚，p468)
譬如或人中或天上。(安世高，13p236b)
雖未便得泥洹，天上人中，豪貴自由。(曇果共康孟詳，196p153a)

"新新詞"指東漢後期与佛道文獻同時的新詞。如始見於東漢佛道文獻的"善師"：

設使新學菩薩與惡師相得相隨，或恐或怖。與善師相得相隨，不恐不怖。(支讖，224p427a)
夫人既得生，自易，不事善師，反事惡下愚之師。(《太》卷，40/53p77)

"無"表示没有佛道以外文獻的佐證。如上舉"善師"條。

"有"表示有佛道以外文獻的佐證。如上舉"白衣""貴女""聖師"條。

"旁"表示雖無佐證，但有同源的材料。如東漢佛道文獻用"蚑行"表示動物和昆蟲，《新語》和《漢書》則用"跂行"：

亦入於薛荔，亦入於禽獸，亦入於泥犁，亦入於蜎飛，亦入於蠕動，亦入於蚑行，亦入於喘息。(支讖，224p475b)
神靈之施，莫不被榮，恩及蚑行，草木亦然。(《太》卷，110/179p401)
跂行喘息蜎飛蠕動之類，水生陸行。(《新語·道基》)
跂行喙息，咸得其宜。(《漢書·公孫弘傳》)

"佛"表示使用於佛經而未見於東漢道經的詞語。如"善知識"指引人信佛向善的人：

六恭敬，一為恭敬佛，二為恭敬法，三為恭敬同學者，四為恭敬

戒，五為好口，六為<u>善知識</u>。（安世高，13p236a）

避惡知識，近<u>善知識</u>。（支讖，418p904b）

"道"表示使用於道經而未見於東漢佛經的詞語。如"天君"指天界的統治者：

<u>天君</u>召問是信生。（《太》卷，110/179p393）

使神疏記，<u>天君</u>親隨月建斗綱傳治。（《太》卷，111/180p403）

"佛道"表示東漢佛經道經中都使用的詞語。如上舉"善師""蚑行"條。
"單"表示單音詞（不含音譯詞）。
"複"表示複音詞（不含音譯詞）。
"譯"表示單音或複音的音譯詞。

一 佛道文獻的詞彙創新總量分析

在4757條東漢詞彙新質中，見於佛教文獻而未見於道教文獻的有2360條，見於道教文獻而未見於佛教文獻的有2073條，佛道文獻都出現的有324條[①]，佛教文獻中新質數量（2684條）比道經（2397條）高出12.06%，其中有幾個可能起作用的因素。

1. 外來的佛教文化帶入的新異事物和觀念，多於跟中國傳統有繼承關係、基於中國人文自然環境的道教在思想觀念上的創新。

2. 佛經內容豐富，每種佛經都有自己的話題，佛經說教又多比喻，涉及廣泛。相對之下，道經文獻種類少，話題比較集中或單一，涉及面小，影響詞彙量。

3. 處在草創時期的東漢佛經翻譯者有幾個團體，彼此沒有師承和效仿關係，這也擴大了詞彙使用方面的分歧，增大了創新量。而道經作者的用

[①] 以下三項並舉時，"見於佛教文獻"指衹見於佛教文獻而未見於道教文獻，"見於道教文獻"指衹見於道教文獻而未見於佛教文獻，"佛道文獻都出現"指既出現在佛經中又出現在道經中。

語有的（如《周易參同契》《老子想爾注》）具有一定的承古傾向，有的則彼此學習，如書出眾手的《太平經》，後來的作者在文風和措辭方面都有對先前作者的傚仿，抑制了詞彙的創新。

這些方面的差異，影響這兩個處在同時期的宗教社團的用語，導致他們在詞彙創新量方面的差異。

二　佛道文獻詞彙新質的繼承性

我們把東漢佛道文獻中的詞彙新質，根據源流關係分為四個部分，包括東漢以前的詞在佛道文獻中出現新義的（稱為舊詞新義），東漢前期，即佛教文獻產生以前出現的新詞而出現在佛道文獻中的（稱為老新詞），東漢前期產生的新詞在佛道文獻中出現新義（稱為新詞新義），最早在東漢佛道文獻中出現的詞（稱為新新詞），具體情況如下。

1. 舊詞新義共 890 條，其中，祇見於佛經的 378 條，祇見於道經的 413 條，佛道文獻都出現的 99 條；

2. 新詞新義共 216 條，其中，祇見於佛經的 93 條，祇見於道經的 95 條，佛道文獻都出現的 28 條；

3. 老新詞共 718 條，其中，祇見於佛經的 254 條，祇見於道經的 360 條，佛道文獻都出現的 104 條；

4. 新新詞共 2933 條，其中，祇見於佛經的 1635 條，祇見於道經的 1205 條，佛道文獻都出現的 93 條。

從整體上看，在佛道詞彙新質中，跟前代關係密切的第 1、第 2、第 3 組共佔 38.33%，來自東漢後期創新（第 4 組）佔 61.67%，在新質方面，創新遠高於承用。

佛道共用的詞彙新質情況也不相同，從數量上看，第 1、第 3、第 4 組大體相同，達到或將近 100 條，第 2 組共用的新詞新義數量較少，僅 28 條，不足前三組的 1/3。不過，第 2 組詞語的數量本身較少，因此，還應該從比率來看。按比率，第 1 組 854 條中共用 91 條佔 10.66%，第 2 組 196 條共用 28 條佔 14.28%，第 3 組 736 條中共用 100 條佔 13.59%，第 4 組 2969 條中共用 95 條佔 3.20%，前三組大體接近，而第 4 組比率最低。

詞語的歷史稍長，則它們在不同文獻中共現的比率相應增高，佛道文獻中新出現的新詞，分布面最窄。佛道之間，在承用東漢初期新詞和新詞的引申義方面（第2、第3組），差別不大，但是，道經中在採用舊詞新義方面略高於佛經（第1組），創造和採用當時新詞方面（第4組），佛經的詞彙創新量明顯高於道經，由於外來文化影響激發的漢語創新，和佛經翻譯本身對漢語詞彙新質的採用，使翻譯佛經中出現的當時新詞明顯多於道經中的當時新詞。

在4757條詞彙新質中，有1194條（25.09%）在同時或稍早的其他文獻中有使用，有2437條（51.52%）沒有其他文獻的支持。這些得不到其他文獻印證的詞彙新質，大多是佛道文獻的撰寫者所創造，體現佛道兩教流傳對漢語詞彙的直接影響，也可能有部分已經在社會上使用，通過佛道文獻的使用而流傳下來。

三　佛道文獻詞彙新質與全民用語的共時關係

我們還可以利用其他中土文獻的比照，從詞彙旁證方面進行考察，其中，新義舊詞、新義新詞和老新詞，都是詞彙中本有基礎的成分，不必再論，在新新詞中，佛經1635條有191條見於當時其他文獻，佔11.67%，道經1205條有115條見於當時其他文獻，佔9.54%，佛道共用93條有35條見於當時其他文獻，佔37.63%。佛經中的新新詞不僅數量高於道經，與中土非宗教文獻用詞的密切程度也略高於道經。

這一現象，跟佛教的傳布沒有明顯的關係，因為，上述統計包括了音譯在內的大量佛教專門用語，但這些佛教專門用語或外來詞，基本限於佛經中使用[1]，佛經中新新詞跟漢地其他文獻有關聯或同現的，是那些跟佛教專門用語無關、表達公共概念的用語。表達宗教概念的社團用語，不論是佛教的，還是道教的，在當時其他文獻中都極為少見[2]，宗教社團用語

---

[1]　從我們的調查來看，東漢佛經中的音譯詞，祇有"師子"一詞原見於中土文獻，"天竺"一詞見於當時中土文獻，另有"琉璃"一詞在西漢文獻中已經出現（本文未計），其他譯詞當時的文獻中沒有出現。另外，中土文獻中出現的有關佛教譯詞，如"浮屠""桑門"，跟佛經中的寫法完全不同。

[2]　比如《太平經》中十分強調的"承負"概念，在當時的教外文獻中也沒有記載。

跟公共用語之間的隔閡十分明顯。

上述比較説明，佛教文獻的外來性，並沒有減弱佛教文獻用詞跟漢地文獻用詞的聯繫，相反，為了克服這種外來性可能帶來的交流障礙，譯人們更注重用詞在漢語中的通用程度，這樣，就在很大程度上冲淡了佛經用語的新異性，居然得到了比道經更高的共通性。

另外，佛教文獻涉及更多的生活場景和日常行為，也有助於提高佛教文獻詞彙新質在中土文獻中重現的比率。

參考文獻

《正統道藏》，文物出版社、上海書店、天津古籍出版社 1987 年影印明正統十年刊本。

《大正新脩大藏經》，日本大正一切經刊行會 1934 年版。

饒宗頤：《老子想爾注校證》，上海古籍出版社 1991 年版。

俞理明：《太平經正讀》，巴蜀書社 2002 年版。

Jan Nattier, *A Guide to the Earliest Chinese Buddhist Translations—Texts from the Eastern Han and Three Kingdoms Periods*, ［日本］創價大學國際佛教學高等研究所 2008 年版。

（原載《漢語史研究集刊》第十四輯，作者顧滿林、俞理明）

東漢佛經詞彙新質中的意譯詞*

——兼談漢譯佛經用語的性質

意譯是漢語詞彙吸收外來成分的一個重要途徑。東漢佛經詞彙新質中的意譯詞①，主要指那些通過佛經翻譯產生的詞彙新質。

一 意譯的定位

由於缺乏明顯的形式標記和充分的記載，並且也沒有可供直接比對的翻譯底本，佛經中的意譯詞研究存在著相當的難度。笔者認為，可以用這樣的方法來確定其中的意譯詞：首先，在東漢佛教文獻的詞彙新質中，把那些只見於佛經的詞彙新成分作為考察意譯詞的初步範圍，在此基礎上可以通過兩個方面來工作，一方面，通過跟音譯詞的同義關係，以及通過表

---

* 本文是教育部人文社會科學研究十五規劃項目（編號 01JB740010）"漢代佛道典籍語言研究"和四川省哲學社會科學十五規劃項目"漢語詞彙史·東漢佛道文獻詞彙研究"前期成果，本項研究對東漢佛道文獻中出現的詞彙新質作了全面陳述，本文為本項目成果"東漢佛道詞彙新質研究"結論的一部分。

① 關於東漢佛經歷來有分歧。本文所選佛經篇目據《出三藏記集》記載，並參考 Jan Nattier (2008, *A Guide to the Earliest Chinese Buddhist Translations—Texts from the Eastern Han and Three Kingdoms Periods*, ［日本］創價大學國際佛教學高等研究所）和其他一些學者的意見，把它們分為兩個部分，以公認時代確鑿部分的材料作為主證，據以立目，另一部分（加 * 號）只作附證，不據以立目。使用的經文有安世高所譯的《長阿含十報經》(T13)、《人本欲生經》(T14)、《一切流攝守因經》(T31)、《四諦經》(T32)、《本相猗致經》(T36)、《是法非法經》(T48)、《漏分布經》(T57)、《普法義經》(T98)、《八正道經》(T112)、《七處三觀經》(T150A)、《九橫經》(T150B)、《陰持入經》(T603)、《道地經》(T607)、《阿含口解十二因緣經》(T1508)、《阿毗曇五法行經》(T1557)、* 《五十校計經》(T397 第五十九卷）；支讖所譯《道行般若經》(T224)、* 《般舟三昧經（散句部分）》(T418)、* 《兜沙經》(T280)、* 《遺日摩尼寶經》(T350)、《文殊師利問菩薩署經》(T458)、《內藏百寶經》(T807)，安玄所譯《法鏡經》(T322)，曇果、康孟詳所譯《中本起經》(T196)、* 竺大力、康孟詳所譯《修行本起經》(T184)。

達概念的佛教特徵，確定部分意譯詞；另一方面，排除那些雖然只見於佛經，但是表達的是一般概念的成分，這樣，就可以大致確定意譯詞的範圍。當然，還有進一步的工作，就是通過梵漢對比來深入考察，找到它的源詞，正式確定意譯關係。這是一項繁重的工作，這裏無法全面鋪開，只就其中一些問題作簡單的探討。

從寬泛的角度來看，翻譯文獻中所有非音譯的詞彙成分都屬於意譯，但是，這樣的尺度，無助於我們對意譯詞的深入分析和理解。我們在這裏採用的是一種狹義的標準，專門指通過對外語成分的意譯而在本語中產生的詞彙新質，或者説，是通過意譯在漢語中出現的新詞新義新用法。

對於翻譯文獻中的多數本語詞來説，雖然它們的意義或用法與對應的外語詞或許不完全等同，但是，它們在表達外來信息時，跟一般的本語表達没有質的差別，也不會引起本語詞彙成分的形式或意義變化。對於這樣的應用于翻譯而没有發生變化的本語詞來説，翻譯並未影響它們的使用，因而不屬於意譯詞。

二　佛經中意譯的表現

通過意譯給漢語帶來新質的詞彙成分，有不同的表現，反映了漢語新詞創造的某些一般特徵，以下我們以東漢佛經中外來概念特別集中的宗教用語為例，根據詞語意義和詞語形式的關係，試作分析。

1. 通過新形式表達翻譯引入的新概念，在新造的過程中，採用了以下方式。

A. 採用同義類的中心語素構成新詞。

即先用中心語素對某個概念定類，然後增加限定或修飾成分，構成新詞形。比如對佛的尊稱，有表示當世之雄的 "世雄"、世之尊者的 "世尊"、神中之尊者的 "天尊"，"雄" "尊" 本來表示性狀，轉指傑出或高貴的人物，具有名物性，採用這樣的成分作中心語素，就是把佛歸入 "雄" "尊" 之列，並通過限定語素進一步表示敬意。

採用同一中心語素，從不同的角度加上限定語，可以為同一個概念造出不同的意譯形式，比如 "菩薩"（bodhisattva）的意譯，"大士" 表示傑出之士,"開士"表示曉悟(佛理)之士,"明士"表示智慧(有佛智)之士,等等。

在這種歸類中,有時只是近似關係,比如表示佛教信徒,除了"佛弟子",還有"佛種""佛子""佛子孫"這樣原來表示繼嗣關係的親屬用詞被用作中心語素,家庭宗族的繼嗣者被用來喻指宗教的傳承(信奉)者。中心語素"子""子孫"的語義,由具血緣關係的後代親屬轉為有繼承關係的後來信奉者,"種"則以表示某類別的人的意義基礎,加入了繼承的義素,雖然"種""子""子孫"指人的意義沒有變化,但是,附有的義素出現了變化。

B. 採用不同義類的同性中心語素,通過隱喻構成新詞。

即通過某些特性的相似,用表示甲類事物的詞語來表示乙類事物。比如,意譯"須陀洹"(srotaāpanna)的"溝港",指初入道的人,它的取義,是小溝港汊的狹窄淺陋,而隱含的對照對象是寬闊廣大的江河海洋,說明這是一種初始入門的狀態,用指佛教修行的最低果位。又如,"寶"本指金銀珠玉等珍寶,取其貴重的特性,構成了"法寶"一詞,喻指佛法,或構成"三寶"一詞指佛、法、僧。以貴重這個特徵為共同點,"寶"由一個表示物質的詞,轉向表示思想信仰的對象。

C. 採用他類詞語轉指構成新詞。

主要是通過行為特徵來表示事物,即用行為詞轉指具有這種行為特徵的人物。如對佛的尊稱,把音譯的"怛薩阿竭"(tathāgata)意譯作"如來",指從如實之道而來(的人),或作"眾祐",指祐護眾生(的人),等等。這類意譯的詞語,有些十分費解,比如表示佛教修行的果位,有意譯"斯陀含"(sakrdāgāmin)的"頻來",表示已經得道而不穩固,還可能有反覆、退還再來(頻來);意譯"阿那含"(anpāgāmin)的"不還",表示已經得道而不失,不會退還;意譯"阿羅漢/羅漢"(arhat)的"應儀""應真""無著",分別表示符合教儀典範(應儀)、符合真道(應真)、修行達到不染塵垢的境界(無著)。這類詞語數量不少,其他的還有:總持(陀憐尼,梵文 dhāranī,能憶持無量佛法而不忘失的力量)、息心(沙門,梵語 śramaña,出家修道的人)、除饉(比丘,梵文 bhikṣu,出家受具足戒的男性佛教徒），等等。這些詞的創造，往往跟人們對這些概念的理解和解釋有關，人物的某些行為特徵，在翻譯中被直接用來作為對他們的命名。

2. 採用舊形式表達翻譯引入的新概念，包括：

A. 從同義類的概念中引申。

不同的事物之間會有許多相似之處，通過採用表達相似事物的詞語，來表達引入的新概念，這是意譯中常用的一個方法。比如，"道人""道士"本指有道術的人，也指稱道教人物，佛教翻譯用來指稱佛教人物。"真人"指成仙能變化的人，道教指得道而在世間傳教的人，佛教用來指稱羅漢等修行得道的人。"行人"本指外出旅行的人，翻譯中強調它的離家外出的意義，表示出家修行的人。

B. 採用不同義類的詞來表達翻譯中引入的新概念。

比如：用表示疏漏的"漏"翻譯梵文中的 āsrava，表示違反佛教戒條的行為，取義是修行人行為有破綻，不完滿；用表示覆蓋物的"蓋"翻譯梵文中的 āvaraṇa，表示阻礙人悟道的思想或行為，即用這類物體的覆蓋、遮蔽功能，喻指抽象的不當阻礙。

在東漢佛經中，意譯詞的分布很廣，有許多原先音譯的詞，後代都出現了意譯形式，還有一些音譯詞，在漢代就有了意譯形式。一些佛教外來詞含義複雜，在它們音譯形式出現的同時，往往有多個意譯形式，如上舉的"菩薩""羅漢"等詞。

從方便理解的角度來說，意譯優於音譯。一些音譯形式，尤其是跟漢語詞彙一般形式不同的超長的音譯形式，在形式與意義兩個方面都跟漢語詞彙的一般成分相差較大，不容易融入漢語詞彙中，因此，就不如符合漢語詞彙特點的意譯方式更容易為漢人理解接受而流行，如音譯的"怛薩阿竭（怛薩阿竭陀）"雖然在漢代就有很高的使用率，但後來還是被意譯的"如來"所取代。

由於缺乏直接對比的文獻，要準確地描寫佛經中的意譯成分還有困難，但是，我們可以通過佛教用語特別集中的部分詞語來作觀察。

東漢佛經詞彙新質中，表示"宗教人物"的有 29 條，都與佛教有關，其中"佛""怛薩阿竭""怛薩阿竭阿羅呵三耶三佛陀""釋迦文""菩薩""摩訶薩""須陀洹""斯陀含""阿那含""阿羅漢""辟支佛"等11條屬音譯,"如來""世雄""世尊""釋尊""天中天""天尊""眾祐""要者眾祐""大道人""神尊""大士""開士""溝港""頻來""不還""應儀""應真""白淨"等18條屬意譯,這是東漢佛經詞彙新質從意義的角度分析,在除人名和地名以外,音譯形式最集中的部分。在這裏,意譯形式仍在總量上超過音譯詞,而且多數音譯形式都有同義的意譯。

三 意譯的不足與音譯的語用基礎

但是,意譯也存在著嚴重的不足。有許多外來詞的內涵複雜,漢語的意譯可能只反映了其中的部分內涵,這樣以偏概全的表意存在明顯偏頗,缺乏準確性和明確性,形成一個很大的缺憾。而音譯形式雖表意不明,卻存在著較大的補充說明的餘地,至少,它不像那些以偏概全的意譯那樣,可能導致誤解。在這種情況下,一個有偏頗、可能導致誤解的意譯形式跟根本不表意的音譯形式相比較,意譯競爭力就很弱了。因為音譯形式雖然無法從字面上作解讀,但起碼它不會引起誤解。比如"比丘"(bhiksu)一詞,雖然從東漢起就出現了"除惡""除饉"等意譯形式,但都沒有能夠取代"比丘"①。因為,字面上不表意的音譯詞,顯示了表意上的長處:沒有偏頗,不會誤導。使用者雖然不能在字面上清楚地表達這個詞的內涵,但是,正因為字面上的不表意,就為充分解釋和理解這個詞留下了巨大的說明解釋的空間。

詞義的專有性,有助於某些音譯詞的流傳和使用,比如專指佛教群體

---

① "比丘"的內涵複雜,各家解釋紛紜,比如後秦鳩摩羅什《大智度論》卷三:"云何名比丘?比丘名乞士,清淨活命故名為乞士。……復次,比名破,丘名煩惱,能破煩惱故名比丘。復次,出家人名比丘,譬如胡漢羌虜各有名字。復次,受戒時自言'我某甲比丘盡形壽持戒',故名比丘。復次,比名怖,丘名能,能怖魔王及魔人民,當出家剃頭著染衣受戒,是時魔怖。何以故怖?魔王言:'是人必得入涅槃,如佛説。'有人能剃頭著染衣一心受戒,是人漸漸斷結離苦入涅槃。"(25—80a) 唐代良賁《仁王護國般若波羅蜜多經疏》卷一上:"言比丘者,梵云苾芻,訛云比丘,由具五義所以不譯。一者怖魔,初出家時魔宮動故;二云乞士,既出家已,乞食濟故;三云淨戒,漸入僧數,持淨戒故;四云淨命,既受戒已,所起三業,無貪相應,不依於貪邪活命故;五曰破惡,漸次伏斷諸煩惱故。《真諦記》云,因名怖魔、乞士、破惡。"(33—439c)

的"僧"（saṃgha），也被意譯為"眾""大眾"，但"眾"或"大眾"並不專指佛教群體，因此，也没有能够取代"僧"。

一些意譯形式其他方面的缺陷，也影響了它們自身的競爭力。比如，表示聲聞四果中初果（即四個等級中最低的一個等級）的"須陀洹（srotaāpanna）"意譯為"溝港"，是用河溝與江湖海洋相對，表示它初級的等次，雖然本身形象性很強，但是，由於聲聞四果的其他三個採用行為特徵的果位意譯形式（頻來、不還、應儀/無著/無所著），都没有採用比喻性的水域名稱來表達，這種處在同一序列而表意上各自為政的意譯形式，相互之間缺乏照應，不僅可解度不高，還容易引人誤解。所以，對於這些表意不明確的意譯形式，後來的譯者都不斷地改換意譯形式，如"溝港"又改譯作"預流""頻來"又改譯作"一來""一往來""不還"改譯作"不來""應儀"改譯作"應供"等，都没有解決表意的系統性，也没有達到表意的明確性，反而紛亂不堪，不如音譯形式"須陀洹（srotaāpanna）""斯陀含（sakṛdāgāmin）""阿那含（anāgāmin）""阿羅漢/羅漢（arhān）"更有影響。

由於佛教社團的特殊文化背景，一些跟這種文化背景關係特殊的音譯形式，都能够長期穩定地使用，甚至還有構成新詞的能力。

一些音譯詞能够經受意譯形式的挑戰，長期使用，原因在於：

1. 這類音譯詞語表達了佛教的基本、常用概念，使用率高。

2. 與音譯同義異譯的漢語意譯形式，表意不完全，在表達上顧此失彼，存在明顯缺陷。

3. 音譯詞在字面上不可解，比起可能導致理解片面或失誤的意譯，更有利於交際。交際者在遇到明顯不懂的詞語時，可以通過提問獲得解釋而達到理解，但是，對於似是而非的意譯，聽話人自以為懂了，實際卻誤解了，造成隱性的交際障礙。

4. 對於含義複雜的概念，音譯詞用不可分析的形式對應意義，不表意的字面減少了詞義分析理解方面誤解的可能，也給意義蘊含提供了更大的空間。

5. 多數音譯詞符合漢語詞彙的一般要求，比如跟漢語詞彙複音化一致，音譯詞以雙音和三音四音為主。

6. 不少早期佛教文獻對後世佛教影響很大，其中普遍使用的音譯形式也因此得到鞏固。

7. 音譯形式由於保持了詞語強烈的外來色彩，在佛教對中國社會產生重大影響之後，使用這些音譯形式，具有更正宗的意味和專門性，受到部分熱衷佛教人士的愛好。

另外，一些高頻使用的音譯詞在語用中還跟其他成分組合，具有了一定的構詞能力，也加強了它們在漢語詞彙中的地位。

四　漢譯佛經用語的基本性質

大量的外來成分，導致佛經用語與一般中土文獻用語之間出現距離，不過，從詞彙的角度來看，佛經用語中的外來色彩，主要體現在表達漢地漢語中本來沒有的、特殊的外來事物方面，尤其以專名為主。漢語中只用音譯不用意譯的，大多是使用率非常低的專名，許多詞語，都既有音譯也有意譯（包括某些人名），更有不少只意譯沒有音譯的外來成分。應該承認，早期的佛經翻譯者非常重視用盡量漢化的表達方式來達到傳播佛教的目的。

佛經的外來性，通過篇章、句子、詞彙幾個層面體現出來。從佛經的篇名到程式化的篇章安排，以及行文中跟一般漢語文獻風格迥異的表達內容、表達方式、習慣用語，先聲奪人，給人以新異感。這種風格的出現，有佛經原典的明顯影響，也有翻譯者對譯文特殊風格的某些追求。總之，漢文佛經中外來的影響確實改變了譯文中的某些漢語因素，通過與漢語一般表達的差異而對漢語造成了影響。

但是，漢譯佛經用語中的這些外來因素，是否改變了它的漢語屬性，使它成為一種洋涇浜的漢語？考慮到語言接觸中外來文化以及隨之而來的外語影響，漢譯佛經用語跟洋涇浜或克里奧耳語有一些相似處，但是，有一些基本要素應該充分注意。

第一，外來的佛教並沒有把某種外語，比如梵語、巴利語或吐火羅語植入漢地，使之成為漢地人士的交際工具，外語在漢地的使用基本上限於外來人員。

第二，漢譯佛經用語中的變異或中介現象，出於外來的異族人士學習本土漢語，而不是本土漢族人士學外語發生的變異。

第三，漢譯佛經用語的社會環境是漢地，是一種在漢地使用的漢語書面語，而不是一種流傳於異國他鄉的用語。

第四，漢譯佛經用語的使用對象（聽受者）是土生的漢人，他們的母語是漢語，而不是外語。

第五，漢譯佛經中的外來因素受制於漢語系統，因此，它只在本土形成了本語的變體。

通常，洋涇浜或克里奧耳現象形成的主要特點是，一種語言隨著一種文化在異國他鄉登陸，並被當地人士所採用，成為當地人士與外來的異族人士之間交流的工具，甚至成為當地人士之間的交流工具。比如洋涇浜英語就是當年上海開埠的時候，一些上海本地人從英國人那裏學來的拙劣的英語，其中摻入了大量的漢語語音、詞彙和語法因素。這種不純正的英語，是一種脫離英語母語環境、在異國他鄉由異國（中國）人學習英語不足而形成的英語中介語，在上海碼頭供中國人與外國人交流時使用。

而從漢譯佛經用語來看，它是一種供漢人使用的漢語，外語的影響是在漢語的形式下、在以漢語為母語的社會環境中發生而表現，其中很多變化都是跟洋涇浜或克里奧耳現象相反，外語沒有伴隨佛教這種外來文化在漢地流傳，成為普遍的交流工具。而漢語因外來文化而發生的變異，卻始終受母語的社會環境、母語使用者的影響，只保存在有限的範圍內。漢譯佛經用語跟洋涇浜或克里奧耳現象之間，在基本性質方面存在區別。正如萬金川先生所說："個人認為漢譯佛典中所體現出來的語言現象，勉強說來，或許只能算是前述三種[1]中的'語碼混雜'而已，這也就是說，它們基本上還只能算是漢語裏的一種'變體'罷了。"[2]

因此，我們認為，漢譯佛經用語是一種受到外來影響、適用於佛教

---

[1] 上文中指"語碼混雜"（mixing of code）與"洋涇浜語"（Pidgin）"克里奧耳語"（Creole）三種情況。

[2] 參見《佛經語言學論集》，第67頁。

宣傳、主要在書面使用的漢語社會方言。所謂社會方言，其實不是一個完整而獨立的系統，它依附於大眾通用語主體，在語言的主幹部分與一般大眾用語高度一致，而只在部分枝節上呈現社團的特色。漢譯佛經用語在主體上跟一般漢語的基本成分保持高度一致，但在部分表達方式上，改變了漢語原有的習慣，增入了新的成分，比如在詞彙層面出現了上文所列舉的大量音譯和意譯形式以表達各種佛教概念。漢代僧人所創造的這種譯經用語，為唐宋譯僧所承襲，形成漢文佛藏用語的主體。用這種用語翻譯的漢譯佛經，一直保存在佛教團體中，它的讀者或受眾，主要是佛教人士和信教徒眾，一些基本的佛教經文，如《金剛經》等，至今被佛教信眾廣為念誦，它的影響也延續至今。東晉以後，中土佛教人士的佛學著作逐漸增多，出現了《法顯傳》《出三藏記集》《大唐西域記》以及唐代禪師的語錄等大量著名的漢僧著述，比起翻譯佛經的用語，他們的用語受外來影響明顯減少，更接近當時一般漢語的書面或口頭形式。

參考文獻

史有為：《外來詞——異文化的使者》，上海辭書出版社 2004 年版。

萬金川：《佛經語言學論集》，臺灣正觀出版社 2005 年版。

俞理明：《"比丘"和它的異譯》，《漢語史研究集刊》第九輯，巴蜀書社 2006 年版。

朱慶之：《佛教混合漢語初論》，《語言學論叢》第二十四輯，北京大學出版社 2001 年版。

Jan Nattier. *A Guide to the Earliest Chinese Buddhist Translations—Texts from the Eastern Han and Three Kingdoms Periods.* The International Research Institute for Advanced Buddhology. Soka University. Tokyo, 2008.

（原載《漢語史學報》第十二輯，作者顧滿林、俞理明）

附

譯文

關於初期漢譯佛經的新思考*

[荷蘭] 許理和 (Erik Zürcher) 著

顧滿林 譯

一 引論

公元 2 世紀到 3 世紀初，中國的佛教活動處於"萌芽階段"，綜合考慮各種內部的和外部的證據，可以確認爲這個時期的漢譯佛經總量大致相當於《後漢書》全文的三分之一。把這麼多的古代漢譯佛經與保存至今的那些有關漢代佛教歷史面貌的記載相對照，或與少得可憐的漢代道教的發端著作（或者當時任何其他的宗教活動的文獻記載）相比，那麼很明顯，至少在以經典爲依據進行討論時，我們可以得出這樣的結論：佛教確是迄至晚漢爲止的精神生活中文獻記載最豐富的一部分。乍一看，似乎有可能通過分析這些譯經的內容來填補人們對漢代佛教認識上的空白，即有可能從譯經中考察第一代中國佛教徒所接受的信仰。

顯然，這在方法論上是錯誤的。佛經中包括了內容十分廣泛的說教、戒條、文學形象和宗教故事，儘管它們在傳入中國時已失去了原有的條貫性和統一性，並且在翻譯過程中也可能有所改變或調整，但它們從總體上

---

* 此文原題 *A New Look at the Earliest Chinese Buddhist Texts*，載於 *From Benares to Beijing: Essays on Buddhism and Chinese Religion in Honour of Prof. Jan Yun-hua*, edited by Koichi Shinohara and Gregory Schopen, Oakville, Ontario: Mosaic Press, 1991: pp. 277-304. 本文的翻譯得到俞理明先生的指導，謹誌。

來說是來自異文化的入侵者。佛經原文中的某些成分由於多種原因可能會在中國流行而成為中國佛教的能產因素，但原文中其他一些觀念則得不到消化而仍然是異國的東西①。

有人認為特定的佛經被譯成漢文，表明譯者曾作過刻意的選擇，因而在某種程度上反映了中國民眾的偏好。這也是站不住腳的，因為這種選擇同樣可能取決於別的因素，比如來自國外的僧人可能祇譯了在來中國前碰巧記住的部分經文或他們所能找到底本的那些經文。總之，一旦涉及實際的影響和能產性，我們就不得不使用別的衡量標準，比如早期注解、譯經的序言、版本記錄以及經文某些段落中出現的某些觀念；據我們所知，有些觀念是佛經原典中沒有、為了迎合中國讀者才加上去的。漢代譯經材料中出現的有些觀念，在佛教原典中同樣也起核心作用，如無常觀、因果觀、禁欲、不受拘束的思想具有難以捉摸的危險的本性因而必須通過修行加以控制。的確，這些觀也有可能被認為是漢代佛教的核心思想。但是，這祇表明漢譯佛經中出現了某些個佛教主題的輪廓，不能光憑這點事實就認為它在當時已經是中國人宗教實踐的一部分。

與此相反，也許有另一種方法能找出一些未必直接但卻是全新的線索，那就是分析這些漢譯佛經形式上的特徵，確定它們在語言、術語和風格上的特色。對於早期漢譯佛經用語在語言學上的種種特點，我已有專文全面論述過②；在本文中，我祇簡述其純粹語言學意義上的特點，而把注意力集中到術語和風格上來。這樣，我就不去探討早期譯本與後來的譯本的複雜關係，也不拿這些早期譯經去與眾多的巴利文和梵文原典相關部分作詳細的比較。我要討論的問題是，人們可以在多大程度上、從哪些方面利用這些譯經來獲得對中國最初的佛教活動所依賴的思想和社會背景的瞭解，而當時佛教在洛陽一帶還祇是不起眼的非注流文化。

為此，我們首先必須認定哪些是真正的東漢譯經。很遺憾，我們必須

---

① 略舉一例：靠乞食而生存的觀念從來沒有在中國流行過，儘管這種觀念在佛經中常常被當作僧人生活的一個基本部分。（原文尾注1）

② 《最早的佛經譯文中的晚漢口語成分》，原載《中國語教師協會會報》1977年第12卷第3期。（原文尾注2）譯者注：此文已由蔣紹愚先生譯成漢語，載《語言學論叢》第十四輯，商務印書館1987年版。

這樣做，因為中國歷代編書目的人總是越來越"慷慨"，如安世高名下的譯經從最初的 34 種增加到 179 種，支婁迦讖名下的譯經從 7 種增至 23 種！

篩選的標準如下：

（1）公元 4 世紀以後才有翻譯年代記載的譯經一般不採納，也就是說，我祇相信對古代譯經的最權威的記載，即傑出的目錄編撰者、佛教學者道安於公元 374 年編的《眾經目錄》①，另外，在某些情況下也參考了 4 世紀初支愍度所編目錄中的一些記載。

（2）盡可能找佐證，一是譯經正文的注釋，二是當時或時代很早的序言和版本記錄，三是某些經文在中國最早的佛經注解中被引用或提到過，或曾是漢後不久產生的重譯本所據的底本，這些材料都可利用②。

（3）根據以上兩條，可以確認一些"里程碑式"的譯經，這些經文毫無疑問是已知的一些譯師翻譯的。例如《道行經》，道安在該經的序言中認為是支婁迦讖的作品，這被當時（公元 179 年 10 月 26 日）的版本記錄所證實，該記錄提供了翻譯地點、環境以及參與者姓名等方面的詳細情況。又如《安般守意經》，道安認為是安世高所譯，這部經在早期（公元 3 世紀前期）漢文注疏中常有所引用，康僧會在公元 250 年的序言中也提到了譯者安世高，並且列出了安世高譯經團體內中國人的姓名。

（4）用這些"里程碑式"的譯經來進行術語和風格的分析，以便明確各個譯經團體在詞彙和風格上一些各自的特徵。

（5）根據第四點，再對現存譯經中道安和支愍度定為漢代譯作的其他經文作考查，結果，有兩部應該排除。

---

① 見拙著《佛教征服中國》，萊頓，1959 年版，第 30—31 頁。（原文尾注 3）譯者注：本書已由李四龍等譯成漢語，江蘇人民出版社 1998 年版，本文所引在中譯本的第 44 頁。

② 最早引用或提及漢譯佛經的注解有以下兩種：一種是 T1694《陰持入經注》（為安世高的 T603《陰持入經》作的注解，作者陳慧），另一種是見於 T225 第一卷的注解。T225《大明度經》的譯者已不可考，被誤認為支謙所譯。參考 Lewis R. Lancaster《被認作支謙所譯的〈大明度經〉》，《華裔學志》1969 年第 28 期。（原文尾注 4）

經過這樣嚴格的篩選，有 29 部譯經可被認作真正的漢代譯作，這些經文是公元 150—220 年由 5 個不同的翻譯團體在洛陽翻譯的。本文附錄列出了這些經文標題，因篇幅所限，略去了每部譯經的文獻目錄的細節。

二　基於佛經原典的習慣表達法

隨意瀏覽任何一部早期漢譯佛經，人們都會自覺不自覺地注意到它那很獨特的語言，它不但與標準的先秦文言不同，而且與早期道教著作中相當規範的古典漢語有著令人吃驚的差異①。在一些譯經中這種獨特的習慣表達貫穿始終；而在另一些譯經中則不同程度地夾雜著文言成分，如先秦行文風格中常見的四言句式、排比句，以及運用"是"表示"這，這個"和"厥"表示第三人稱物主代詞。很明顯，我們面對的是一種"佛經式習慣表達法"，這是面向特定讀者群的"準文學"的用語。

毫無疑問，這種習慣表達在較大程度上反映了當時漢語白話的狀況②。但是，應該指出，這些漢語史學者所用的語料完全是當時上層文人用標準的文言寫作的，這些語料祇是偶爾（主要是在引用對話中）帶有少許白話成份（如趙岐的《孟子章句》，各朝代的正史以及《世說新語》等）。佛經材料則在更大程度上表現了這類白話特徵，甚至也超過了當時世俗文獻的白話成分。在世俗文獻中，活的口語祇是有所滲入且被包含在文言之中，在佛經中，活的口語則居於主導地位。

---

① 邊韶於公元 165—166 年作的《老子銘》（載洪适編《隸釋》，參見《四部叢刊》本第 1 卷第 3 頁）很明顯是宮廷文學作品，它以過分雕琢修飾為特徵，其風格在同類的注釋性銘文中很普遍。《列仙傳》當非劉向所作，但可能是漢代作品。因為公元 2 世紀後半期應劭在他的《漢書注》中曾經兩次引用過《列仙傳》，該書用規範的文言寫成，毫無俚俗用語的痕跡。至少有一部分學者認為《太平經》、想爾和河上公為《老子》所作的注解是東漢流行的道家作品，這三部書均使用不加修飾、簡樸但又相當規範的文言寫成，其中見不到早期佛經語言的特徵。（原文尾注 5）

② 參見：杜百勝（W. A. C. H. Dobson）《晚漢漢語》，多倫多，1964 年版。牛島德次《漢語文法論‧中古編》。吉川幸次郎《世說新語の文章》，載《東方學報》（京都）1939 年第 10 卷第 2 期（由 Glen Baxter 譯成英文《世說新語》和六朝散文風格），HJAS（《哈佛亞洲雜誌》）第 18 輯，1955 年版，第 124—242 頁）；吉川還有《六朝助辭小記》，見《吉川幸次郎全集》第 7 卷，（東京）1968 年版，第 473—598 頁；以及《佛說無量壽經の文章》。洪誠《論南北朝以前漢語的係詞》，載《語言研究》1957 年第 2 期。劉世儒《略論魏晉南北朝係動詞"是"字的用法》，載《中國語文》1957 年第 12 期。（原文尾注 6）

然而，如果認為早期漢譯佛經的用語完整而忠實地反映了漢代後期的口語，就過分簡單化了，我們不得不考慮諸多干擾因素。

首先，除了可能的一兩部經文①，我們要處理的是譯文，其中時常發現因"非中國的"（印度的）來源造成的語言變形，特別是在句法平面上。一個引人注意的現象就是頻頻使用稱呼語，在中國本土文學中這是很少見的，即使有稱呼，也一律是單獨放在句首，而在佛經中稱呼語總是彆腳地放在句子前半部的某個位置，因而有這樣一些奇形怪狀的說法："如是，舍利弗，諸佛。……"另一個奇怪的現象是在列舉時用"亦"表示"和、以及"，這可能是受了印度 ca 或 athava 的影響。不過這種變形較少見。早期的佛經翻譯十分自由，很少一個詞一個詞地對譯，這在對一些原典中有確切含義的程式化慣用語的翻譯中可以明顯地看出來。

其次，我們經常發現由於詩歌化句式的影響而造成的變異形式，特別是在一些較為"熟練"的譯經中。眾所周知，公元二三世紀的中國散文明顯地傾向於用四言句，例如，當時荀悅（200）的世俗作品《申鑒》中四言句佔全文的 52%，而三言句祇佔 17.3%，五言句佔 15.5%。在一些佛經中，四言句也達到了同樣的比例，而且在隨後的幾十年中隨著中國化的"佛經風格"的發展而有明顯的增長。這種現象已有吉川幸次郎（1958）和赫爾德里西科瓦（1958）作了描述了。很明顯，這些經文的翻譯者把雙音節詞縮短為單音詞，或把單音節形式擴展為不常見，甚至生造的雙音詞，或給動詞加上補語，或者插入毫無意義的襯字：這一切都是為了使敘述語言符合四言句的格式。

最後，記載佛經的語言是經過大規模加工的單音節書面語，這使我們有理由相信佛經慣用表達中的白話成分有所減弱，在我們所選的譯經中時常會看到造作的"單音節化"一類的畸形現象。

通過比較可以顯示白話成分多的早期譯經的一些特徵。如把公元 179 年支婁迦讖所譯的《道行般若經》② 與被認為 3 世紀中葉支謙所譯的《大

---

① T1508《阿含口解十二因緣經》，正如標題所示，這部經看來是對因果報應和一些相關說教的"口頭解說"。T602《大安般守意經》，其中有些部分是對安世高某部譯經的解說。（原文尾註 7）

② T224。一作《道行經》。（原文尾註 8）

明度經》相應段落作比較①，就能看出這一點，後者的譯文作了潤色。這裏舉一個例子就行了，這是用一個受不公正待遇的可憐受害者的慟哭來比擬薩陀波倫菩薩（常啼菩薩）的高聲啼哭：

《道行般若經》譯文：亦無有菩薩所行法則，用是故甚大愁憂啼哭而行。譬如人有過於大王所，其財產悉没入縣官②。父母及身皆閉在牢獄，其人啼哭愁憂不可言。薩陀波倫菩薩愁憂啼哭如是。

《大明度經》譯文：國無闍士，所行淨法，是故哀慟，如人有過，於國王所，財産悉没，父母及身，閉在牢獄。

這裏我們可以看出多方面的加工：專有名詞用的是意譯而不再是音譯（如"闍士"代替了"菩薩"），在足夠明確的語境中甚至省去了（如造成累贅的"薩陀波倫"）；單音節詞常常代替雙音節詞（如"無"代替"無有"、"法"代替"法則"、"没"代替"没入"，雙音詞"牢獄"則因句式需要保留下來）；用比較規範的形式代替粗俗的表達（如"是故"代替"用是故"）；略去無關緊要的語詞而使敍述更加集中，包括長長的"荷馬式比喻"；整個段落被整齊劃一成為四言句式，不再像漢代譯文那樣句子長短不一。

支謙的《大明度經》行文講究，是一個很有價值的衡量標準，可以用它來分離出"粗俗"（因而可能是白話）的因素，也可以用它來確定各個譯經團體調整行文風格的方法和調整的程度。

三 語言特徵

上文提到，我已另有專文論述了早期漢譯佛教經的一些語言特徵，這裏就祇列出最顯著的幾點語言特徵，至於具體用例則請參閱注釋②提到的

---

① 該譯文無疑是公元 3 世紀中期以後完成的，但它表現出的某些術語上的特徵不同於支謙名下的譯文，參考注釋④提到的 L. R. Lancaster 論文。（原文尾注 9）

② "縣官"一詞在佛經中多次出現，一律指行政官員、官府，明顯有別於最高統治者，這一點在 T630《成具光明定意經》中同樣很清楚，如第 457 頁第 1 欄："若有賢士，生於種姓之家，統領縣官……"同一譯經中也有"賢士生有縣官之因緣……"總之，縣官都不用來指帝王，而漢代世俗文獻中則有用於指帝王的。（原文尾注 10）

論文。這些主要特徵是：

（1）雙音節詞豐富，連狀語位置上也是如此，如用"還復"表示"又，再"；

（2）帶趨向補語的動詞結構，如"送出""舍去"；

（3）代詞系統大規模簡化，如人稱代詞事實上祇剩下"我"和"汝"；

（4）頻繁使用表示複數的詞綴，有單用的，如"……等""……輩"和"……曹"，也有合用的，如"……曹等"，甚至有一處"……曹等輩"；

（5）"A，B也"這樣的判斷句逐漸消減，表判斷的係詞"是"逐漸活躍。

我們可以推測，早期漢譯佛經有其獨特的語言基礎，這個語言基礎以某種形式反映了公元2世紀中國都城一帶的口語。這種偏離了當時的文學語言的用語很連貫地形成了一個清晰可辨的系統。

四　術語和風格上的特點

口語的特點在我們所選的每一部譯經中都有所表現，但是這些特點表現的程度各不相同。在有些譯經中，它真的成了經文的語言基礎，不帶任何明顯的文言成分；而在另一些譯經中，它祇是有所"滲入"，並且由於僵化了的文言形式、節律格式（散文和駢文都有）、排比句式以及其他風格上的潤飾而失去了原有的面貌。更何況，不同的譯師翻譯外來名詞和佛教專用術語時有很大差異，為了翻譯同一個外來名稱或觀念而創造了各不相同的漢語對應詞（或從其他地方借用），一些譯師明顯地試圖為所有的名詞找到合適的漢語詞，另一些譯師傾向於頻頻採用轉寫的方法。

仔細研究這些風格和術語上的差異，就有可能辨認出某些譯經者"流派"，再根據目錄編撰和歷史上的一些佐證，按時間順序把他們排列起來，這就使我們能夠把握譯經逐漸漢化、最終形成清晰的中國式的"佛經語言風格"的過程。

（一）術語和風格：流派及發展階段

中國佛教活動的起始階段神秘莫測，當時的情況人們知之甚少。從中國第一個不可否認的佛教遺跡（公元65年）到安世高到達洛陽（公元148

年，這標誌著正規譯經活動的開始），其間有約 80 年的"空缺"，我們沒有發現有關這段時期佛教活動的書面記載。傳統認為漢明帝時所譯的《四十二章經》根本就不可靠，甚至現存眾多譯本中最早的也可能是漢以後才有的①。世俗文獻零星地記載了一些早期佛經術語，但它們與我們所瞭解的情況大不相同，比如用"浮圖"譯 buddha（佛），"桑門"譯 śramana（沙門），"伊蒲塞"譯 upāsaka（優婆塞）等都不見於現存的東漢譯經②。萌芽階段的中國佛教，它那怪誕的術語，它與朝廷、官吏的關係，所有這些同安世高引起的佛教活動有什麼聯繫，現在並沒有什麼證據。

我們所有材料中最古老的一批核心材料由 16 篇短小的經文組成，它們可以認作安世高及其助手的作品。這是一批很相近的經文，語言和風格上的特徵明顯一致，其語言古怪、粗俗，有許多土話，常常混亂到無法理解的程度。對專業術語顯然傾向於意譯，也自由地使用非佛教的、自造的漢語對應詞，如用"道弟子"譯 bhikṣu（比丘），用"度世無為"譯 nirvāṇa（涅槃），對外來專用名詞則主要用音譯法；其風格明顯是"非中國式的"，毫無向中國文學語言看齊的傾向，也沒有任何的相似之點：敘述語言沒有詩一樣的格式，沒有排比句式，沒有典型的僵化的文言成分。佛經原典用韻文表達的段落被翻譯成了散文，儘管有時標明"下面是偈頌"③。這類作品大致產生於公元 150—170 年。

在接下來的一個階段裏（170—190），月支人支婁迦讖和他的合作者翻譯了一系列佛經，其中有 7 部保存至今，這些譯經獨具風格而內部一致，自成一類，與安世高等人的譯文大不相同。和安世高的譯文相比，其語言更自然、更易理解，某些段落甚至相當生動流暢，白話成分豐富。這一類譯文的另一個特點是喜歡音譯專名和術語，有時 12 個音譯字連在一起，這

---

① 正如我們在《大正藏》T784（高麗藏本）所看到的，這部經可能是支謙於公元 220—250 年所譯的重譯本。參考湯用彤《漢魏兩晉南北朝佛教史》，1938 年版，第 38—39 頁。（原文尾注 11）

② *b'jiə u—d'uo；*sang—muən；*i—p'uo—sə k。（原文尾注 12）

③ 如 T150"從後說絕"（顯然，dz'iwat 是 gatha 的音譯語，其最初來源還不清楚）。參照 T603 中讓人迷惑的套話"從後縛束說"。用常見的"偈"（*g'iat）對譯 gatha 最早見於支婁迦讖的《般舟三昧經》（T418）。（原文尾注 13）

使敘述語言難以卒讀。這些譯經中還沒有中國式文學的特徵，但已出現了無韻的佛教詩句的端倪，譯者在此顯得猶豫不定：在同一部經中，原典語句整齊的部分有的被譯成了散句，而另一些段落又被翻譯成句式整齊的五言或六言、七言的漢語偈頌①。

稍後，在公元 2 世紀 80 年代，安息人安玄及其中國助手嚴佛調翻譯了《法鏡經》（T322），這是獨立於支婁迦讖團體之外的譯經活動。這部譯經代表了另一種有個性的翻譯方法，其術語都是新創的，大不同於安世高和支婁迦讖。實際上，所有專名和術都用意譯處理，因而有時顯得稀奇古怪，如用"溝港"譯"srotaāpanna（須陀洹、預流）"、"大道"譯"mahāyāna（摩訶衍、大乘）"、"除饉"譯"bhikṣu（比丘）"、"廟"譯"vihāra（毗訶羅、精舍、僧房）"等，文中也混雜了一些典型的文言成分，散文有時被詩化。

第三代譯經者活躍於 2 世紀末至 3 世紀初，其中最早的是月支人支曜，他的《成具光明定意經》（T630）表現出另一種高度的個人創造性。所有專名和術語都譯成了不見於前代譯經的漢語對應詞，最明顯的是其譯文的文學風格、語言比以前任何一部譯經更為典雅，詩歌化的四言句式運用到最大限度，佔全部敘述語的 60% 以上，還有許多純正的漢語排比句②，偈頌則用無韻詩形式表達。

公元 3 世紀前期，索格底人（康居人）康孟詳和印度人竺大力、竺曇果等人翻譯了《本起經》，該經的兩個部分被譯成兩部獨立的經文：T184《修行本起經》和 T196《中本起經》，其中文學語言的影響很深：頻頻使用文言成分，風格上的潤飾，中國式的排比句以及規範的詩歌形式，偈頌都意譯成五言或七言、九言的無韻詩句，且不時表現出高超的技巧，它對同一術語不同形式的歸併也很有新意，外來名稱和佛教術語從此前幾位譯師的譯經中選用合適的譯法擇善而從。結果，譯文形式多樣，達到了兩個

---

① 高麗藏本中 T418 是唯一一部保留用散文翻譯原經 gatha 的經文（T418，第 906 頁 1—2 欄；第 907 頁 2—3 欄）。在別的地方則都被轉寫成漢譯佛經一樣風格的偈頌。（原文尾注 14）

② 例如 T630，第 453 頁第 2 欄，該段經文像是中國散文："猗不固之屋，心思方便之護；坐蛇虺之地，心念舍遠之徑。……"共有 9 對駢句，整齊的句式被"是以明士……"打破，後面又恢復了五六個音節固定的句式。（原文尾注 15）

目的：既避免了語言單調，又使譯者能選用合於韻律的詞語來組成四言句式。從文學角度來看，這兩部佛傳經無疑是漢代最成熟的佛經譯文。漢代以後，支謙（220—250）把《修行本起經》的全部和《中本起經》的前半部分以及一些來自另外兩種經文的部分內容重新編排組合，輯成了《太子瑞應本起經》（T185），正是由於這次輯錄，佛傳故事的漢代譯本多少世紀來一直是最流行的早期譯經之一。

（二）早期譯經風格：一個中國化的過程

按時間順序來考察就可以發現其中包含著明顯的層次，甚至在中國佛教活動的這個最初階段，我們也看到從異域傳入中國的"異己"文化形式逐漸被消化。深受口語影響又帶點文言色彩的粗劣的表達方式由於經常使用而日益被當成一種慣例，逐漸形成了譯經語言的一套系統，它在行文風格和術語兩方面都具有典型的中國特色。早在公元 3 世紀，中國佛教的"經典系統"已經形成，它的語言既不同於中國的世俗文學，也不同於佛經的印度原典，它已逐漸變成了脫離於活語言的一種定型的佛經語言。

佛經語言在術語和風格上的定型是幾種力量產生作用的結果：印度原文的長期影響、古典漢語的影響和譯經者在創造或借用新形式新方法時的個人創造性。

就術語來說，晚漢的譯經者面對著如何忠實地翻譯外國名稱、詞語的這個難題，他們明顯地動搖於兩個極端之間：一個極端是嚴格遵循原文，因而最大限度地採用音譯法，其中最突出的例子是支婁迦讖的《道行般若經》（T224）中怪誕的譯語"菩薩摩訶薩摩訶僧那僧涅"；另一個極端就是為了盡可能地便於理解而全部用意譯法，連"比丘""泥洹"這樣人人都懂的借詞也不採用，而代之以漢語對應詞"除饉""滅度"。不過這兩種極端最後都消失了，到公元 3 世紀後期，混合而成的譯經詞彙系統已經形成了，音譯和意譯在這種統一之中發揮著各自的作用。

就翻譯名詞術語來說，獨立創造和借用現成譯語都起重要作用。許多情況下我們能看到個人獨創的成果，像"善來"（svāgata）、"如來"（tathāgata 這樣到來）、"族姓子"（kula‐putra 貴族家庭出身的男子）這樣的詞顯然是新造詞，同時也有一些令人迷惑的混合譯語，如"恒沙"（恒河的沙），"刹土"（田野，區域）。有時，我們還要面對受了誤導的創新，它們可能是由外來僧人提供的錯誤信息造成的，例如用"度"翻譯"波羅蜜"（pāramitā）就是以不正確的語源為基礎的（para + mita 經過，到了更遠處），"未曾有"指"好極了"（adbhuta）來自對古印度語的錯誤翻譯（把 abhūta 誤作 abbuta，尚未成為）。

至於翻譯佛經時採用漢語固有術語的情況，下文將集中論述，這裏祇是指出：明顯源於儒家傳統的術語借用總的來說很少見，一些基本術語顯而易見來自流行較廣的道家。還有些既引人注意又令人費解的現象，參與譯文寫定的中國人似乎從與他們有某種聯繫的土著文化和信仰中找到靈感，這個事實可從碑刻銘文中得到證明。

這裏還應指出，這些極端在我們所描述的進程中都逐漸消失了。最顯眼的道家用語後來不出現於佛經慣用語，"涅槃（nirvāṇa）"的漢語對應詞後來被音譯代替，"菩薩"代替了"開士"或"明士"，新造詞"真如"（tathatā，指潛於一切表面現象之下的抽象的虛、無、空）代替了支婁迦讖的神來之筆"本無"。就這樣，佛經術語逐漸有了自己的特點，後來再也沒有過像漢譯佛經奠基者那樣的大規模嘗試。

就風格和結構而言，我們也看到在形成完全一致的佛經風格過程中起作用的類似力量，在此，這種作用甚至更明顯。

由於印度原文的影響，最初的譯者們顯然被動地處在這種外來文化"侵入"的影響之中束手無策，他們可能不懂得文言的規則和風格特徵，即使受過一些傳統文言的訓練，他們也不大可能把它運用到這種與中國傳統文化完全不相同的經文中去。

但是，隨後的幾代譯經者逐漸借用了中國文學風格上和結構上的一些特點，最引人注目的就是在散文中越來越多地運用詩歌化的四言句式，而這種句式是當時世俗文學的主要句式。其發展階段很清晰：安世高和支婁迦讖的作品中完全沒有這種句式，公元 2 世紀 80 年代安玄的作品中時有發現，而漢末的譯經中則已經大規模運用，在以後的漢譯佛經中，它一直佔據主導地位。

這種現象也見於中國古典式文章結構中最有個性的特點——語義和結

構平行對稱的排比句和對偶句。最初的譯經中完全沒有這種對句,在安玄的《法鏡經》中也祇是發現一些文言成分而沒有這種句式,它開始出現於公元 2 世紀末 3 世紀初的譯經中,這些譯經在其他方面也深受中國文學習慣的影響。

所謂的"詩歌化的固定形式"情況略有不同①,這也許是佛經慣用句法中最有個性的特徵。這裏,我們面對的不是漢語慣有風格對形成中的佛經慣用法的單向滲入,而是受原典語言表達形式刺激而發展起來的新興的風格載體形成的情況,而且,據我們所知,它並非來自任何先前的中國文學樣式。散文和詩句交替形式是印度原典的有機組成部分,詩化的句段指"偈",或譯作"頌"或"絕"。這些詩句有時置於號召語的末尾,總結其主要內容,有時(特別在說教的經文中)它們被用來引出整個經文(對佛、法、僧表示的讚美的詩節),有時又以幫助記憶的高度集中的韻文出現在各部分經文之前,更多的時候則是穿插在連貫的敘述之中。在散文語境中,常用詩化的句段來翻譯直接引用的話,而在開頭貫以固定的形式,如"佛爾時頌偈曰……",但是直接引用的語句也可能在讚美詩的某個地方結束,緊接著的是用無韻詩描述其他事件;或者與此相反,可能祇有一部分讚歌以偈語的形式出現,散文句的獨白或對話突然變為無韻詩,又在某處突然轉為散文。

這些成分本來為一種強大的外國文學傳統所有,而這種傳統一經傳入中國就不得不找到適合自己的表達手段。複雜的印度固有格式無法用漢語表達出來,同樣,保持偈頌原有的適於詠唱的韻律特徵也是不可能的。佛經原文的固有格式也好,適於詠唱的韻律特徵也好,都必須加以調整來適應漢語的固有特徵,適應中國音樂藝術的習慣。

這個調整過程很早就開始了,在我們選擇的漢代譯經中就能看出它的發展階段。最初,安世高及其助手們顯然不知如何處理那些偈頌,《道地經》(T607)中引言性質的詩節被譯成生硬的散文句式,這個譯經團體的另一些作品中"從後說絕""從後束縛說"等語句後面卻是散文段落,譯

---

① 可參考赫爾德里西科瓦(V. Hrdličková)《中國文學中最早的佛經翻譯及其在敘事文學發展中的地位》,*Archiv Orientální*、26,1958 年版,第 114—144 頁。(原文尾注 16)

者顯得有些左右為難。

接下來的一批譯者，支婁迦讖有時也試圖採用漢語的無韻詩形式翻譯偈頌，而在別的地方，甚至同一段經文中，又把原文的詩節翻譯成散文句。不管怎麼說，這種偶爾採用漢語無韻詩句式的做法表明支婁迦讖引入了一種文學形式，這種形式多少個世紀以來一直是中國式"佛經風格"的一個特點。可以說，這是至關重要的一步，因為支婁迦讖（或不如說他的中國助手）開創的"詩歌化固定格式"後來通過佛經"變文"及其類似的文體滲透到了中國大眾文學之中，並且保存到現代。

漢語對印度偈頌傳統形式的反應到底是一種自由創造還是借自一種未知的本土材料，現在還不可得知。目前已經確認，支婁迦讖的兩個助手曾經是一些鄉土文化活動的熱心參與者。這容易讓人推想，當時流行的一些符咒用語可能會通過他們傳入有關的譯文之中，但這僅僅是推測。我們所知道的是，此前的或當時的中國歌謠都有押韻的特點（的確，《詩經》中"頌"的部分有些詩句不押韻，即便如此，偈語被稱作"頌"也僅僅是一種巧合而已；表示偈語的"頌"顯然指"讚美佛的聖歌"）。道教的讚歌或別的詩歌化作品也不可能是它的根源（假設早在公元2世紀已有這類作品），因為早期道經中的詩句全都是押韻的，就是深受佛經語言風格影響的道經也不例外。

這樣發展起來的書面漢語形式很簡練。漢代譯經的"詩句"或四言、五言、或七言，言不成句的現象很少見。一般來說，每個詩句要麼自成一個完全獨立的句子（如：心起想則癡，無想是泥洹），要麼至少是某個複句中界限分明的一個分句（如：誦是三昧時，思樂作沙門）。短的詩句（三言、四言、五言）是一個整體，內部再無小的節律格式；但是，在七言偈頌中我們發現一個有趣的現象，這無疑是受了世俗詩歌的影響：作者顯然試圖在第四個音節後造成一個停頓，即使在最早的譯文中也是如此[①]。繼支婁迦讖的譯經團體之後，我們可以看到這種"詩歌化的固定格式"是如何成熟起來的。就漢代譯經而言，公元3世紀初期所譯的佛傳故事（T184和

[①] 這一點在支婁迦讖於公元179年譯的《般舟三昧經》（T418）中很容易看到，例如第911頁第2欄：佛言阿難汝見不，五百人等在前立，其心歡然歌頌曰：我等亦當逮是法！……（原文尾注17）

T196）中，它已經達到了頂點，裏面有數十處詩化的段落，而在早期譯經中偈頌段落衹是直接引語的"障礙"，這些譯經中有各種各樣的轉換，有時把對話轉換成敘述，在同一段中又把敘述語言轉換成人物對話，這使其行文別有風味。可以毫不誇張地說，譯經對佛與魔相鬥所作的史詩般的描繪所具有的生動性和戲劇效果遠遠勝過同時期任何一部漢語世俗文學作品。

探索和創新的第三個方面是由翻譯充斥於佛經原典的大量僵化的套話和程式化的段落的需要引起的。在原典中那些套話都是僵化的成分，一種"模件"，有的是一句話或一小段，如眾所周知的經文的開頭句和結尾句，或程式化地描寫一個人怎樣虔誠地問候佛的健康；也有的是整段整段的經文，如對天帝統治下極樂世界的誇張的描繪，或這樣的一系列描述：開始是佛怎樣發出佛光普照宇宙，繼而如何微笑，最後口中念念有詞，預言某人的佛緣如何如何。在努力創造合適的漢語對應詞的過程中，早期譯經者表現出兩種傾向——壓縮和變換，兩者都被認為是"中國味"的。在翻譯那些冗長的陳詞濫調時，譯者，或更多的是中國的輯錄人員，時不時地遷就漢語求精的偏好而省略一些語句，刪去不重要的部分而使冗長的原文得以精減。同時，又有一個很強的趨勢要避免因依照佛經原典而造成語言單調的問題——整段整段字面上的重複，其做法是使用散文化的靈活多變的句子。譯經者們最終創造出了一些表達格式，如"聞如是"到4世紀後期被"如是我聞"所取代，可能就是由於固定格式的需要，但是最初未曾有過這種與印度原文一樣的定型格式。在同一部譯經中，常常可以看到不同的幾種形式以及同一段套話的或長或短的譯句。

我們所考察的佛經術語、風格、結構上逐步漢化的這個歷程導致了個性鮮明的漢語表達形式的形成，這種佛經語言風格最本質的特徵在公元3世紀早期已經定型——離安世高初到洛陽開始譯經還不到70年，從這一點來說（在其他方面也是一樣），漢代的佛經漢譯活動具有決定性的意義。

五　漢譯佛經所面對的普通中國民眾

先要明確兩點情況：我們討論的是佛經的譯文，這些漢譯的經文被記錄了下來。這兩個事實所包含的豐富內容不可能在這裏詳盡闡述。針對我們的話題，首先要注意的一點是安世高來洛陽（148前後）後迅速發展起來的佛經漢譯活動，道安認為最初的40年間就譯出了大約70卷漢文佛經，表明當時中國有足夠多的"用戶"來支持這種行動。其次，這麼多的佛經書面翻譯在很大程度上表明，儘管我們不知道當時的口頭宣傳起了多大的作用，但是這些譯經的存在顯示當初佛教衹是面對受過教育的少數人。

另一方面，漢譯佛經的語言和風格特徵告訴我們：研究這些古代譯經時，我們已遠離了真正的上層階級的語言文化，在大多數經文中，語言相當粗糙生硬，詞彙量小，重複很多，就是在比較"熟練"的譯經中也很難找到借用中國上層文學傳統的規範的語言表達。可以推測，這些經文流傳於普通的中國信教者中間，這些人衹受過初步的學校教育，沒有進入上層文人圈子，但他們的文化程度已足以閱讀這種詞彙簡單、不加修飾的經文。可以想像，在漢代末期的一些城市中有一個由文吏書役、底層官僚和商人、藝人組成的階層。佛教宣傳活動限於中間階層這一事實也許能解釋以下這些問題：為什麼官方歷史記載對"洛陽白馬寺"隻字不提？為什麼沒有任何證據表明野史記載的宮廷混合佛教與洛陽佛教傳播者的活動之間的聯繫？

公元3世紀以前中國或許還沒有真正的僧人①，但這並不意味著面對中國教徒的經文衹限於那種主要供外行群眾閱讀的"普及本"。相反，多數漢代譯經很注重專業性和學術性，其中涉及了主要屬於僧侶佛事活動的一些問題，如坐禪、數息觀、數法、供沉思默想的主題和虛假人格的組成因素等方面。普通信教者顯然也參加這類修行——事實上，約公元3世紀中葉有一個名叫陳慧的，無疑是在家人，據信他曾闡釋過學術性很強的《陰持入經》以及《安般守意經》中有關"安般守意"的經文，這兩部經都是安世高所譯②。如此看來，僧人與世俗信徒之間還沒有根本區別，這是當時中國佛教徒的真實情況。但是，有跡象顯示，就在普通教徒內部存在著興趣上的種種差異，一些人被簡明易懂的普及性佛教教義所吸引，另

---

① 據《高僧傳》（T2059，第324頁第3欄），安玄的助手嚴佛調是真正剃度了的僧人。但是在《出三藏記集》（T2145，第96頁第1欄）中，衹是說他"出家"，該術語也用於剛進入僧人團體中的未受具足戒的沙彌，實際上，他獨立撰成的經文衹一篇關於"沙彌十慧"的專題論文，參照《佛教征服中國》，第55—56頁。譯者注：中譯本在第35頁。（原文尾注18）

② 參照注釋4以及《佛教征服中國》第53—54頁。（原文尾注19）

一些人則熱衷於佛教教義的學術研究和闡釋。

六　信徒和譯師

如果用風格和術語上的特徵來衡量現存的漢代譯經，可以發現有四部經文形成一個集合：

（1）T322《法鏡經》，安玄公元 180 年譯。
（2）T630《成具光明定意經》，被認為是公元 2 世紀後期支曜所譯。

這兩部譯經的特點是混有一定的文言成分和很有個性的術語，如用"除饉""除惡"來譯 bhiksu（比丘），以及最主要的一點：翻譯者盡最大可能將所有名物詞意譯成漢語，包括專有名詞，如以"聞物國"譯 Sravasti（舍衛國）。這種特殊性本身已顯示了一種為適應受過一定教育的"非專業化"群眾口味的努力，參照 T322 和 T630 的譯文就能看出這一點。這些是漢代譯經中詳細敘述普通信佛者道義上的責任和奉獻行為的僅有的幾部，正如 T322 所稱的"開士居家為道者"。

（3）T184《修行本起經》。
（4）T196《中本起經》[①]。

這兩部經都由康孟詳翻譯，助手是印度僧人竺大力和竺曇果，時間是公元 200 年前後。這兩部經從燃燈佛（錠光佛）預言佛的未來開始，一直敘述到佛的中期活動，二者組成一個連續的整體。其語言較有文學性，有很多文言成分和規範的四言韻文格式。康孟詳譯文"典雅流暢"的風格在

[①] 僧祐的《出三藏記集》沒有提到《修行本起經》，但毫無疑問它是東漢譯經。一方面，它和 T196 形成了一個連貫的整體（T196 開頭部分完全是 T184 末段一字不差的重複）；另一方面，支謙加工而成的 T185《太子瑞應本起經》中有許多段落來自《修行本起經》，這也證明它是早期譯經；再有，文中有不少以"漢言……"開頭的注解，表明是在公元 220 年之前。《高僧傳》確認 T196 是康孟詳和竺曇果的作品（第一卷，第 324 頁第 3 欄），這可能是以早期版本記載為依據的。（原文尾注 20）

T184 和 T196 的經文中相當一致①，這兩部經無疑是早期漢譯佛經最具可讀性甚至最具欣賞價值的部分。這兩部經用簡潔的語言直接地闡明了其宗教信息：超自然的力量、道德上的戒條、說教性的傳奇和因果報應的故事等等，而單純的闡釋教義的祇佔一小部分。可以認為，這四部佛經是漢代譯經的"大眾化"部分，它是一種用半古典式風格譯成的普及課本，宣傳一些基本的佛教觀念：三皈依、世俗信徒的五戒、獻身、博愛眾生、萬物都非永恆以及因果報應的必然。這些譯經同漢代通行的另一類譯經形成鮮明的對照：它們口語成分更多，專業性更強，一般不易理解，其中強調精神的修行和禪的實踐、數息觀、專志念佛、默禱排除雜念以及消除所有的欲望（除欲）和所有控制不了的思想活動（心翳）等。

後一類譯經很有可能代表了同一種文化圈子中的另一類信佛者的興趣：他們不是簡單地為了尋求一種道德指導或新的宗教虔誠，而是受安世高的影響而積極從事佛教活動，因為安世高在世時就似乎已被人們看作了一個法力高深的神奇人物②。

七　佛教和中國本土傳統：來自異域的一種選擇

漢譯佛經最引人注意的是它的新穎性，儘管它偶爾從儒家和道家故事中借用一些術語（極為少見）。有一種觀點認為佛教被接受是因為它在某些方面和中國固有傳統相一致，這種觀點應該摒棄。佛教有吸引力並非因為它似曾相識，而是因為它有著某種根本上的"新"。佛教的某些觀念和活動表面上與道教思想相似，但它從一開始就明顯地表現出在價值取向和修行方式上與道教的根本性差異。道教把呼吸調控看成培養體內真元的手

---

① 這是道安的評價："孟詳所出，奕奕流便，足騰玄趣。"見於《出三藏記集》第八卷，第96頁第1欄。（原文尾注21）

② 在《出三藏記集》和《高僧傳》中，安世高的傳記充滿了神奇的故事，其中有些特別有意思。而康僧會在《安般守意經》的序言中已經描述過安世高的某些超自然的能力（比如預知未來、通鳥語等），見《出三藏記集》第六卷，第43頁第2欄，這些內容無疑是安世高譯經流派中的三個信徒提供的。公元3世紀初期，陳慧為《陰持入經》（T1694，第9頁第2欄）的注解中有一段序言（作者自稱"密"，已不可考），這段序言也是同一個派別的人所作，它稱"安侯世高者，普賢菩薩也"。這可能祇是一些詩飾之語，但它也能與安世高多次轉世後在北方、中原、南方等地的神秘行蹤聯繫起來，這在《高僧傳》的傳記中可以看到。（原文尾注22）

段，佛教則把禪定作為進入冥想境界的途徑。道教認為房中術是獲得拯救的方法，佛教則認為一切欲望都起消極作用，特別是性欲，投生為女人是前世罪過的報應，女人的身體是摧毀道德的工具①。而且，重要的是，道教相信人的身體可以長生不老，這與佛教截然不同，佛教主張萬物的形體都是暫時的，都註定要消亡，就連天帝也不能倖免。同樣，兩者的對立也通過書面用語表現出來，佛經語言是中外混合的、半白話的，早期道經及其注疏則是單一而規範的文言，兩者完全不同。

如果我們承認佛教不是道教的一種變體，而完全是有本質區別的另一個宗教形式，那麼同樣也應該說佛教是獨立於儒家之外的一種宗教形式。的確，佛教的一般規範與儒家的社會活動規範往往相一致：履行自己對親屬及有關人群的義務、誠實、在社會交往中守信用、冷眼對待世俗的榮辱。但即使在專門論述普通人的道德和宗教義務的兩部經文中，其核心內容與儒家思想也是大不一致的。普通的佛教徒在他的全部活動中都要考慮到萬物的暫時性和世間一切關係的虛幻②，即使在侍奉父母或愛護子女的時候也應該把家庭看作牢籠，把親屬看作危險的敵人③，他應該使自己感到對最親近的人也無所牽掛，因為他的愛應該面對世上所有的生靈；還有，為什麼愛你的兒子勝過愛世上其他的人？他們在已往的世世代代或許同樣是你的兒女④。漢代佛教遠遠不是要遷就儒家的行為準則，它主張對最親近的親屬也要採取無牽無掛的態度，並進一步強調面對一切事物的"博愛"，這種激進的宏大的愛在中國傳統思想史上還從未有過。

在 T630 中也時常會看到同樣主張超越家庭的"宇宙神教"思想，在普通信佛者的 55 條道德戒條中（其中有 15 條針對賢士［官僚貴族］，10 條針對凡人［平民］，20 條針對賢女人［貴婦人］，10 條針對凡女人［平民婦女］），幾乎沒有提到構成儒家思想核心的家庭生活美德（如孝悌），祇是在針對"賢女人"的戒條中順便提到了對丈夫和嫡系親屬的

---

① 凡俗的女性信徒每天必須做三次宗教儀式，每次都要"致心懇惻，常願離於女人之身"。(T630，第 457 頁第 2 欄)（原文尾注 23）
② T322《法鏡經》，第 16 頁 2—3 欄。（原文尾注 24）
③ T322《法鏡經》，第 17 頁 2 欄—18 頁 1 欄。（原文尾注 25）
④ T322《法鏡經》，第 18 頁 1—3 欄。（原文尾注 26）

責任。對其他的人則完全是強調對全世界的高尚行為，或對親屬以外的特殊人群的道德行為（窮人、僕人和奴隸、接受審判的人，甚至需要寬待和轉變的罪人）。

同樣，我們還能看到普通佛教徒的倫理定位截然不同於儒家在譯經術語方面的表現，其中借自儒家的術語極為少見。

但必須搞清楚，我們是不是在簡單的"非儒即道""或儒或道"的觀念下企圖為漢代佛教思想定位而誤入歧途？中國在公元2世紀以及接下來的幾個世紀並不是我們所認識的後來各個朝代那樣的"儒家社會"，當時儒家思想祇存在於極小的一群上層學者之中，社會上廣泛存在的則是各種鄉土文化、鄉土信仰和宗教活動。

在許多場合，這些都可能是脫胎於與儒道毫不相關的某種宗教神話故事。事實上，佛經術語中有許多漢語"對應詞"似乎借自某種未知的中國宗教傳說。很常見的"陰"有什麼樣的背景（skandha 的譯語，人的組成因素）？為什麼宇宙的統治者（cakravartin）叫"飛行皇帝"？為什麼把上帝（deva）稱作"天"？"地獄"是佛教術語的創新詞呢，還是反映了某種有關罪人死後命運的大眾信仰？也許進一步分析早期佛教術語會使我們更多地瞭解漢代流行的鄉土宗教這個未知領域的情況。

如果有人試圖指出，一種學說有什麼特別的吸引力能使人們放棄一些當時已牢固樹立起來的觀念，答案或許是佛教的這些特點：偏好萬物都非永恆的觀點，堅信一切快樂都祇是暫時的，而死亡和衰老是必然的，主張唯有淨化心靈才能免受其拖累。

正如吉川幸次郎先生指出的①，對曇花一現、充滿悲苦的"似水年華"的清醒認識已經成為漢代末期的時代主題。佛教展示了這種"浮華之物"怎樣構成一切存在的實體，同時指出一條相對簡單的出路：禁絕一切欲望就能獲得永恆。

正是這樣，佛教從一開始就沒有妥協的傾向，它並非人們有時認為的

---

① 特別是他對《古詩十九首》的精彩分析，他認為那些詩一貫的主題是"對歲月流逝的傷感"：《推移の悲哀——〈古詩十九首〉の主題》，載《中國文學報》第14冊，1961年版，第1—21頁。（原文尾注27）

那個半道教式的混血兒，恰恰相反，它至今也沒有被同化。如此看來，它所吸引的最初一批追隨者可能並非來自願意接受熟悉的觀念的人們，而是那些希望打破傳統的"游離"的民眾，因此，儘管當時規模微小，它仍不失為漢代末期社會的騷動因素。作為個人獲救的一種激進的選擇，它不由得使人想到，幾乎在同一時期，亞歐大陸的另一端那些異域的、不引人注目的宗教，在整個羅馬帝國流行，甚至聯想到我們這個時代的東方亞文化。畢竟，這種現象的普遍性正說明了我們有理由如此關注最初階段的中國佛教——一株來自異域而扎根於漢帝國廢墟上的幼苗。

附　　錄

東漢漢譯佛經目錄

1. 安世高所譯經目（148—170）

1—1　T13（長阿含）十報法經，1卷。對法作分類說明，十個一組（從一增起至十法），有簡短的解說。

1—2　T14 人本欲生經，1卷。解說十二因緣。

1—3　T31 一切流攝守因經，1卷。經文很短，解說根除雜念（āsrava，或譯作漏、流、愛欲）的方法。

1—4　T32 四諦經，1卷。闡明四大真理。

1—5　T36 本相猗致經，1卷。因緣關係：從聚會不賢者，經過非本念，到愛欲；反之，從事賢者到解脫度世。

1—6　T48 是法非法經。舉例子表明有德行的僧人絕不吹噓自己的宗教造詣，以及無德之人如何變得無知，如何危害自身。

1—7　T57 漏分布經，1卷。不厭其煩地列舉各種雜念、欲望、感情、直覺等，也講因果關係，講它們導致的後果。

1—8　T98 普法義經，1卷。許多組法行，每組或12條，或16條，或20條……每組法行或有助於度脫，或有礙於度脫。

1—9　T112 八正道經，1卷。八邪行和八正行（八行覺）。

1—10　T150 七處三觀經，2卷。集結47條短小的經文，其中30條在增支部（相當於漢譯的《增一阿含經》）巴利文經藏中有相應的內容。許多名數，講各種各樣的現象、行為、態度、人的不同類型。

1—11　T602 大安般守意經，2 卷。專門描述怎樣 "安般守意"（ānāpāna‐smrti 意譯作息念、入出息念、念吸氣出氣，或音譯作安般念、阿那波那念），混雜著一些注解，不易分開。

1—12　T603 陰持入經，2 卷。簡要敘述感性知覺、超自然力量的四個基礎（四神足）、五種力等。

1—13　T605 禪行法想經，1 卷。經文很短，列出一系列供沉思默想的題目。

1—14　T607 道地經，1 卷。僧伽羅刹《瑜伽遮復彌經》的最早譯文，是有關禪的專題論文。

1—15　T792（佛說）法受塵經，1 卷。經文很短，解說性欲怎樣有礙於覺悟和真正的快樂。

1—16　T1508 阿含口解十二因緣經，1 卷。一般認為是安玄所譯，無疑是搞錯了；道安認為是安世高所譯，譯文的術語可證實這是對的。這是一部注釋性的經文，解說因果報應、身體的構成和功用、引起疾病的諸多因素等。

2. 支婁迦讖所譯經目（公元 170—190）

2—1　T224 道行般若經，10 卷。經文名稱借用第一品的標題（道行品），這是《大般若波羅蜜多經》的最早譯本。

2—2　T280（佛說）兜沙經，1 卷。經文短小，描述佛和許多菩薩從空中各個方向現身的奇觀，詳列他們的姓名。標題未加解釋。

2—3　T313 阿閦佛國經，1 卷。"淨土"式經文，用來頌揚東方極樂世界之佛（阿閦佛）。

2—4　T418 般舟三昧經，3 卷。這是《大方等大集經·賢護分》的最早譯本，標題是對 pratyutpanna‐samadhi‐sutra 的轉寫。講述般舟三昧的神秘力量，它能讓信徒看到阿彌陀佛的真容。祇有高麗藏本的 T418 載有支婁迦讖的原文，其他各本都有許多竄改和變異，這些改異或許是來自竺法護於公元 3 世紀後期所譯的經文。在《大正藏》收錄的異本中，它前面的一部經文比它更短（T417，1卷），標題相同，也題為支婁迦讖譯，裏面有證據顯示它實際上是T418的一種後期加工的節縮本。Paul Harrison仔細研究了這部譯經複雜的語言現象：《藏譯本〈般舟三昧經〉的英譯注解本》（哲學博士學位論文，A. N. u）坎培拉，1979年。見該文的附錄A，特別是第200—235頁。Harrison的結論認為，高麗藏本的第1—6節是支婁迦讖原來的譯文，第7—26節的散文部分也大致是支婁迦讖所譯，而其中的偈頌則是稍後的人所譯。T418的第1—6節以外的各節是另一種早期譯本，Harrison從行文風格著眼認為不是竺法護的譯文。

2—5　T458文殊師利問菩薩署經，1卷。敘述菩薩修行傳教的幾個階段，其出發點是一切皆空。經文與《維摩詰經》很相似。

2—6　T350遺日摩尼寶經，1卷。《佛說大迦葉問大寶積正法經》的舊譯，內容是菩薩的修行傳教以及本無的觀點。

2—7　T626阿闍世王經，2卷。摩竭提國王阿闍世為殺父之過深感悔恨，文殊師利菩薩引導他皈依佛教。

2—8　T807（佛說）內藏百寶經，1卷。大乘佛法，述說佛的生活，有一系列"神奇的行為"，目的是使眾生獲救。

3. 安玄和嚴佛調所譯經目（公元180年）

3—1　T322法鏡經，1卷。《郁伽羅越問菩薩行經》的最早譯文，佛為理家郁伽長者解說普通信徒修行之法。

4. 康孟詳和竺大力、竺曇果所譯經目（公元200年）

4—1　T184修行本起經，2卷。記述佛早年的活動，從錠光佛對佛的預言開始，一直講到佛悟道之後一段時間發生的事。

4—2　T196中本起經，2卷。實際上是"佛本生"的第二部分，T184是它的第一部分。記述佛中年時期的布道活動，以及後來的一些事。

5. 支曜所譯經目（2世紀末）

5—1　T630成具光明定意經，1卷。大乘經文，涉及兩個不同的話題。原經文由兩部分組成，第一部分講"六度"和"成具光明定意之教法"，第二部分講述各種普通信徒在道德上和宗教上的義務。

6. 疑為漢代所譯經文3種

6—1　T105 五陰譬喻經，1卷。經文簡短，以一個假設的人（目士）為例，用一些陳舊老套的譬喻表明"五陰"（skandha）是虛無的。道安認為是安世高所譯。這無疑是早期譯經，但它的風格和術語絕對不同於安世高及其譯經團體的譯文。

6—2　T109 轉法輪經，1卷。古譯，講述佛在波羅奈國的第一次布道，開頭有一段引言，這種引言不見於其他任何已知的譯經。道安認為是安世高所譯，但譯文中有文言成分，基風格特徵也不同於一般的安世高譯經。

6—3　T624 伅真陀羅所問如來三昧經，3卷。這是《大樹緊那羅王所問經》的舊譯文，以詳盡地講解名數為主。在這裡，佛為伅真陀羅（統治被稱作"真陀羅"的半人半獸鬼神的國王）解說頌揚菩薩的修行傳道以及一切皆空的大乘教條，經文以講到伅真陀羅未來的佛緣為結尾。僧佑列為失譯，但在《開元釋教錄》（730）以及後來的目錄中仍然提到它，並且認為是支婁迦讖所譯。從風格和術語來看，它極有可能是真正的漢代譯經，儘管我們不敢肯定它就是支婁迦讖所譯。

（譯文原載《漢語史研究集刊》第四輯）